中学校长的
办学理念与实践

主　编　付八军
副主编　姚国明　俞绍林

浙江工商大学出版社
ZHEJIANG GONGSHANG UNIVERSITY PRESS

U0749958

图书在版编目(CIP)数据

中学校长的办学理念与实践 / 付八军主编. —杭州：
浙江工商大学出版社，2018.6
ISBN 978-7-5178-2766-5

Ⅰ. ①中… Ⅱ. ①付… Ⅲ. ①中学—校长—学校管理
—文集 Ⅳ. ①G637.1—53

中国版本图书馆 CIP 数据核字(2018)第 109957 号

中学校长的办学理念与实践

主　　编　付八军
副主编　姚国明　俞绍林

责任编辑　王黎明
封面设计　林朦朦
责任印制　包建辉
出版发行　浙江工商大学出版社
　　　　　(杭州市教工路 198 号　邮政编码 310012)
　　　　　(E-mail：zjgsupress@163.com)
　　　　　(网址：http://www.zjgsupress.com)
　　　　　电话：0571-88904980,88831806(传真)
排　　版　杭州朝曦图文设计有限公司
印　　刷　杭州五象印务有限公司
开　　本　710mm×1000mm　1/16
插　　页　12 面
总 印 张　16.5
字　　数　254 千
版 印 次　2018 年 6 月第 1 版　2018 年 6 月第 1 次印刷
书　　号　ISBN 978-7-5178-2766-5
定　　价　49.00 元

版权所有　翻印必究　印装差错　负责调换
浙江工商大学出版社营销部邮购电话　0571-88804228

绍兴市"名师名校长工程"初中组与理论导师合影

嵊州市三界镇中学校长

◉ 徐学军

绍兴市树人中学副校长

◉ 姚国明

绍兴市上虞区城北实验中学校长 ┃

祝高第 ◉

绍兴市上虞区盖北镇中学校长 ┃

罗建峰 ◉

新昌县城关中学副校长

俞伟超

新昌县儒岙中学校长

俞宁军

绍兴市第一初级中学教育集团副校长、永和中学校长

◉ 郑国明

嵊州爱德外国语学校副校长

◉ 张 琴

诸暨市东白湖镇中心学校校长
◉ 朱华儿

绍兴市越城区东湖中学副校长
◉ 徐志康

诸暨市应店街镇中心学校校长

朱国义 ◉

绍兴市柯桥区安昌中学校长

俞绍林 ◉

诸暨市草塔镇中校长

◎ 褚 飞

绍兴市柯桥区平水镇中学校长

◎ 陶 勇

绍兴市越城区富盛镇中学副校长
◉ 谢兴泰

绍兴文理学院教授
◉ 付八军

校长是掌舵者,是一所学校的领路人。一个好的学校首先要有一个好的校长,校长的理念决定着学校的发展和教学水平的提高。

　　一线中小学校长有着多年的摸爬滚打经历和鲜活的实践经验,如何将这些经验转化成结构化且具有一定思想性和可读性的文字,是实现中小学校长办学经验总结提升的关键问题。付八军教授依托"绍兴市第四轮名师名校长培训工程",带领所指导的15位中学校长实现了个体化办学经验的总结和提升。这是教师教育发展过程中的创造性和开拓性举动。对此,我深表敬意!付教授通过自己的创造性行动不仅让这15位具有实践智慧的中学校长重新审视自己的办学理念,也为名师名校长培养工作提供了一条创造性的道路!

　　15位校长从教育理念、学校管理、校园文化建设等角度向我们呈现了一幅充满教育智慧的教育实践画卷。在这幅画卷中,我们能够看到草根校长们的智慧、境界、品性。教育场域是活生生的,是有血有肉的,是不断尝试的,这15位校长的实践正向我们展现了这一特征。这15位校长是我们身边千千万万校长的一个缩影,他们对于教育的思考、办学理念、办学举措、学校管理的经验,给那些有志于投身中国基础教育事业的青年人以启迪和教育、激励和鼓舞、示范和引导。全书通过机智有趣的故事、生动真实的案例,再辅以活泼明快的语言、深入浅出的论述,系统而全面地阐述了中学校长的办学全貌,具有很强的可读性、针对性、实用性和操作性。

——绍兴文理学院教师教育学院　杜海平教授

前　言

2016 年,绍兴文理学院教师教育学院承办了由绍兴市教育局主办的"第四轮绍兴市名师名校长培养工程"。作为理论导师之一,我负责指导了 15 位初级中学组的正、副校长。自受命那一刻起,我就在思考,除了完成研修方案的规定动作外,我还能为这些校长做些什么呢? 这么多被选择出来的优秀正、副校长,必定有闪光的办学理念或者先进的实践经验,为何不将这笔"财富"发掘并整理出来,呈献给更多的中小学校长? 而且,作为师资培养基地的教师教育学院,我们的在校师范生正需要这些富有生命气息的实践素材。正是基于这些思考,我产生了编写一部著作的想法。书名就定为《中学校长的办学理念与实践》,15 位正、副校长每人结合工作实践提交一篇最能体现自己办学理念或者先进经验的文章。经过前后两轮为期一年的努力工作,终于有了这样一部可以交给出版社的书稿。然而,书稿的完成,并不意味着我的工作已经完成,更不意味着校长们的办学理念与实践就此终止。从某个意义上来说,这只是让我们站在第一个台阶上,驻足、反思我们走过的路,并准备以一种新姿态踏上新台阶。

为何不让这些校长写那些期刊编辑认可的学术论文呢? 在开展这项工作之际,我就知道这些校长普遍不太可能写出规范的学术论文,而且也不应该把自己的工作职责定位于撰写那些深入深出或浅入深出的学术论文。思想的高低、文章的价值,与表达方式无关。如果要说有关,我倒更欢迎深入浅出的文章。在我看来,只有捉摸不定的思想,才用晦涩难明的文字来表达;对一个问题思考得越透彻,越能用简洁明了的语言来呈现。当然,这并不表明,这些文章都达到了我的理想要求,也不表明我放弃指导他们写那些期刊编辑认可且个人成长硬性需要的学术论文。与所有的创造物一样,没有最好,只有更好。因此,我选择从赏识性的角度来看待这些校长从繁杂的事务中挤出时间完成的个人成果,同时指引他们以兼容"扬长避短"与"反听内视"的双重原则攀登下一级台阶。对此,我不妨将我对其中两篇文章的点评要点纳入进来,以体现我在指导这些实践工作者上的立场与期望。

例如,在点评安昌镇中学校长俞绍林的文章时,我表达了如此的立场与期望:这是一篇优秀的工作论文。校长应该写这样的论文,学界也欢迎这样的论文。该文在文字上,语言流畅,可读性强。……在情感上,铿锵有力,掷地有声。……在内容上,全面广泛,整合性强。……在逻辑上,主次分明,条理清晰。……在做法上,锐意进取,不断创新。例如,……。在思想上,积极正向,不乏新见。例如,……。建议:第一,在实践上,落在实处。已将理念变为文字,再让文字变成制度,让制度转为行动,让行动变成习惯,让习惯结出硕果,让硕果变成声誉,让声誉变成榜样。第二,在研究上,各个击破。把每个理念、每项行为、每个创新,选择思辨或者实证的研究方法,从一个点一条线的角度,深入挖掘,变成理论文章,既能提供学术影响,又能反哺实际工作。……

又如,在点评嵊州市三界镇中学校长徐学军的文章时,我表达了如此的立场与期望:这是一篇口语化特征鲜明的随笔类文章,体现了作者的率性与才情。……这是一篇从小处入手触及教育理念的文章,体现了作者的见微知著与匠心独运。……这是一篇体例独特又富有创见的文章,从思想篇(观念转变)、技术篇(具体做法)、研讨篇(发现问题)、实践篇(典型案例)四个主题宏大却又逻辑严密的体系展开论述,体现了作者海阔天空的想象力与创造力。……这是一篇务实的工作口头报告性文章,操作性与思想性并存,体现了一位校长的岗位职责与学者本色。……建议:基于一篇书面文章,在文字上还需进一步凝练。这种凝练,不是去口语化,而是增强概括性。……

毫无疑问,这是一部以中学校长作为作者主体的工作性文章。可是,我为什么要把在读本科生撰写的读后感编入进来呢?在我看来,这既是本书最大的创新之处,也是本书最大的价值所在。在一本书里,有了作者与读者的心灵交流,就相当于女娲给她自己制造的泥人吹入了一道仙气。在我本学期讲授"教育学"课程的两个班级,共有教师教育学院 84 位在读本科师范生。我将校长们写的每一篇文章,随机发送给 5~6 位师范生,鼓励他们在文本上直接修改字词句语病,同时要求他们每人撰写一篇或者一段读后感言。也就是说,校长们写的每篇文章,至少都有 5~6 位读者;每位读者需审读一篇文章,撰写一份读后感。针对每篇文章的读后感,我选择了其中相对较好的一篇,"完好无损"地收录进来。有一篇例外,那就是针对上虞区城北实验中学校长祝高第的那篇文章,有两篇读后感各有优点、不分伯仲,于是一并收录。同时,将其他尚未收录的读后感变成一段感言,与其他感言一并放在那篇完整的读后感后面。除了极个别没写的同学外,每位师范生都能在本书中留下他们的心声。教师教育学院杜海平教授听到我的介绍后,极力赞誉这种做法,说这还有利于将职前教育与职后教育贯通起来。这种基于多重工作需要而突发奇想创造出来的做法,到底有哪些具体的价值与意义,我还来不及认真思考与梳理。但是,我只是觉得,这种做法有益于作为文章作者的校长们,有益于作为学习者的在校师范生们,有益于探索职前职后教育一体化的教育工作者们……

这些文字,代表过去。当迈上更高台阶之后,不管是这些校长,还是这些同学,包括作为策划者的我个人,我们可以回过头来再看看我们曾经走过的路。当发现这些文字承载的思想、闪现的才华显得幼稚了,这就表明我们进步了,真正地登上了新的台阶。

最后,感谢绍兴市教育局为我们开展此项工作搭建了这么好的一个平台,感谢 15 位校长对我工作的积极配合,感谢绍兴文理学院教师教育学院 163 班和 164 班全体同学的踊跃参与,感谢浙江工商大学出版社及编辑王黎明一如既往的支持。

"路漫漫其修远兮,吾将上下而求索。"每个领域的求索者,永远都是最美丽的。

付八军

2017 年 11 月 20 日于风则江畔

目 录

/ 第一部分 / 教育理念与实践（一）/

基于作业本的小班化自主高效课堂的实践与探索

嵊州市三界镇中学校长　　徐学军

【摘要】　学校秉持"真情育人,科学施教"的理念,在教育实践中,坚持课改,不断探索,坚持把领导与教师的教育思想转变放在首位,但又不盲目跟从,人云亦云,如现在流行的导学案、小组讨论,学校就不盲目学习,敢于回归教学常识,坚持学校自己的办学理念与办学特色,"基于作业本的小班化自主高效课堂"是这一理念与特色的载体。

【关键词】　小班化教育;自主高效课堂;有效作业

2016年12月13日,嵊州市"基于作业本的小班化自主高效课堂"现场会在嵊州市三界镇中学召开,全市各初中学校100多名老师与教研室各初中学科教研员参加了本次现场会,会后受到市分管朱洋君副局长与教研室周南平主任的肯定与鼓励,以下为本次现场会的总结与案例材料:

一、思想篇

教师的思想与领导的思想要转变。

为什么要先讲这个问题?举一个案例,这次参加市进修学校的一次信息技术的培训,在培训会场,当时有一位领导在会前特别强调,今天的培训十分重要,大家不要把手机拿出来玩,要把手机调到静音模式。这个提醒大家其实也是习以为常的,很多人照做,同时也总有一部分人不做,不做的可以说是个人的素质问题。但是,没有想到来自中国教育电视台的培训老师却说,我想要与刚才的领导沟通一下,我想要老师们都把手机拿出来,因为今天的培训与手机相关。大家都笑了,后来大家开开心心地玩了一节课的手机。

回来之后,我在想,领导该如何看待这样的尴尬呢?他提的要求并没有错,但是因为缺少对现场的情况的了解,作为成人进修类的培训,很多时候,安排好的培训内容与上课老师才是领导应该主要重点关注的,只要你安排的培训有针对性,吸引人,下面听的人自然会认真听课,你不必担心会场出现手机问题,反之,下面听的人就会坐不住,玩手机的现象就很容易出现。

出现这样的问题,归根结底是管理的理念问题,如果转变管理理念,正确处理,就不会出现这样的尴尬了。

当前课改首先要改变的是老师的理念、领导的理念,不转变理念,所有的方式、方法的改变,往往都是收效甚微,甚至是徒劳无功的。

再举一个案例,我校有一个姓王的女老师,期中考试之后,我告诉她,你的班级总体全段第一,不仅优秀还特别好,你怎么搞这么好?王老师说,是啊,办公室里的人都说我运气好,抽到一个好班级。我说,你怎么没有一点自信,一定是你管得好啊,说到运气好,我倒想起学校的史老师,他当了13年的班主任,他很懒,但年年的班级学生都很听话,成绩也比较好,我们都习惯说他运气好,现在又多了你一个运气好的,是不是该想想,里面是不是有问题呢?

她问,什么问题啊?我说,班级管理问题啊,你是怎么管的?她说,她今年刚刚休满产假回来,学校让她做七年级的班主任,在领导的动员与要求下,她接受做这个班主任的任务。做过妈妈的老师都知道,小孩子几个月大,根本不可能两者兼顾,所以她把班级的事都交给班干部做,班干部很能干,所以万事不操心。

我说,运气好的原因就在这儿啊,我与史老师搭过班,他就很会用班长,很多事都让班长去管,他自己就很轻松。

一直以来,学校领导总是喜欢班主任管理学生严格点,到岗到位多一点、勤一点,大家也默认班主任就应该比一般任课老师更辛苦一点,把这类会想办法管理的老师归入懒班主任、懒教师一类,甚至于老师自己也没有意识到自己管理的意义与价值,更不会去总结、提高与推广,老师本身也逐步被边缘化,真是一件可惜的事。

所以解放领导与老师的思想观念,是课改的当务之急,重中之重,否则任何课改都只能是起初轰轰烈烈,结尾不了了之。

人类科学技术的进步,总是让人更加自由与轻松,教育是一门科学,也是一门艺术,科学让人自由与轻松,艺术使人愉悦,但是现实的教育却常常不是这样,我们看到的是老师的苦教,学生的苦学,老师们勤于备课,改作业,勤于课外辅导,被视为理所当然,像魏书生老师那样教书被视为特例,被视为异类,不可复制。教师的工作本来应该是脑力劳动,智力活,就这样被生生挤压成体力劳动,实属不当。

俗话说,兵熊熊一个,将熊熊一窝。管理上没有上到更高的层次,想要进行成功的课改,那等于是缘木求鱼,一个学校的管理是这样,一个部门的管理更是如此。

二、技术篇

首先要说明的是我们要推广的不是模式,而是其中所含的思想观念,模式是固定不变的,而教育的情态是千变万化的,我们不可能用一个模式打天下,我们要做的是因地制宜,根据学情采取相应的教学方法。

(一)基本要点

一个目标:以培养学生自主学习能力为目标

一项抓手:以作业本为抓手

二大特色:流程化学习;互助式改作

四大理念:自主学习→合作学习→分层教学→高效课堂

五个步骤:明确任务→课堂自学→当堂作业→互助批改→现场反馈

(二)基本说明

1.为什么要基于作业本

在20多年前,我们读书时是没有专门作业本的,学生只有练习簿,作业是由老师布置的,作业多来自课本中的一些练习,课外也很少有人买参考书,后来才慢慢有专门印刷的本子,学生才可以不用空白练习簿,直接做作业本就可以了。

当教育从考试到应试的时候,课内外各种练习资料满天飞,学生负担重的问题就出来了。

后来,以杜郎口中学为开端,老师们把各类资料归类,自编课堂练习,称之为导学案,有的学校又称之为校本作业,用得好,有一定的减负作用,但也还是一种学习资料。

如果我们揭开这些资料的实质,其实都只是根据教材作业本派生出来的一些练习,只是教材作业本与历年中高考试题的复制品,知道了这个道理,那么我们为何不直接去使用好作业本呢?

现在作业本越编越精,甚至每个老师课堂讲不到的一些方法,它都有总结,作业本成为一个沉默的老师,老师完全可以不用讲,学生通过自练学得知识。

这就是为什么要以作业本为抓手的原因。

2.对流程化学习的认识

首先什么是流程化?这本来是一个软件工程的术语,1990年美国的一个叫哈默的管理大师把它运用到企业产品销售管理中,它与福特汽车生产流水线是有区别的,流水线只是工作工序的合理分配,而流程化是包含工序与服务对象的反馈,流水线只是单向的产品反馈;而流程化需要获得流水线外的客户对产品使用情况的反馈,再根据反馈调整生产策略。

现在把流程化应用到教学中来,我们教师在设计教学时,根据学生的认知规律与教学内容,合理安排学生自学的顺序,老师实时监控学生的学习,根据学生的学情及时调整对策进行指导。中间的每一步,都是精心安排的,而且学生做下去是自主的,如果出现老师说下一步我们做什么的话,就仍是一种受控制的状态。流程化学习不需要老师指明学生该做哪一步,而是每个学生根据自己的学习实际情况,调整好学习进度。

魏书生老师的自学六步法,根本原理其实也是流程化,可见他对控制论是有研究的,只是没有明确提到这一点。洋思的先学后教当堂训练模式,也包含着流程化的因素。教学的模式化,每做一步都有一定的规范,其实都具有流程化的意义,只是很多时候我们没认识到而已。

这里提出的流程化,不仅是整体的教学过程的流程化,还包括针对具体的学习内容的流程化。

如语文教学中的文言文教学,我们设计的学习流程是"朗读背诵→翻译→记注释→做作业本→互改订正→自测"。学生遇到文言文就基本按这个程序学习。对于语文的作文教学,我们又可设计出新的学习流程。

如数学教学,基本流程是"看例题→试做例题→理解概念→做练习→互改订正→自测"。而对于一些应用题、综合题、竞赛题完全用另外一套流程才行。

英语教学,认读单词,识记→背课文→做练习→互改订正→自测。科学教学,实验→记录→理解课本内容→练习→互改订正→自测。学科不同,流程的设计也各不相同。

我们一直以来倡导的学生自主学习,很少有成功的案例,原因是光有理念,却没有一个好的方式方法,所以自主学习名存实亡。如果我们运用流程化学习的方法,学生的自主学习就会得到技术上的保障。

流程化学习并不排斥老师的及时参与,老师在中间作为监控人的角色,对学生所做的每一步要及时巡视与了解,而不是放任不管。流程化学习的根本点是每一步都是在完成后做下一步,而且每一步都是可查与可逆的。

流程的设计,要注意各学科的本质,语文的文言文学习,有人不肯把时间花在背文言文上。英语课,单词的拼读与课文的背诵很重要,这一步流程没有完成好,后面的语法与课外阅读就很难做好,我们很多英语老师,课堂上不肯把时间花在学生的读背之上,而是用在语法讲解上与阅读技巧的训练上,其实质上就是舍本逐末。又如数学,老师不让学生自己看书、自己做例题,一定要自己讲一遍,学生被动消化老师讲的内容,就失去了自主探求的习惯。

网络时代,教师不再是知识的传授者,而是教学的管理者,管理者着眼的不是所教知识的多少,而是让学生学会如何在有限的时间内更加高效地获取知识。

三、研讨篇

(一)学生的能力够不够的问题

一方面,魏书生老师、洋思中学、杜郎口中学、始丰中学的教学,早已证明,学生的能力比你想象的大得多;二是学生的能力是老师放开手去培养的,而不是等着有好学生来让你做的。

(二)自己的课堂上能不能做的问题

任何一门课的课堂上都能够做,关键是你树立以学为中心的教学还是以教为中心的教学理念的问题。

(三)作业本与导学案的问题

一般我们常把作业本的功能,简单地作为老师讲课后布置的一项任务,起着巩固知识的作用,然而作业本充分有效地开发与应用,可以集课前预习、练习巩固、课后复习、检测评价于一身,受到很多学校的重视。

导学案的教学,我们一直在关注,其实质是教材与课堂作业本的混合变式而已,学校让教师编写导学案,一方面是加重老师的负担,另一方面加重学校印刷的经费负担,等于是把教材研究院与印刷社搬进学校里,其一定是不可持续的。

在课堂上直接做作业本可能会引起家长或者学生的非难,用导学案既避免了非难,又可以作为课改的噱头。导学案的实质,就是一个课堂作业本,知道了这个实质,那么为什么我们不能直接采用现存的作业本呢?答案一定是可以的。大家知道作业本,是很多专家组织编写的,比起一个老师,一所学校的教研组来讲,都是有着绝对的技术优势在那里的,为什么我们这样现存的材料不用,偏要去舍近求远呢?

(四)作业本知识点不够全面问题

有老师担心,作业本的知识不够全面,但是如果你从一个军事理论的角度"伤其十指不如断其一指""集中兵力攻其一点",作业本虽然不够全面,但如果课堂上集中完成了这个内容,是不是一个巨大的成功呢?不全面,我们可以随时进行补充。

所以课堂用作业本完全可以作为课堂学生学习的主要依托。作业本的好处在于:老师不必另外印刷资料,作业本在课堂完成,可以减轻学生的课外学业负担,学生的负担重,主要是在课外。

(五)课外辅导与课堂作业的关系问题

我校教学成绩出色的一些老师,基本是课外自修、课间辅导较多的老师,如果仔细研究:好处是,这些老师的学生作业完成情况与作业质量普遍比一般老师来得好,因此,教学成绩也比较好。但也产生这样一些问题:一方面老师自己牺牲了休息时间,长此以往,给老师自身的身体健康留下隐患;另一方面,干扰学生的自习时间,影响到其他学科的作业时间与质量;再一方面,也影响学生的休息与健康,这样的班级,往往还会出现一些严重厌学的学生。

如果这些优秀的老师能把对学生的辅导转到课堂上,以上的问题就不会存在。在课堂上做作业,一些后进生提出的简单问题由优秀的学生帮助老师辅导,留下要辅导的学生就会成倍减少,优秀的学生通过辅导后进生,反而会更优秀;课堂上作业,后进生的平时作业完成情况就一定会比自己单独做要好，不会出现门门学科被老师追逼的情况，因此，厌学的学生也会有所减少。

(六)高效课堂与课堂作业的关系问题

现在提倡高效课堂，高效课堂高不高效，衡量的方法：高效课堂应该是相同教学质量，课堂内成果多，课外老师辅导的成果小，谓之高效。反之，低效课堂，即同样的质量，必然是课堂成果少，课外辅导花费多。

另一方面，高效是指老师讲课高效，还是指学生学习高效？如果是前者，老师讲课高效，学生必然是听老师的教，那么学生的作业时间在课堂上一定是减少的，相应的学生课外作业时间一定不会减少，这就称不上高效。

因此，高效课堂只能是学生在课堂作业时间多，完成得好，留到课外作业的时间少。所以从高效课堂的角度而言，课堂作业的时间一定要占主体，才真正是学生的高效课堂。

(七)老师的讲的地位问题

老师的讲，应该是放在学生学的后面，而不是放在学生学的前面。这是教学理念问题，但同时又不是，有的老师虽然也知道这个理念，但是在实际的操作中，由于没有让学生学的手段和依托，因此，课堂必然还是成为老师讲堂。

如果我们以作业本为手段与依托，为了做好作业本，引导学生先去看书，让学生在做中学，老师将自己定位为只是辅导学生作业的老师，老师的"讲"，只能是针对学生的作业问题。

在课堂上直接让学生作业，老师先不讲解，很多人习惯上转不过弯来，但如果认真分析，这是可行的，本来老师讲课，学生作业，老师是主体，学生的作业只是实现老师讲的结果，老师讲得不好，学生作业不好。现在以学生为主，其成果必然是以作业情况来衡量，老师是帮助学生完成作业，教材也只是学生完成作业必备的工具。

(八)课堂上怎么做的问题

老师讲课依托的是教材，学生的学习体现在作业本。

对于老师来讲，教材是老师的根本，一切讲的内容都来自教材，围绕着教材，对于学生来讲，其中心任务就是作业本，教材只是其完成作业本的辅助工具。以前老师讲授教材内容占据了课堂,学生的作业基本被挤到了课外;现在转变为学生为中心,必然要把学生的作业放在课堂之上,如果认识到这一点,那么我们把课堂交给学生,必然是以学生的作业本为中心,教材在学生那里只是为完成作业而必然运用的工具而已。

有了这样的转换,课堂的中心任务就十分明确了。因此小组的互助学习也就会成为可能。

(九)小组讨论的问题

我们去年去始丰中学学习之后,有的班级也以小组方式进行了班级编排,但今年又没有一个班级采用了,九年级三班、四班上个学期做得比较好,但这个学期只坚持了一个月,为什么会这样?

小组讨论的基础,首先是学生自学的课堂,是以学生的学为中心的,而我们的课堂如果还是以教师的教为中心,失败是必然的。

如何转变以学生的学为中心,我们认为,课堂上一定要有学生做的内容,只有教材,无法展示学生的学习成果,展示学生学的成果的最好形式就是学生的作业本。

以作业本为中心,自学、作业、批改、订正,这样几个环节下来,小组的用处就会体现出来了,学生的讨论很快成为主动的过程,而不是由老师发起来的,也不是由老师用竞赛的方式促起来的,学生在作业的完成过程中自然而然就要讨论,就会讨论,讨论的对象与目的都不是老师给予的,而是学生自己随时发现的。

(十)课堂上如何进行小组学习与讨论

有了以上的认识,小组学习与讨论就一定是可持续的,而且是必然的。学生通过自学后做作业,一定会出现做得出与做不出的情况。而做得出,又存在做对与做错的情况。从而,对于学生做不出的情况,讨论就一定成为必然,这中间是让做得出的学生帮助做不出的学生学,老师帮助学生学习这样两个方式,我们形象地称之为"兵教兵""官教兵";另一方面,对于做得出的,但是又有做错的问题,就一定需要学生之间互相讨论问题与师生之间讨论问题。所以,以学为中心,必然是以作业本为中心,以小组学习为主要的学习方式,这样一定是可持续的。

四、实践篇

（一）数学老师案例

我们学校的数学教研组长尹老师，她参与了这次课改试点。第一次上课后，晚上她就打电话来说学生还真行，能够自己看书做下去，课堂练习做得还不错，她当堂开展学生互助改作，好的同学她改，只是量不是很多。我说，以后你可以慢慢加。她说，是。

又过了几天，她在中午食堂吃饭的时候说："你的方法不行，我今天让学生做应用题，他们大多数做不出来，可能学生自学只能用于计算题好点。"我说："可能是吧，但你也要查一查学生为什么应用题会做不出来？是不是你的教学流程上有问题？"她说："没问题的，我让他们先看书，再做的。"我说："哦，应用题是个难点，他们做的应用题，相关的例题很重要的，自学时有没有？"她说："这倒没有。"我说："那应该先提供例题，再让学生做。这实际上就是你的流程设计出了问题。"她在接下来的课上改变了流程，学生的情况就有所改变了。

（二）英语老师案例

这次上公开课，有一位初三的英语老师想上，但是她又不肯上自己的班级，可见她对这样的课并不是很自信。

上课是由英语教研组长指导的，所以在初一上，她很用心，准备也充分，但我听了之后发现课堂里她自己很忙，效果感觉并不好，于是课后我问她，"这样的课你愿意上吗？"她说不愿意，"不是被你们逼的吗？谁愿意上这样的课？"

我再问："你虽不愿上，但你相信学生的成绩能提高吗？"

"一定不能。"她毫不犹豫地说。

我说既然你自己也不愿意上的课为什么还要这样上法。既然你不相信能提高成绩，为什么还要去上？你们这样设计的课如果学生可以拒绝也一定不想上，更不用说推广到别的老师那儿去了。

她的课问题出在没有从理念上理解这样的课堂，而只是简单的流程模仿，把小组的合作批改，简单地当成小组讨论，形式上学生开展得热热闹闹，实际上学生基本上被老师赶着走。

为什么会这样？关键是没有抓住英语课的核心。另一位英语老师的课也是同一个问题,我在他完成的每一个流程过程中,问了一下学生的情况,发现学生连最根本的单词问题都没解决,就在做下面的作业。我说,这就是问题发生的根本原因。

学科的本质没有抓住,很多对话、讨论、互助,都成为空洞的形式,英语课第一个流程,教会学生会读,会背单词,是最根本的。课堂上让学生会读,学生课外才会去读,课堂上学生不会,靠学生课外去学,就很难了,我们很多学生英语上不去,就是这样被扔下的,所以流程设计要充分了解学情才行。

(三)科学老师案例

科学组是这一轮上课老师中做得比较好的组,科学教研组长去年搞过组内的集体备课课题,组内编了导学案性质的校本作业,科学教研组长的第一堂课就是直接让学生做导学案,然后同学之间流水线改作,按老师改优生,优生改中等生,中等生改后进生。

但是,我并不满意。导学案当作业本,不是我们提倡的。导学案看上去像是学生自主作业,但实质上学生仍是在受导学案控制的,算不上是真正的自主学习;另一方面,同学之间流水线改作业中,老师改优生,是不是还有课堂歧视的嫌疑,老师也变得比较忙,基本上不可能兼顾到课堂上的每个学生的状况。

另一个科学老师童老师的课还比较满意,她的流程简单清楚,老师演示实验→学生记录→当堂练习→互助批改。环节中虽没有自测,但可以推到下一节课进行。

流程化的简洁很重要,一节课你设置很多流程,结果学生都做不完,也是不科学的。

(四)社会课案例

社会课完后,我问了一个学生,与她的对话记录如下。

什么是学习的重难点?

今天班级上课时,我问学生:"昨天全市教改会议观摩课在你们班级上社会课,感觉如何?"她说上得还好,上课也完成了练习,但只是不知道重点在哪儿。

我说:"同学,你这个问题问得很专业啊。这一般是老师研究教材,教研员听完课后指问老师重点难点在哪儿。"

什么才是学习的重难点？

对于学生来讲，你自己在学习过程中，你做不出难住的地方就是难点；你以为懂了，但练习还要做错的一定是学习的重点。你如果能自己找到方法解决它，或者请老师、同学帮助之后，自己会解决了，这就是学习。

老师讲课过程中认为的重难点，如果你自己早懂了，对你来讲就不是重难点了，每个同学在学习的过程中遇到的困难不一样，学习的过程就是解决困难的过程。

学生说："哦，懂了。"

我们老师常在设计教案时关注学习的重难点问题，但事实上，我们的课堂中学生往往是参差不齐的，老师认为难的地方对于一部分优等生可能并不难，而对于一部分差生，比这些重难点还简单的问题都不能解决。如果以学为中心的课堂，学生的学习重难点是根据学生的实际情况来决定与选择的。

如果让学生懂得了根据自己的学情解决好自己的重难点，我们的课改是不是到了成功的时候了呢？

作者小传：

徐学军，男，中学数学高级教师，嵊州市第七届教坛新秀，绍兴市第一届农村领雁工程骨干研修班毕业，绍兴市家长满意教师。十年班主任和十五年岗位行政工作锻炼，逐步形成自己的教育教学理念。一直站在教学第一线，从未间断上课、教研和培训，并以身作则在教育、教学、科研、带徒、管理等多个方面取得较好的成绩,所带学生在全国数学竞赛中获二等奖,多人次在嵊州市获奖,被评为辅导优秀园丁。多篇论文、多项课题在绍兴市获奖。用爱塑造教育,并把"当一个学生最不可爱的时候,其实正是他最需要爱的时候"当成座右铭,他教育教学深受学生的喜爱。徐校长认为:普通的公办教育办好了,我们的基础教育就真的好了。从社会层面来说,我们要为政府排忧,有格局、质量好,这样才能对得起老百姓;从学校层面来说,我们要可持续发展,有理想,能生长,学校校长无论姓什么都能稳定进步,才说明学校迈上了良性轨道;从师生层面来说,我们要让他们都能幸福成长,有归属,能发展,这样的学校才有凝聚力。

教育信条:用心做教育,用爱筑未来。

为未来而教，为未来而学

——我的办学理念与实践

绍兴市树人中学副校长　姚国明

【摘要】 树人中学秉承"首在立人，多元发展"办学理念，该理念核心是学生，基点是"每个"，落脚点是"发展"。即每个学生都是独特的，每个学生都同等重要，每个学生都有成功需求，每个学生都有发展的可能。学校把"四为"少年作为学生培养目标，即品行上"为善"，学业上"为真"，能力上"为实"，身心上"为美"；把建设"精致校园、精神家园、和谐乐园"作为学校发展目标；提出了"慎独、自觉"校训；践行"厚德树人"的教风和"博学求真"的学风。为此，学校积极打造"走向自觉"的学校文化，推进以"人本化、民主化、精细化、信息化"为特征的扁平化管理体系，构建"自主发展"师资队伍建设机制，优化"立人"课程体系，构建"自主管理，规范养成"德育模式，完善"双主双优"教学机制，使不同层次不同个性学生得到发展，努力把学校建设成为一所现代品质学校。

【关键词】 首在立人；多元发展；教育理念；教育实践

一、学校概况

绍兴市树人中学坐落在市区长桥直街 38 号。目前校园总面积为 18584 平方米，建筑面积 8026 平方米。学校校名拥有两重含义，一是学校在鲁迅先生的故乡，用先生原名命名，以志纪念；二是蕴含了"十年树木，百年树人"的意思，以励责任。

（一）教师团队

学校有较为强大的教学团队，整体师资实力雄厚，科研能力较强，部分教师具有教学以外的专业特长，也具备一定的课程开发能力。目前，学校有浙派名师名校长培养人 3 名，绍兴市名师名校长培养对象 2 人，绍兴市学科带头人 3 名，绍兴市基础教育课程改革委员会成员 2 人，市属名师工作室 2 个，省、市优质课获得者多人。近 5 年内，有 50 余篇文章在全国各级报刊上发表,多篇被人大报刊复印资料《中学物理教与学》《中学化学教与学》等收录。我校教师还参与了国标版《科学》教材的编写。

(二)学生特点

目前,树人中学共有 17 个班级,600 余名学生。学生大多来自施教区,部分为外来务工人员的子女(绿卡学生)。学生有较好的学习兴趣,有一定的探究能力,但学生在家庭文化背景、环境的适应能力、心理品质和学习水平等方面存在较大的个体差异。

二、办学理念

(一)内涵诠释

"首在立人,多元发展"办学理念,其核心是学生,基点是"每个",落脚点是"发展"。即每个学生都是独特的,每个学生都同等重要,每个学生都有成功需求,每个学生都有发展的可能。学校教育以人为本,指向每一个学生,尊重学生个体的需求,考虑学生间的个体差异,因材施教,为每个学生的品行、学业、身心等方面提供全面的且个性化的发展空间和优质服务,促进全体学生自主、全面、可持续的发展。学生多元发展表现在:具备强烈的社会责任感、终身学习求知意识、良好的社会适应能力和身心素质。

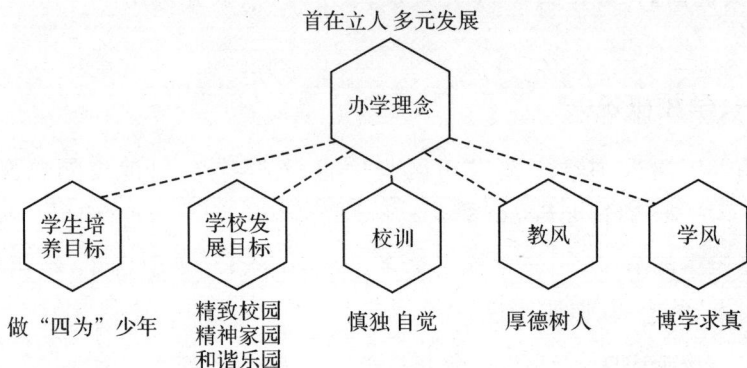

图 1　学校办学理念体系

(二)办学目标和培养目标

学校积极打造"走向自觉"的学校文化,推进以"人本化、民主化、精细化、信息化"为特征的扁平化管理体系,构建"自主发展"师资队伍建设机制，优化"立人"课程体系，构建"自主管理，规范养成"德育模式，完善"双主双优"教学机制（以学生为主体，以教师为主导，优化教师的教学行为，优化学生学习品质），使不同层次不同个性学生得到发展，努力把学校建设成为具有"精致校园、精神家园、和谐乐园"特性的现代化品质学校。

秉承"首在立人，多元发展"办学理念，把学生培养成"四为少年"，即品行上"为善"，即有责任感，对自己有自爱，对社会有仁义；学业上"为真"，即有进取意识，具有扎实学识，有质疑精神；能力上"为实"，即有具有独立生活能力、人生规划能力和沟通合作能力；身心上"为美"，即具有强健的体魄、良好的心理素质和生活方式。"品行善"是前提，"学业真"是基础"，"能力实"是关键，"身心美"是保障。

（三）校训、教风和学风

秉承"慎独、自觉"校训，慎独、自觉是一种情操、一种修养、一种行为方式，即学生在为人、处事、学习、生活中，无论是在别人面前还是独处无人注意时，自己的行为都要谨慎不苟，都要自觉如常。践行"厚德树人"的教风和"博学求真"的学风，厚德树人，意指教师要以高尚的情操、扎实的学识、仁爱的心灵、敬业的精神去塑造人，以特别能奉献、特别能钻研、特别能竞争、特别能战斗的精神气质去影响人。"博学"便是指广博地获取知识，是学问广博精深，博学多才。它指的是人的综合素质的发展目标，即现代教育所要求的德、智、体、美等全面发展。"求真"就是尊重科学，追求真理，探求本源，追求文化知识的最高境界，追求自身价值的最大凸显，追求人和社会的可持续发展。

三、办学实践

（一）学校管理——人本精细

1. 建立精细化管理思想内容体系

精细化管理思想内容体系包括全面目标计划、全程质量管理、全员业绩考核三个方面，通过目标操控，强化过程管理，落实业绩考核，实现学校精细化管理。

所谓全面目标计划，是指把学校办学理念转化为可操作的管理行为，把学校近期、中期、远期发展规划，分解转化为学校各学年的目标任务。

据此学校制订学期工作计划,各部门根据学校工作计划制订部门工作计划,直到具体岗位与个人。各层面的目标具体全面,定性与定量相结合。工作计划分层制订,分层审批,分层管理。总目标指导分目标,分目标保证总目标,构成一个全面的目标计划体系,并围绕目标的实现展开一系列的管理活动。在目标制订过程中,从总目标到分目标全面而具体。目标涉及学校各方面的主要工作,包括校园文化、教育教学、教育科研、师资队伍建设、校园信息化建设等方方面面的领域,各领域发展目标和措施明确具体,如家长满意率指标、中考指标、德育指标、科研指标、学生安全指标、教职工队伍建设指标、后勤服务工作指标等。学校职能部门则采取有效措施,保证目标时时处于受控状态。一是由校长办公室对目标的制订进行评审,确保总目标的可操作性并能有效分解到部门和个人;二是由年级、处室对目标的实施进行监控,把握各层次目标达成的走势,及时调整措施,确保目标的达成;三是由学校组织人员对目标的达成进行验收。这样,学校所有人员都参与管理并以目标来指导行为,并保证学校各项工作、各部门、各岗位、各级各类人员的工作过程,都处于目标计划的指导之下。

所谓全程质量管理,是指以全面目标计划体系为指导,逐步建立全面、全员、全程质量管理体系。全面管理是对学校教育、教学、后勤工作全面进行质量设计并全部进行质量控制。紧扣教育教学这一中心工作,将凡是影响质量的因素都纳入强化管理的范畴,实现"凡事有准则,凡事有负责,凡事有程序,凡事有监督"。以此为前提,将质量管理的重点向全体学生以及教育、教学这一中心环节的质量管理倾斜。全员管理就是从校长直至每一个员工的岗位职责都建立目标责任书,使不同岗位人员都清楚自己的岗位职责和基本工作要求。每项工作都建立管理的流程,说明管理的步骤和要求,在此基础上,细化工作规范。全程管理是指紧紧抓住教育、教学的每一环节,过程的每个阶段的质量管理,以阶段性目标的达成保证高质量结果的实现。对管理、教育、教学工作的各个层面,各个环节的"接口",都要进行设计和质量控制,以保证学校各项工作能紧紧围绕着教育质量目标和谐、高效地开展。

所谓全员业绩考核,是指创建全员业绩考评体系,从考核对象上,分为团队(年级、备课组、教研组、处室)考核和个人考核。团队考核主要是把一个年级看作一个实体，使团队、个人业绩成为整体，形成个人、团队、学校紧紧围绕质量、效益的价值、利益导向的发展意识，既能培养团队精神，又能凝聚整体意识。个人考核从德、能、勤、绩方面全面考查，用工作行为的过程、素质及能力表现、业绩的统一，促进教职工综合素质的提高，使学校目标的可持续性提升更具保障。同时用开放考核的办法，创造公开、公平的考核环境。上至校长下至教职工，既是考核者，又是被考核者。考核的结果强调数据，考核的结论与被考核人见面，考核的结果作为教职工绩效工资、聘任的基本依据。

2. 提炼精细化管理操作策略体系

我们构建了"条块结合，分层管理，民主监督，和谐发展"的管理体制。所谓的"条块结合，分层管理"，就是从校情出发，在发挥"学校—处室—级组"三级条状管理作用的前提下，充分发挥"学校—处室—级组"三级块状管理的作用，实施"一级对一级负责"的分层管理，使广大干部和教职工保持高昂的情绪和奋发有为的精神状态，并全身心地投入到各个层面的管理工作中去，提高管理的执行力。所谓的"民主监督，和谐发展"，就是在强化管理的过程中，充分发挥党支部、群团组织和教职工的监督作用，加大对管理工作的督导、反馈和整改力度，真正做到积极开展工作，主动解决困难，切实提高管理的效能。

3. 形成精细化管理的运行机制体系

我们按照"制度为点，运行靠线，监督成网"的管理思路，建立了"以三条线运行为基础，靠四层面监督作保证"的"三线运行，四层联动"的内部管理运行机制。所谓的"三线运行"，就是确保正常运行以下三条常规管理工作线：一是运行"以全员育人为宗旨"的教育管理线，要求教职工以爱和责任为核心，增强全员育人意识，认真履行全员管理职责，切实做到教书育人、管理育人和服务育人；二是运行"以级组管理为主体"的执行落实线，强化"级组是主体，班级和备课组是根本"的管理意识，充分发挥级组的管理主体作用，实施"有功必奖，有错必究"的责、权、利相统一的分管主任责任制，强化分管主任的目标意识、责任意识、执行意识和效能意识，管好自己的人，干好自己的事，努力提高学生成绩，圆满完成教学任务；三是运行"以学生自主管理为核心"的检查反馈线，在执行干部值班、政教处检查和后勤人员巡查的前提下,发动学生积极参与学校管理,充分发挥学生会、班委会和值周班的主体作用,从纪律、体育到卫生,从早操到午休,从教室到室外环境,分别对班级管理事务加大检查和整改的力度,精心打造"定人·定岗·定责·定时"的立体化常规学生管理机制,真正提高学生自主管理的效能。所谓的"四层联动",就是实施以下四层督导、反馈联动系统:一是实行校长督导,坚持"勤于督,重在导"的原则,根据工作分工,分管校长要面向全员,立足岗位,突出质量,对学校的教育教学、学生管理和后勤服务等工作进行督导;二是实施部门督查,按照"集体行动、重点突出、督查精细、反馈及时"的要求,分管校长协同处室主任或级组长加大对近期工作和重点工作的督查力度,并通过办公会汇报与研究、办公室编印督查通报和各责任部门整改等方式及时跟上落实;三是执行级组反馈,各级组分管领导要经常进行检查、指导,切实做好反馈、整改;四是搞好师生监督,努力营造民主氛围,利用校长信箱、教代会和征集"金点子"等形式畅通信息渠道,充分发挥广大师生参与和监督学校管理的积极性和主动性,提高管理的科学性和实效性。

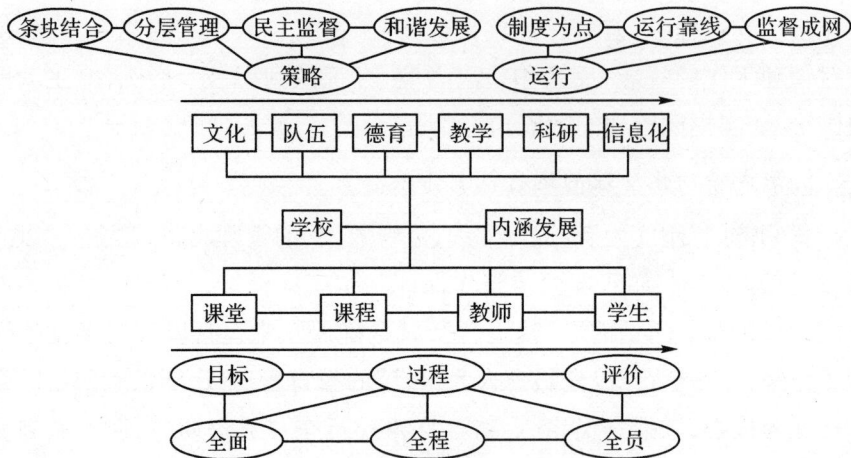

图2 学校精细化管理体系

(二)队伍建设——专业自觉

1.价值导向——教师在自身专业发展中形成自觉

学校充分利用绩效工资的实施、五星级教师评定、教师岗位的设置等人事制度改革机会,适时推出一些措施和制度,对教师价值进行导向,对教师专业进行激励。我们着力制订和实施《绩效工资考核方案》和《教师专业发展考核办法》。通过《绩效工资考核方案》全面反映教师的教育教学的过程和效果。通过《教师专业发展考核办法》给予教师个性化的发展激励。绩效工资考核方案以突出过程管理,注重教职工在教育教学工作实践中取得的实际效果与成绩为本;以根据学校阶段发展重点,突出重点考核项目,引领整体工作为重点;以体现"重过程、比结果,重团队、比能力,重全面、比质量"为导向;以坚持公平、公开、公开为原则,共分德、勤、绩、能四大方面,旨在全面提升考核实效。教师专业发展考核分为基础性考核和特色加分考核。在特色加分项目中既考虑教师个体发展,又充分考虑教师团队专业发展。如中途接班、互助合作、资源共享、师徒结对、教研团队建设等都有相应的考核内容。如此一来,各层面的教师在内心都有了一个发展方向,不进则退、赶超在前的氛围在教师群体中慢慢形成。

2.平台搭建——教师在实践中淬火

(1)创设学习渠道,提升教师专业素养。

学校鼓励教师广泛读书,丰富积累,帮助教师树立"工作学习化,学习工作化"的意识,提升教师的自身底蕴。一是丰富学校图书,加强阅览室建设,扩大图书馆藏书量,为教师提供一个相对舒适的读书环境。二是提供资金,为每个教研组订阅学习杂志、为教师征订教育报刊。三是鼓励教师多读书,勤做笔记,并把理论学习与教育教学实际、课题专题研究相结合,为课堂教学服务。四是开展读书征文比赛、德育论坛、教育教学论文评比,促进教师养成多读书、读好书的意识。目前,学校教师读书氛围比较浓厚。

(2)铺设展示平台,教师在交流中变得更优。

在教育专业素养中,专业精神和专业态度决定教师发展的高度。为改变教师尤其是中老年教师在专业发展上的服从、等待和消极的意识,最大限度激发教师专业发展的内驱力,让他们获得更大发展,学校采取造血和输血两条路同时走的办法,一方面是借力,即将专家请进来,做讲座、和老师零距离交流接触;或带出去,向省内外一些名校名家学习。我们的设想是,在和专家和名家的交流接触中,学校中老年教师能进一步认识到自身专业中的不足,拓宽视野,燃烧激情。另一方面是给力,即给中老年教师创造展示的舞台。

如通过"树中讲坛",每月安排一位中老年教师给全体教师做一次个人的教育教学经验专题介绍,谈自己的教育理想、教育实践、教育得失和教育体会;千方百计争取机会让教师能走出学校,到校际、市属、市级甚至更大的舞台上去上课、做讲座,推销自己、展示自己,提高影响力。

3. 目标激励——教师在发展中有了张力

事实上,如果我们去考量一个学校教师专业发展过程,会发现这么一个现象:学校给教师后面的推力越小,学校教师专业整体水平发展越慢;学校给教师后面的推力越大,学校教师专业发展水平就越高。那么学校这个推力是什么? 是激励。如果学校能形成一个促进教师专业发展意识的激励机制,那么这个学校的教师发展就有了张力。基本做法是:

(1)设立教师专业发展指导团。

组建学校教学指导团、学科学术指导小组、班主任工作指导团,对学校教育、教学、科研等工作情况和规划进行诊断、分析,提出意见、建议和指导,同时带头参与相关研究工作。

(2)建立教师专业发展培养机制。

建立名优教师组织,定期开展工作经验交流和扶、领、帮、引工作。完善"青年教师发展联盟"工作制度,从组织制度、培养机制、培养方式和考核评价方式等方面系统地对青年教师进行管理和培养。建立师徒结对制度,开展一对一的带教指导。依托设立在校的学科基地和市名师工作室,对相关教师提出专业发展的目标和要求。

(3)形成教师专业发展目标体系。

开展新星奖、优秀青年教师奖、十大感动人物奖、五星级教师奖等校级评审,形成由学科带头人、中青年骨干教师、优秀青年教师、新星奖教师等组成人才金字塔。

(三)课堂教学——双主双优

完善"双主双优"教学机制,即以学生为主体,以教师为主导,优化教师的教学行为,优化学生的学习品质。

1. 优化教师教的行为，向教要质量

(1)加强备课的研究和管理。

一是进一步树立"备课是上好一节课的前提"的意识。俗话说："凡事预则立，不预则废。"上课也是这样，要上好课，首先必须备好课。在平时教学中，我们都有这样一个体会，就同一教师来说，进行观摩教学时，教学效果一般都比平时好，原因并非观摩教学时，教学能力提高了，而在于教师备课比平时充分得多。

二是规范备课组活动，充分发挥集体的智慧，实现教学经验的共享。备课时间相对固定(单周备课组、双周教研组，周三下午文科、周四下午理科，时间都是下午第一节课)，同时教务处、教科室加强过程的管理。

三是进一步加强对教师备课的指导与管理。总体思路是：注重实质，淡化评价。具体说，在备课要求上实行不同年龄段的教师差异性备课：35周岁及以下教师要求备详案；其他教师可以备具备形式要求的简案。学校将在期末阶段进行一次评估检查。

(2)加强课堂的调研与指导。

继续实行行政中层领导听课制；成立文理听课小组，实行推门听课制。

(3)加强作业管理和指导。

一是规范学生教辅资料征订，二是加强自修课管理，三是加强作业批改情况的检查。学校对学生作业布置和批改的要求是：精选、先做、快批、全批，提倡面批。

(4)规范不同阶段对学生学业检查和测试的组织。

建立试卷出卷人注明制，建立试卷审核制度。对于月考和期中、期末考试的试卷，教务处将安排审核环节。

(5)加强教学成绩的分析，发挥教学检测的作用。

建立"学科教师诊班制"，推出分层次学生座谈会和家长会制度，有效提高教育效果，整合教育合力。

2. 优化学生学的行为，向学要质量

(1)加强对学生学习品质的培养和训练。

每学期，政教处和教务处确定学生学习几个重点环节(课前准备、听课和作业)的学习品质训练。为使得训练做深、做实、做持久,有效,学校严格按照"知晓"先行、"训练"贯穿、"坚持"并行、"反馈"跟进、"家校"合作和"评价"落实六个步骤进行训练。

"知晓"先行。学校编制了有关学习品质十句顺口溜,内容通俗易懂,朗朗上口。学期开始要求新生熟读成诵。

"训练"贯穿。对学生学习品质的培养必须严格执行,严格训练。第一学期采取一月一主题方式,第二学期完善为"一月四主题"同时进行,循环往复开展训练。同时政教处和教务处联合进行落实,加强检查和反馈。

"坚持"并行。学习品质的培养是持之以恒,强化训练的结果。学校设计"学生学习品质养成情况评价表",每天傍晚要求学生对照一天下来的情况进行评价,再请同桌互评,家长关注,班主任批改。

"反馈"跟进。召开学生座谈会、教师座谈会,了解学生学习品质养成情况,探讨哪些更有效的学习品质对学生的学习起到真正的促进作用。

"家校"合作。学校通过校讯通、发《告家长书》和邀请"3461"系统学习策略学习方法创始人张晓峰老师来校为家长做学习品质专题讲座,要求家长配合,每天通过《家校联系册》及时把学生当天的学习品质反馈给家长。

"评价"落实。落实学生激励评价制度。期末结束时,评选学习标兵;给年段成绩优秀者和进步者发放喜报;评选十佳毕业生和优秀毕业生,为优秀学生发放思远奖学金等。

(2)激发学生学习的争优意识。

设立班级前十名、年级前三十名的优生荣誉榜,给学生和家长发喜报;实施七、八年级中考学科竞赛活动;组建各年级创新班,加强对资优生培养。在一定程度上调动学生学习竞争意识,营造一种竞争氛围。

(3)做好后进生学习帮扶工作。

引导教师以关爱作为教育起点,把给予生活和学习支持作为切入点,把激励信心作为关键点帮助后进生端正学习态度,提高学习积极性。同时规范了自修课制度,鼓励教师利用学生休闲时间进行个别辅导。

(四)德育——主体自主

1.健全德育管理的组织机构,形成全员德育氛围

学校德育管理,需要有一个健全的组织机构,要建立校、处、班、家庭四级管理网络,明确德育管理的职责。由校长、政教主任、班主任和家长组成德育领导小组,形成一种垂直的并沟通教导处、总务处和家庭之间的动态管理系统,从而使学校的德育工作做到上下左右联系密切、指挥灵活、步调一致、信息畅通,充分发挥德育管理的效能,从组织上保证了学校德育工作的有力实施。

2.细化德育管理程序,形成有特色的德育品牌

我们以"习惯养成"为抓手,细化德育管理程序,以"三增"为主线,以"内化"为核心,强抓学生行为好习惯养成,增强德育实效。

增专家引领。如学校邀请养成教育专家为我们中层以上干部上养成教育课,为全校教师做"教育就是养成好习惯"的专题报告;派出分管领导和教师赴外地参加有关习惯养成的现场会等等,通过观摩培训学习,开拓德育工作者的视野,提高德育管理的能力。

增强化训练。学校编印了《养成手册》一书,把每学期的第一个月定为"常规教育月",开学的第一周定为"常规养成教育宣传周"。培养良好的行为习惯是一个长期的过程。政教处每三周(21天)确定一个好习惯养成训练,如文明礼仪习惯、劳动习惯、卫生习惯等,通过提要求、督促、强化环节,通过自省、自律及同伴监督、教师和家长评估等方法,促进学生良好习惯的养成。

增榜样示范。学校着力寻找学生中的榜样,如班级评比每周之星,三月份评比文明之星,九月份评比爱心之星,四、十月份评比学习之星(每个年段评出100名学习之星)和进步之星,十一份评比孝心之星;学期末(一月份和七月份)发放"菁优"奖学金、评比十佳优秀毕业生、评选先进班干部和优秀团员。

以"内化"促习惯养成。学校细化了养成教育的管理程序,推行了"养成教育实施四步法",即"知晓""训练""坚持""反馈",帮助学生养成良好的习惯,"内化"为学生自己的素养。

以"养成教育冠军赛"促行为规范。学校出台行为规范养成教育冠军赛。实施每位学生每周对出勤、仪表、学习、体育、礼仪、纪律、校外公共文明等九项竞赛项目进行达标活动,开展班级"养成教育记录周达标者"、年级"养成教育记录月冠军"、校级"养成教育记录学期总冠军"三级比赛,将养成教育由班级层面深入到学生层面,进一步提升了养成教育的实效性。

3.全方位管理德育工作,拓宽德育管理的有效渠道

学校教育的对象是学生,一切教育活动都要通过学生这一主体才能实现。没有学生的自主意识和主体参与,学校的教育活动会显得很苍白无力。因此,学校在构建教育活动时,力求充分激发学生的自主意识,让学生在参与中获得成长。

(1)开设拓展课,放飞学生个性特长。

为丰富学生课余生活,培养学生的个性与特长,学校开设了拓展性课程。每周二节,固定在周二、周五下午进行;教师由本校教师或外聘教师担任,自编教材。学生参照学校提供的课程单,根据自己的兴趣进行自主选课,然后走班上课。

(2)深化精品文化活动,陶冶学生情操和品性。

精心设计丰富多彩的艺术活动,如"舞动青春炫我风采"阳光体育节、"缤纷校园,快乐你我"校园文化艺术节、"阳光心理,快乐人生,智慧学习"心理健康节等等,以此为载体,寓教于乐。这些艺术活动现已成为学校精品校园文化活动。

"舞动青春,炫我风采"阳光体育节:除传统的田径运动会以外,增加了结合大课间活动的大型阳光体育展示活动,增设许多群众性、趣味性的项目,使体育节不再是极少数体育尖子生的舞台,通过这些活动培养了学生的竞争意识、团队意识。

"缤纷校园,快乐你我"为主题的校园文化艺术节:这是学校的盛会,是学生实现梦想的大舞台。有"爱唱才会赢"树中好歌声比赛、有"妙笔生花"书画现场展示活动,有挑战校园吉尼斯活动、各项达人秀活动和名家友情出演活动等。

"阳光心理,快乐人生,智慧学习"为主题的心理健康节:开展"生活中的心理效应"展板宣传、心理征文活动、心理教育片展播、问题学生诊疗方法的讲座、家长心育辅导活动、"写给最好的朋友的一封信"团体心理辅导活动、"夸夸你,夸夸我"的主题班会活动等"八个一"活动。学校在校园网

上开辟心理空间,内容丰富。

(3)强化自主管理,激发学生主体意识。

学生管理的最高境界是学生学会自我管理。因此,学校实施主体参与式德育管理模式,有利于学生自主管理能力的训练和提升。主体参与式德育,是教育者一种有计划地引导学生自愿地、主动地、直接地、民主地参与到德育活动中去,从而主动而有选择地经受教育影响,引导学生在参与过程中体验、感悟、反思,实现他们自主参与、学会做人、主动发展的德育活动模式。其基本特点是:发展性、互动性和开放性,即主体参与式德育可以实现以下三个转变:由约束性德育向发展性德育转变;由单向式德育向双向互动式德育转变;由封闭式德育向开放式德育转变。实行主体参与式德育可以从以下几个方面进行:

一是让学生参与到学校管理中。如通过设立学生校长、学生会、文明督察岗、值周班等组织形式,加入到学校卫生、文明礼仪等日常行为规范检查活动中来,发挥各层次学生的积极性与主动性。

二是创新学生活动组织形式,让学生走到前台来。如创新升旗仪式,学校一改原来升旗仪式中教师在台上讲、学生站着听的形式,让学生走上升旗台,成为仪式中的主体。让班级轮流承担主持、演讲、担当升旗手,介绍班级特点和优秀学生代表,并作为主宣誓人带领学生进行主题式口号宣誓等,让所有的学生都实实在在参与到升旗仪式中,接受洗礼和教育。创新艺术节形式,方案设计、组织、主持等环节,都由学生来完成,教师只起到协助指导作用。

三是通过打造班级文化这一平台,来锻炼学生的自我管理能力。如学校要求各班从精神层面、制度层面、物质层面等开展班级文化的建设。要求每班由学生自己制定班规、班训,设立班刊,记录班级学生活动的点点滴滴和精彩瞬间。学校的目的是让更多的学生参与,让更多的人享受快乐,让更多的人获得自信!

作者小传：

姚国明，男，1973年11月出生，中共党员，浙江大学教育管理硕士，大学本科，中学高级教师，市学科带头人，市基础教育课程指导委员会成员，先后任绍兴市长城中学校长助理、绍兴市树人中学教学副校长，绍兴市名校长培养对象，浙派名校长培养对象。教育管理严而活，注重思想引导和内驱力激发，以学生学习和行为品质培养为抓手，提炼出了"自主管理"的育人模式，深受学生的喜爱和家长的肯定。教学中确立了以培养学生关键能力和必备品格为核心指标的"情境、协作、建构、共享"教学思想，积极实践和提炼出"问题—发现"教学模式，基本形成了"兴趣为起点—能力为核心—方法为支点"的教学风格，产生了良好的教学效果。注重自身素养提升，曾有多项科研成果获省、市级奖项，两项教学成果获市基础教育教学成果奖（市人民政府奖），十余篇论文发表或获全国、省级奖项，先后主持、策划过省、市级培训活动，多次在省、市级培训活动中开示范课或做讲座。先后获得市属级优秀党员、市属级德育先进、市级先进团干、市级教科研先进个人和市第六届世界合唱比赛优秀接待组（片）长等荣誉称号。

教育信条：为未来而教，为未来而学。

谈回归本真的学校教育之思考和实践

绍兴市上虞区城北实验中学校长　祝高第

【摘要】 学校教育的根本任务是促进学生全面发展，学校应落实好我国新时期立德树人这一教育的根本任务，校长要树立这一教育的核心价值观，引领学校回归"以人为本"的教育，引领师生"健康成长、个性发展"。并以先进的办学理念指导办学实践，制定服务教育本真的科学的办学策略，笔者就"坚定'文化润校'为发展根本、咬定'质量立校'为发展核心、笃定'科研活校'为发展动力、确定'特色亮校'为发展品牌"方面做了多年的办学思考及实践，引领相应学校、教师、学生的发展，既有成果体验，也有不足或缺失留待改进，为进一步提升办学水平做反思，为努力办好新形势下人民满意的幸福学校而鼓劲造势。

【关键词】 回归本真；以人为本；健康成长；个性发展；办学策略

笔者从 20 世纪 90 年代初师范毕业到学校做老师，在日复一日、年复一年的教育教学中，不经意间也会突发对经营这个职业的憧憬。及至自己真正履职校长岗位，才愈来愈深刻地感到使命在肩、责任重大，才愈来愈真切地体味应该要"把职业（教育）当作事业来做"。因为"教育的根本目的是促进人的全面发展"，是事关人类进步的伟大的事业，是唤醒人的潜能、促进人的自由发展和解放的最崇高的事业。迈入 21 世纪，各国已进入一个相互交流、碰撞、融合的全球化经济时代，全球意识日益成为主要趋势。"全球意识的核心，就是对于整个人类共同利益的关心和对人类赖以生存的唯一的地球的爱护与关心。因此全球意识是一种价值观念和道德规范，是现代素质的重要方面。"[1]为此，雅克·德洛尔在《教育——财富蕴藏其中》一书中就提出新世纪学生的学习目标，即学会认知、学会做事、学会共同生活和学会生存。站在全球化的视野下，我国教育积极地应对青少年成长环境日趋复杂化的挑战，党的十八大报告提出，把立德树人作为教育的根本任务。"立德树人是指人才的整体，人才就是德和才的统一，所谓德才兼备。教育首先是培养青年一代做人的品质，然后是做人的才干。"[2]作为校长首要的应具备这一教育的核心价值观,才能保障办学回归本真而不偏离航向,才能正确引领学生发展、教师发展和学校发展,才能与时俱进地办好人民满意的幸福学校。

一、回归"以人为本"的教育原则

教育以文德化人,以促进人的发展为目的。"而学校是有组织有目的的教育机构,承担着使人们在其生存的世界中获得一种舒适而诚实的谋生的手段,然而又不致使人的至高无上的、敏感的精神追求遭受挫折的重任。它需要使人能够适应生存的时代,而不致将他排除在人生的最终伟大的目标之外;它将开启世界的钥匙——独立和仁爱与人,赋予他作为一个自由人只身跋涉而步履轻捷的力量。"[3]然而长时期以来,我们只重视教育的社会功能,忽视了促进人的自身发展,即育人功能。其实,教育的社会功能与育人功能是不可分割的,只有把育人的功能充分发挥出来,着力培育学生的核心素养,才能更充分发挥教育的社会功能。正如肖川教授所讲"教育要促进作为具体的、活生生的、个体的人的发展,这是教育最重要、最核心的职能。其他的职能——提升社会的文明水准,增强综合国力,增进社会的可持续发展等等都不过是这一'最重要、最核心的职能'的派生物。"[4]学校教育回归"以人为本",学校就要坚持以学生为本,坚持一切为了学生、为了学生的一切,尊重学生的主体性,要积极关注学生的实际需要,强调学生的独立性、尊重学生个性发展、注重培养学生的创新精神和实践能力,启发学生的主动性,鼓励学生自主学习。学校教育回归"以人为本",学校就要坚持以师为本,努力营造尊师重教的良好氛围,鼓励教师敬业精业,忠诚于教育事业,不断提高教育教学质量。遵循"以人为本"的教育原则,为此笔者提出的办学理念"让学校成为师生健康成长的摇篮,让学校成为师生个性发展的舞台",随之提出"文化润校、质量立校、科研活校、特色亮校"的办学策略,以细化八项校园系列工作(即八项工程:美丽校园建设、文明校园创建、学科竞争力提升、深化课改建设、立体德育改革、教师素质提升、校园安保提升、智慧校园建设)为抓手,围绕"提高教育质量、促进内涵发展、争创现代化学校"办学目标,引领学校优质发展。

二、坚定"文化润校"为发展根本

学校文化是学校的灵魂，是推动学校、老师和学生发展的底蕴或者说是最关键的推动力，简洁如郑金洲教授在其所著的《教育文化学》中给学校文化做这样的界定：学校文化指学校全体成员或部分成员习得且共同具有的思想观念和行为方式。可见，每所学校都应有自己的学校文化，学校文化是滋润师生成长的精神雨露，反之乱象环生的学校必定缺失了学校文化。

2004年，笔者出任一所山区中学校长，一进校园就看到残垣断壁、鸡飞狗跳的破败景象，老师们缺乏安全感，尤其是年轻师生在这么个居无定所的学校感觉就像浮萍，人心思走。为此，新任校长重中之重的工作就放在校园物质文化建设，因为它不仅是学校开展教育教学工作的物质保证，而且体现着一个学校的精神，展示着学校之所以为学校的外显文化。学校所在的山区镇级财政紧张，笔者就多方筹措资金，争取主管部门支持，第二年就开始修建学校，新建学生公寓食堂，修缮老校舍，绿化亮化校园，使学校面貌焕然一新，成为当地最漂亮的公共建筑，使原本部分老师认为不可能办到的事情办妥了，增强了老师的安全感和信任感。在学校的物质文化建设中，笔者遵循以人文本，坚持以学生为本，重点解决山区学生"住宿难""吃饭难"的问题；坚持以老师为本，因为学校在半山腰较为寒冷，让教师办公室较早用上空调。在学校物化建设中，我们更是重视仪式、标志建设，笔者亲自设计校标、远赴上海请情系杜亚泉思想研究的学界泰斗王元化老先生题写校名悬挂于新建校门上，筹建杜亚泉先生纪念馆，布置乡贤文化长廊，以校园物质文化建设提升学校的精神面貌，凝聚师生向心力。记得当时所在市（县）的圈内初中学校工作会议来我校开现场会，给了全校师生极大的鼓舞。经过三年努力，到笔者离任时，学校获得了市（县）学年教学质量先进集体和年度综合工作先进集体，得之不易。

2007年，笔者调任一所中心镇级中学做校长，这是一所有历史的学校，随着教育网点优化调整而撤并进了一些小规模学校，据说老师间有派系纠葛，个别老师好信访上访。暑假到任后没出一个月，因为食堂采购设备的事不够规范而被人举报，当时的市（县）纪委就找上校总务主任谈话了；其间竟还发生老师之间的打架事件，有人戏称笔者又掉进了一马蜂窝。诚然,有历史的学校有故事,但毕竟是以有正气有抱负的老师为主流,在跟老师谈心聊天中,发现了学校制度的不健全。学校制度是依法治校的集中体现,是学校文化的重要组成部分。学校有了制度,全校师生知道哪些可为、哪些不可为,学校工作就会规范开展;没有制度或制度不健全,师生工作学习、生活中就会产生各种矛盾和问题。为此,笔者捉笔起草《教工岗位目标管理考核办法》,把教工的德、能、勤、绩要求细化后量化考核,依托教代会发挥民主管理,遵循公正、公平、公开的管理原则,实施阳光考核,其结果作为评优推先、晋级提干的主要依据。欣慰的是,后来据有关职能部门反馈,该校在笔者任上是唯一没有新增信访件的时期。在笔者任职校长的四所学校中,教工绩效奖励考核办法、教育质量奖励办法、办学章程、安全目标管理责任书、行风信访维稳责任书、师德建设责任书等学校重大的规章制度均由自己拟定或做必需的修改和完善,因为笔者深刻地感受到学校制度建设必须和自己的办学理念相结合,以办学理念"健康成长、个性发展"为指导,才能保证学校各项工作可持续发展。

当然,学校的精神文化建设是学校文化建设的核心。上虞区张杰中学是一所以著名爱国港胞张杰先生名字命名的学校,开办的第三年由笔者调任校长。基于校情,我们精心提炼了校训"臻善力行、大爱至德",旨在弘扬和传承张杰先生"勤俭助学,赤忱爱乡"的核心精神,是立德树人这一教育根本任务扎根校园的具体实践,成为学校师生的主流价值观,为此学校提出的培养目标是培养具有"现代素质＋张杰精神"的学生。校园内设立的张杰事迹陈列馆被列入绍兴市爱国主义教育基地,接待校内外师生、社会各界人士参观学习,是校园文明建设的重要阵地,也是文明城市创建的示范窗口。学校还编制校本德育教材《浙江骄傲——张杰先生》,是滋养师生的重要精神食粮。杰中人以张杰为自豪,杰中人更以张杰精神为符号,敬仰大爱、体验仁爱、实践爱心,师生和谐,开拓进取,短短几年,学校被评为浙江省治安安全示范单位、绍兴市文明单位、上虞区综合工作先进集体等称号。

纵观自己十多年的校长生涯,笔者深悟学校文化建设是学校发展的根本,它能使师生具有共同的信念、共同的价值观、共同的愿景、共同的奋斗方向,它能够凝聚师生的意志、规范师生的行为、激励师生追求卓越,形成积极、向上的精神风貌。

三、咬定"质量立校"为发展核心

教育质量是学校的生命力,不讲质量、没有质量的学校势必不会被家长、学生和社会所认同。我们首要的是应树立正确的科学的质量观,科学的质量观同样应建立在以人为本的教育原则之基础上。回归以生为本的教育,促进的是学生全面发展,教育质量应是学生核心素养的提升,而不是搞"唯分论",不是片面地追求升学率。教育质量不是靠加班加点,靠牺牲老师、学生休息的时间,靠牺牲学生的未来发展潜力,靠题海战术取得的。笔者在张杰中学任职期间,结合校情、教情和学情,提出学校新一轮内涵发展总体目标是:"建设一所科研课改起示范性的上虞市级优质学校",同时我们确立了以深化课改为主要抓手促进教育质量提高的办学思路,主要体现在以下三个方面。

(一)深化课改,更新理念,树立现代化的教育思想

学校是在 2011 年下半年尝试以"学案导学"为主题的课改实验,教师们从当初的疑惑、不解甚至误解到后来的认同、适应和积极参与,这是一个艰辛的过程,这是一次教学观念的实践性革命。其实对于以人为本、以学定教、轻负高质等这些先进的理念,多数老师是了解的,但是第八次课改工作过去了十年,回首我们的教育,依然是"穿新鞋走老路"的多,究其原因有很多,但是根子在于我们的教育思想过于传统和守旧。拿张杰中学来说,我们的师资和生源,在前几年还能取得较好的教学质量、能够获得当时的"教学工作先进集体",靠的就是我们师生的苦教苦学。但我们冷静下来再思考,总是对学校的发展有这样的担忧:这种依赖加班加点得来的质量能够持续发展吗? 苦教苦学的精神固然可敬,但毕竟是以牺牲师生的健康为代价的,真的值得吗? 更何况,2010 年 8 月省教育厅再次重申"减负"工作,学校还能够有我行我素的时间和空间吗? 我们常说:思想决定行为。只有真正把先进的教育教学理念内化为老师们自己的思想,那么才能对他们的工作起到指导作用。

学校的"学案稿"在编制时是种共案,使用时却是个个案,这就促使老师们必须先要了解学情、研究班情,及时调整教案,逐渐树立起"先学后教、以学定教"的理念,也渐渐领悟了合作学习、自主学习、探究学习等观念的精髓,从他们现在撰写的文章题目中就已展现出这些先进的教学思

想,譬如:《以学定教,提高试卷讲评课的效率》《谈学案稿试用中的"先学"与"后教"》《自主式"学案稿"中"探与导"设计的研究》等。更为可喜的是,随着课改的推进,老师们不仅关注学生的学科分数,而且注重全面育人。前些年学校总是时不时会出些学生逃课、敲诈、打架等事件,而今校风、班风、学风得到了明显提升,争创为首批市(县)学生行为规范示范校,上虞电视台《教育在线》栏目作为拍摄点予以展示。由此笔者认为,只有以现代化的教育思想来武装老师,我们才能真正遵循教育规律办学、才能培育出全面发展的学生、才能实现学校办学的现代化。

(二)深化课改,以生为本,培育自主学习的优秀品质

"真正的教育就是价值引导与自主构建的统一,摒弃强制灌输,根植于学生鲜活的生活世界,在自主活动与交往中,在价值冲突与重构中实现学生的发展和成长。"[5]学校内涵发展的落脚点在于培育学生健康成长,并为他们终身可持续发展奠定基础。针对学校的生源主要以农村学生为主,在学习基础、学习方式、学习习惯、家庭教育等方面有不少薄弱点,我们设计了"学案导学"课改平台,在学案稿中设置了预习要求、课堂要求和复习要求,鼓励学科教师做好两次批改工作,积极引导学生提高学习的自主性和有效性,重点培养学生形成课前预习、课堂生成、课后巩固的良好学习习惯。在2012年课改以来的历次中考中,学校的重高率、普高率均有提高,特别是普高计划生绝对人数增加了,七、八年级的学年调测平均分也有明显进步,学校在2014、2015两年连续荣获上虞区级教学质量管理先进集体,教学质量的稳定发展进一步坚定了我们深化课改的信心。

学校的课改工作进一步解放了教师的思想,也给学生提供更多参加活动的空间。学校建立了多个学生社团,形成以"兰芎"为品牌的校社团特色,如兰芎校园青少年足球俱乐部、兰芎武术散打队、兰芎书画社等均为学生所喜爱。学校还尝试组织学生开展踏青活动、举办了科普夏令营,让学生开阔视野、增长知识、提高综合实践能力。在深化课改工作中,努力促进学生全面成长、特色发展,这是学校坚持的教育质量目标。

(三)深化课改,创新模式,探索高效的课堂教学方式

经过为期三年的第一轮课改,我们摸索了一些做法、积累了一些经验,也不断反思着一些不足,学校下一阶段深化课改的主要任务是从学案

稿的有效编制转到有效使用,具体涉及两方面内容:一方面是加强对学生使用学案稿的指导、督促、检查和反馈,既有学校教学管理层面的改进工作,也有家长、学生层面的认可配合工作;另一方面是重点优化教师对学案稿的使用,也就是说,在前阶段学校偏重于指导教师团队如何编制好学案稿,下阶段重点要解决的是指导教师如何在课堂教学中使用好学案稿的问题。学校明确下一阶段深化课改的方向是"活用学案稿,建设高效课堂",主题是在"学案导学"基础上构建"导、探、讲、练"有效课堂。学校借助区课堂教学艺术节东风,以各教研组为单位开设了"导、探、讲、练"有效课堂的样板课,同时出台了张杰中学"导、探、讲、练"有效课堂评估标准,学校视导组也进行了跟进式评估,在此基础上,学校安排各备课组的"导、探、讲、练"有效课堂的尝试课,结合新一届课堂教学艺术节的开展,要求每位教师开设出"导、探、讲、练"有效课堂的达标课,力求人人能过关、追求人人有提高,并计划评比校高效课堂示范课,作为评选校第三届"课改之星"的重要条件。结合智慧校园建设,学校鼓励教师进一步探索学"案稿+互联网"教学,占领高效课堂教学的主阵地,夺取学校质量发展的制高点。

在笔者的主持下,张杰中学课堂教学改革成果显著,受中国陶行知研究会中教法(讲学稿)研究中心多次邀请参加年会活动和理事长会议。在课改征程上,笔者将带领新履职学校的教师,积极适应时代需要,设置校本课程群,鼓励学生个性发展、特长发展,同时积极推进分层走班教学,遵循因材施教原则,为每个学生创设适合的教育而努力。

四、笃定"科研活校"为发展动力

如果说校长是办学的灵魂,那么教师就是学校的主体。《国家中长期教育改革和发展规划纲要(2010—2020年)》中指出提高教育质量是今后教育发展的重要任务。"人人都应享有接受良好教育的机会。……形象地说,就是要做到不论地域、不论贫富、不论性别等因素,使人人'有书读',个个'读好书',人人都有地方读书,人人都读得起书,人人都能有平等的机会接受高质量的教育。"[6]而想要让学生接受高质量的教育,这要取决于老师的师德,取决于老师的学识和教育教学方法。总之,没有一支高质量的教师队伍,就不可能有高质量的教育。

我们知道"教而不研则浅"的道理,但就是有很多老师不愿蹚教科研的深水,久而久之就退化了捕捉教育灵动变化的能力,不能形成自己独特的教育思想,甚至会弱化对教育的热爱、产生"厌教"现象。杨云生校长对教科研之于教师成长重要性做过精辟的论述:"从'教'到'研'是一种'质'的提升,是一种对教育工作态度的转变,是我们老师真正走向教育、走进教育、融入教育的关键。同时也是提升自己教育教学层次的关键。教研能使我们保证教育教学的专业性,同时把我们教育教学的专业生命延长,使我们能够按照教育教学的规律办事,并且起到事半功倍的效果。只有教科研才能使我们真正进入教育的隐秘的境域,体验它丰富而博大的内容,体会它生动的生命律动。"[7]没有教科研之活水,就难以成就更多名师,没有名师也就难以造就名校。

那么,如何引导教师喜爱、投身教科研呢? 笔者做了如下积极的尝试。

(一)围绕课改主题,建立校本化教研体系

承上所述,张杰中学有着一支肯吃苦、重实干的教师队伍,但是他们的教学方式简单、教科研意识淡薄、名优教师缺乏,这些典型的问题不仅严重影响着学区居民对于师资的认可度,而且长此以往会成为学校的一种负面符号、消极文化,这对于一所学校的发展那无疑是致命的。张杰中学是上虞中学学区内唯一一所没有集中充实过名优教师的初中,面对现状,我们不等、不停、不拖,主动搭建课改平台寻求发展。学案稿在学校作为教案、学案的统一稿,取代了教师传统的备课本,克服了"备管备,上管上"的严重脱节现象,要求教师研究学情、研究教材、精选例题,避免教师以繁多的教辅资料弥补执教能力低下、课堂低效的问题。学案稿是备课组分工合作的集体成果,学校形成了单周周一、周三、周五和双周周三、周五的教研活动制度,平均每周教研活动达 2.5 次,以保证教师静心研讨和编制学案稿。仅 2012 年上半年张杰中学老师就编制了 1082 个学案稿、下半年编制了 958 个,两个半学年的课改实验共有 3000 份电子学案稿充实到学校的学科资料库。学科自主式学案稿的编制过程,实际上就是把国家课程校本化的过程,这一过程也是普通教师积极向优秀教师学习的过程、是日积月累的磨砺过程、是不断反思剖析的过程、是促成教师专业再成长的过程。在 2012 年教师优质课比武中,学校有一人获绍兴市一等奖、三人获上虞市一等奖,开创近五年本校业务竞技之先河;同时在 2012 年第四届上虞市课堂教学艺术节中,学校教师选送的精品课例、优秀评课稿获得一等奖的人数名列全市前茅,学校被列入绍兴市新一轮教科研基地,其中一项课改课题经绍兴市教育研究院推荐列入绍兴市文理学院重点资助项目。当然,我们认为比获奖更重要的是这些成果鼓舞了这所学校教师的信心,增强了他们争做优秀骨干教师的自信心,这才是学校内涵发展的不竭动力。

（二）借助课题引领,营造绿色教科研生态

首先引导老师树立教育即研究的教科研理念,从教育教学的实践活动中发现问题,进而反思、探索、提炼,做好选题,解开教科研神秘面纱,鼓励草根课题研究、鼓励小课题研究。其次构建立体式教科研框架,倡导只要是涉及教育问题的领域都可以研究,坚持人人参与、广泛开展,既要有教学类课题、德育类课题,也要有管理类课题,校长、处室主任自己带头要做课题研究。再是建立重点工作课题化机制。以"教科研先行"理念来指导学校的重点工作,使工作更科学、更规范、更具教育的社会价值。譬如上述的学校八项重点工程:美丽校园建设、文明校园创建、学科竞争力提升、深化课改建设、立体德育改革、教师素质提升、校园安保提升、智慧校园建设,均要求分管校长实行课题项目化管理,一方面提升了重点工作推进的品质,另一方面促进课题项目组成员提高思考、探究和解决问题的能力。笔者所在学校是绍兴市教科研基地学校,教师队伍平均年龄已超 40 岁,以师为本,引领好这批成熟型教师朝科研型、智慧型、专家型教师发展,是今后学校发展的关键。

五、确定"特色亮校"为发展品牌

笔者笃信一个观点:一所学校没有特色就没有品牌,没有品牌的影响力就难以成名校。当然特校、名校最核心价值在于促进人的个性而全面发展,是以人为本的教育。当前,一些学校凭借片面的升学率而鼓噪不休,过重的课业负担扼杀了学生的想象力、创造力,成就了部分人、个别校的眼前功利,但这些学校绝不是真正的特校、名校。

特色学校是从学校特色孵化而来。作为校长应从学校的地域环境、历史文化、办学成果、教师特长等多因素多视角地确定特色方向,争取和调动尽可能多的资源来精心培育学校特色,当然这是一个长期的过程。笔者着重介绍亲历的三方面特色培育工作。

(一)走课改特色之路

在笔者推进下,张杰中学是率先实施以聚焦课堂变革为主题的课改先行学校。2011 年学校推行校本级"学案稿",通过编制"学案稿"实现国家课程校本化,促使教师研究教材、关注学生、革新教法,促进教师集体研修、团队合作,着力提升师资队伍的专业实践水平。通过使用"学案稿",促使教师关注学生的课前预习、课堂学习、课后复习,帮助学生培养良好的自主学习习惯,提高学习的有效性,探索实践"减负"。2011 年学校被教育局列入首批课改实验试点学校,2013 年以"学案导学"课改成果荣获首届教育创新奖。经过几年的坚持和探索,学校已积累了一些课改经验,发展性地提出"借助学案稿,构建导探讲练学生主体型高效课堂"的课改新方向,2013 年被推荐参评浙江省"减负提质"优秀实践案例活动,2015 年我校课改典型经验送省市,2016 年作为有效作业管理典型学校参加省研讨会。在智慧校园时代,张杰中学与中国陶行知研究会中教法研究中心的同仁将一起深入开展"学案导学＋互联网"课改实验,必将为学校全面实现优质教学提供新途径、注入新活力。

(二)培育德育特色品牌

张杰中学是区级首批学生行为规范示范学校,在扎实有效的德育基础上,我们深入挖掘德育资源、整合德育特色、做强德育品牌。我们认为,张杰精神是张杰中学最宝贵的教育资源,是学校师生落实立德树人根本任务、践行社会主义核心价值观的直接标杆。2013 年学校配合当地镇党委在向社会广泛征集意见的基础上提炼出"勤俭助学,赤忱爱乡"的张杰精神;在张杰先生入选 2015 年全国第五届道德模范提名奖之际,学校顺利建成张杰事迹陈列馆,并被命名为绍兴市爱国主义教育基地。陈列馆布展重点彰显张杰先生的大爱精神,而同步建成的校园广场造型突出"爱心守护"主题,正中花坛大石上所书的"爱满天下"四个大字是人民教育家陶行知先生最重要的教育思想之一。我们认为陶先生这种深切的教育"仁爱",与张先生的那种"无私大爱"究其本质是一致的,两者相得益彰。学校充分发挥这一独特的德育资源,初步构建了以弘扬张杰精神为核心的"爱的教育"德育特色体系,通过持之以恒的系列活动,培育学生具有爱父母、爱家乡、爱社会、爱祖国的优秀品质。

以上课改、德育两方面工作以"弘扬乡贤精神教育 谱写课改绚丽篇章"为题作为"十二五"浙江省特色学校风采展示成果被收录在浙江大学出版社的《一校一品》画册中。

(三)培育特色社团成长

在深化课程改革中,学校尊重和鼓励学生的个性发展,培育优势社团特色发展。张杰中学武术散打队引进全国冠军级专职教练,于2014年首次征战省运会,取得绍兴市最好成绩。2015年在绍兴市八运会中喜摘9枚金牌、11枚银牌,获团体第一名。武术散打是中华传统体育竞技项目,将作为课程列入校本课程系列,充分发挥武术散打项目的竞技比赛效应和强身健体作用,促进学校特色办学。同时张杰中学作为第一批绍兴市青少年校园足球定点学校,2014年被评为区级体育特色学校、学校兰芎足球俱乐部被评为区级优秀社团,2015年被命名为首批浙江省青少年校园足球特色学校,2016年被命名为国家级青少年校园足球试点学校,学校乘势而为,将发展成为新生代阳光体育特色学校。

笔者现任职的学校,上虞区级阳光心理健康指导中心设在校内,心理健康教育资源得天独厚,结合学情,我们提出开展生命教育,规划建立生命教育馆,开设生命教育课程,借助心理健康指导中心资源优势,培育生命教育这一德育特色。同时,学校借助数字化实验室,于2017年申报成为浙江省数字资源教育建设与应用实践科学学科基地学校,为培育数字化创新实验特色教学做好铺设。

坚守"以人为本"的教育信念,坚持"健康成长、个性发展"办学理念,以一颗对教育的挚爱之心,守望好校园这块麦田,一边仰望星空,一边脚踏实地,"路漫漫其修远兮,吾将上下而求索"。

参考文献

[1] 肖川.教育的使命与责任[M].长沙:岳麓书社,2007:52.

[2] 顾明远.站在孩子的视角谈教育[M].天津:天津教育出版社,2014:17.

[3][7] 杨云生.夯实学校发展的根基——学科文化建设的探索与实践[M].杭州:浙江大学出版社,2011:33、256.

[4][5] 肖川.教师:与新课程共成长[M].上海:上海教育出版社,2004:35-36、6.

[6] 项勇义.凝望教育[M].杭州:浙江人民出版社,2016:8.

作者小传：

祝高第，男，1971 年 3 月出生，大学本科学历，中共党员，高级教师，现任绍兴市上虞区城北实验中学校长。1991 年毕业于绍兴师专政教系，同年 8 月起任教初中思政(社会)学科，先后任上虞盖北乡中团总支书记、谢塘镇中(市农职校)校长助理、沥海镇沥东中学副校长等职，2004 年起任长塘镇杜亚泉中学校长、书记，2007 年任小越镇中学校长、书记，2010 年任张杰中学(城南初中)校长、书记，2016 年任上虞区城北实验中学校长。撰写的多篇论文获奖或公开发表，主持多项省、市、县(区)课题，2013 年主持的"学案导学"课改成果获上虞教育创新奖，曾被评为区级教坛新秀、名校长等称号。荣获省"春蚕奖"。2017 年 9 月参加首批浙江省中小学名校长赴新加坡研修。现为绍兴市第四轮名师名校长培训班学员。

教育信条：把教师职业当作事业来做。

融合,让流动花朵沐浴在爱的阳光里

——新居民子女融入和谐校园的探索与实践

绍兴市上虞区盖北镇中学校长　罗建峰

【摘要】　随着社会的发展,新居民子女的逐年增加,新居民子女的教育问题越发引起社会的关注。作为接纳新居民子女就读的学校,面临着越来越多的教育和管理难题。学校结合实际,发挥家长、学校、社区合力,进行新居民子女教育管理探索与实践,开展系列活动,打造学校特色,使新居民子女更好地融入和谐校园,实现了"同享蓝天"的美丽。

【关键词】　新居民子女　教育管理问题　融入和谐校园　探索与实践

盖北镇中学坐落于美丽的杭州湾畔,占地面积 39 亩,这里环境优美、设备先进、师资完善,是中国江南葡萄之乡的最高学府。现今,随着杭州经济技术开发区的发展,越来越多的新居民加入了城市建设大军,而新居民子女则选择就读于我校。

所谓新居民子女,就是指那些由外地流入,在上虞从事投资、经营、务工和其他职业而没有常住户口的外地人员的子女。在我校,这样的特殊群体所占比例接近 80%。2016 学年我校 620 名学生中,新居民子女就有498 人,超过学校总数的 80%。一直以来,为了更好地让新居民子女融入本地校园,让他们与本地学生同享一片蓝天,创建和谐文明的校园,学校做了大量工作,并在取得一定成绩的基础上形成了自己的办学特色。

一、新居民子女教育和管理存在的问题

这些新居民子女,他们来自四川、重庆、湖南、湖北、广西、贵州、安徽、河南、河北、江西、黑龙江等 20 个省市自治区,有侗族、土家族、苗族、藏族、水族、彝族、布依族、壮族、土族、青川族、汉族 11 个民族。这些新居民子女独立生活能力较强,大都从小就养成了勤俭节约、吃苦耐劳的良好习惯,随父母走南闯北见多识广,自由发展空间较大,相对城市孩子而言有

较丰富的人生经历,而且大部分学生有着接受良好教育的强烈需求和较高的教育期望。这些多样新居民子女的加入,无疑给学校注入了新的活力,当然也带来了新的教育管理难题。

(一)新居民子女自身的"心理病区"

这些新居民工作几乎不稳定,他们不停地变换工作、生活环境,使得子女也跟随变换不同的学习、生活环境,尽管地方、政府都予以惠民政策,把他们当作城市的"新居民",但由于各自家庭、经济、文化背景、生活习惯等各方面的差异,这些新居民子女总是存在系列心理问题。去年 10 月、11 月,我对在校的 498 名新居民子女进行了有关心理方面的问卷调查,并利用课外时间走访了全校 16 个班的班主任,了解了新居民子女的情况,并对部分新居民子女进行了家访,得到了许多第一手资料。通过分析研究,新居民子女主要存在这样的"心理病区":

1. 自卑

新居民子女,初到一个完全陌生、不通语言的地方,各个方面都无从适应,在人前总觉得自己是"外来的",父母是"打工的",住在环境简陋的房子,干的是脏苦活儿,却还不能获得很好的收入,于是心理被"本地人"所谓的优势感和"外地人"的自卑感所困扰,一些新居民子女幼小的心灵里还会留下"我低人一等"的阴影,产生自卑心理,严重影响着他们自身的成长和发展。

2. 自闭

自闭是将自我封闭于一个狭小的环境而隔绝了与他人的交往所产生的行为异常。在新居民子女中极易出现这种人际交往上的障碍。为了节省开支,家长都选择租住在狭小的平房或单间之中,且频繁地搬家。孩子没有足够的活动空间和友好的伙伴,相较于当地孩子,他们外出逛街游玩的机会非常少,课外知识贫乏,甚至与外界隔离,行为自闭。调查中发现,特别是一些女生,一个人远远地望着同学们游戏,满眼的羡慕,当有同学主动邀请她时,她又躲得远远的。

3. 放纵

放纵即自己管不住自己,对自己的思想言行无以约束,这类孩子智力表现一般比较正常,但是存在与其年龄不相符合的注意水平,上课时很难长时间集中注意力,经常开小差;课间好玩,语言粗俗,行为蛮横、粗野,遇事动手动脚,惹是生非;更严重的是他们还经常上网玩游戏,行为放纵,自控力差。在学校他们没有明确的目的性,学习上自由散漫,出了校门他们结伙成伴,对有意见的同学实施报复等。杂乱的居住场所,父母低下的文化水平、重养轻教的思想观念以及父母的言传身教等等,都是导致他们放纵的主要因素。

4.学习懈怠

在新居民子女群体中,学困生的比例一再上升。学习困难有的可能是由于在某一方面的发育尚未成熟,致使学习能力出现了障碍;有的是先天或后天的原因造成学生生理上阅读、书写、计算、口语表达等方面能力的缺陷;有的是由于教育不当,没有养成良好的学习习惯而导致其缺乏学习的信心和动力,以致学生认定自己不是读书的料,破罐子破摔,造成心理上良好学习态度的缺失。这部分孩子在生活上与他人并无差异,他们的障碍往往只表现在学习习惯或学习的某一方面。在最近的练习调查中发现,学习成绩处于年段中下水平的,新居民学生占了一半之多,他们毫无学习动力,上课不认真,作业马虎、潦草,得过且过、不求上进等。

诸多"心理病区"给我们的教育管理带来了难度。

(二)家庭教育认识上的"误区"

在这些新居民子女中,绝大部分新居民家庭来自经济、文化相对落后的农村地区,经济收入和文化素质都相对较低。他们选择外出打工,主要在个体私营作坊工作或从事废品回收、清扫服务、小摊贩、搬运、修桥筑路等。将孩子留在老家由爷爷奶奶辈照看,隔代教育势必影响孩子的健康成长,于是待孩子长大读书时期他们又将孩子带来打工地就读。浙江对这些新居民子女开通绿色通道,加之优秀的教育资源更是吸引了不少新居民子女就读。然而家长在教育上的误区出现了:部分家长将希望全权寄托在学校教育,认为"孩子在校,有学校管,自己不用操心也放心",因此对于孩子的家庭教育、学习辅导思想上不够重视,也很少有时间和精力去过问孩子的学习情况,更多地把责任归于学校;还有部分经济条件宽裕的家长因为之前常年无暇照顾子女,出于补偿心理,在孩子用钱方面十分慷慨,无计划、无节制,久之,孩子就养成了追求生活享受、学习怕吃苦、不思进取、自由散漫的习惯;也有部分家长愿意管孩子,可是缺乏科学性和人文性,采取简单粗暴的方式解决问题,遇事与子女缺乏沟通,动辄拳脚相加,孩子的叛逆性也就更强了。家长的这种种想法与认识的偏颇,增加了对新居民子女教育和管理的难度。

(三)学校教育管理的"困区"

调查发现,新居民子女在本地就读小学时90%不学英语和汉语拼音,可想而知,他们的英语、汉语的基础相对而言有多么薄弱,这无疑增加了教学的难度。在为人处世方面,这些来自五湖四海的新居民子女带有严重的地区价值取向,与本地生的价值观在融合的过程中容易出现冲突,表现为行为习惯有偏差,暴力倾向偏重。如果说在校管理有难度,那双休日或节假日,脱离了学校的新居民子女更让教师们感到鞭长莫及。家长们多为生计而奔波,没有时间管孩子,没有正确的方法管理孩子,而且对学校的教育教学活动和教师的教育教学方法有许多不理解甚至误解。这些现象都影响了学校的教育教学效果,甚至出现了"5+2=0"(5天的学校教育加上2天的家庭教育等于零)的尴尬局面。学校对新居民子女的调查发现:他们做作业时,47%的家长外出工作不在家,10%的家长在看电视、打牌或做家务;有7%的学生无固定地点做作业,15%的家庭没有书桌供孩子学习,79%的家庭无独立学习的房间……

(四)周围环境存在"险区"

随着化工园区的发展,盖北这个小镇越来越繁华,各种游戏场所日趋完善,各色人等良莠不齐,当前社会上的一些不良风气严重影响了学生的成长。新居民子女来到异地本来就存在各种复杂的心理,个别不法分子更是瞄准了这些新居民子女,对他们进行敲诈勒索抑或拉其入伙,有的学生经不起这样的种种诱惑,学习的自主性、目的性模糊了,本来就来自五湖四海,存在地区差异,在这样的诱惑下更易出现拉帮结派的现象。而且繁华势必带来交通安全的隐患,个别来自偏僻山区的学生要么不懂交通法规,要么没有遵守交通规则的习惯,放学横穿马路,骑车带人等,危险常常上演。

种种情况,加大了学校教育管理的难度。

二、和谐融入,让新居民子女更好地融入和谐校园

随着新居民子女队伍的日益庞大,近几年学校结合本镇实际情况,针对我校新居民子女教育管理存在的问题,开展了系列探索与实践,使其尽快融入和谐文明校园,快乐健康地学习生活,与本地学生同享一片蓝天。

(一)家校社三位一体,创设新居民融入和谐渠道

1.学校领导班子参与新居民子女研究课题组,建全学校新居民子女学生管理组织网络,努力创设和谐的学习环境

(1)建立新居民子女学生管理机构。学校建立新居民子女管理专门机构,在组织落实的基础上加强宏观管理。组织机构的职责范围包括研究、指导、协调新居民子女学生心理、学习、生活、习惯辅导的各项工作,对这些学生的各方面素质水平全盘掌握,及时研究并制订施治办法。机构成员(班主任及取得心理健康教育资格证书的教师)具体负责各班新居民子女学生的辅导工作,及时有针对性地对新居民子女学生在学习、生活中产生的问题进行疏导和纠正。

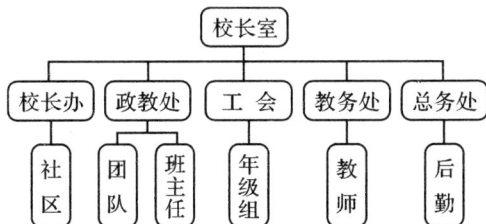

(2)建立新居民子女学生个案记录档案。对个别难融入、心理有障碍的新居民子女学生建立记录档案,并通过对这些原始材料的汇集分类和分析,针对他们的性格、兴趣、爱好、学习习惯、思维方式和感情需要予以慎重对待和妥善引导,为他们发挥和实现自己的"潜能"创造和提供良好的环境。

(3)开设新居民子女融入的专门辅导课。面对来自五湖四海的新居民学生,与本地学生同等对待,混编入各个班级,利用每周班队课开展"同在蓝天下""我们是一家"等活动,强化祖国大家庭意识,通过情境模拟、角色扮演、讨论分析、游戏辅导等形式,促进学生间的融合。

(4)开展多彩社团等活动丰富新居民子女在校生活。新居民子女远离家乡、亲人同伴,来到陌生的地方难免会思亲恋友,内心孤单,学校积极探索初中生社团建设,成立港湾文学社、视窗采编组、葡农传人等各类学生社团,配备指导老师进行指导和规范化管理,让学生社团成为传承和培育校园文化的生力军,让丰富多彩的社团活动丰富新居民学生的在校生活,拓展学生综合素质、培养学生实践创新能力、陶冶情操。假期开展暑期夏令营活动,充实假期生活,让新居民子女以主人翁意识投入第二故乡。

(5)规范教师言行,以自身的言行举止感染学生。不排除个别本地家长、本地学生不了解甚而不理解新居民子女,对新居民子女存在排斥心理,那教师的引导教育尤为重要。端正教师一言一行、一举一动,无论是境遇顺利还是遭受挫折,在学生面前都要保持良好的心境,对待学生一视同仁,对每个学生都寄予同样的希望、真诚的信任,殷切地期望他们不断进步。促进学生平等对待彼此。

(6)学科教学强化新居民子女融入。课堂教学是学校教育的主阵地,在学科教学中营造和谐氛围,促进新居民子女与本地学生的融合,增强自信心。

2. 增强家校之间的联系,优化家庭教育和谐氛围

据我们了解,新居民子女学生家庭,大多忙于赚钱而疏于家庭教育,因此,指导新居民子女学生家长在家庭中对学生进行心理教育也就成了本课题研究的重要内容。我们积极向家长宣传关爱孩子、关注孩子学习生活的重要性,同时利用家长学校,每学期给每个家长上两次课,其中集中授课一次,分年级授课一次,对家长进行家庭教育的辅导,有针对性地开展家庭教育。通过系列活动,每个新居民子女学生家长认识到:在一个家庭中,只有保持和谐愉快的气氛,才能有助于孩子的心理健康,快乐地成长。

3. 与社区政府共建,尽力创设关爱的社会氛围

对新居民子女的关爱争取政府大力支持,开通绿色通道接纳新居民子女,拨出专项经费资助新居民子女,并与附近单位边防派出所、社区村委会、消防大队、园区等联合,组织新居民子女学生开展一些丰富多彩的社会实践活动,利用节假日,带领学生开展"雏鹰假日小队"实践活动,开展新居民子女学生暑期夏令营活动,参观上虞区名胜古迹、城北新区,让他们对第二故乡深入了解,形成一种归属感并使他们的自信心有所提高,心灵得到释放和陶冶。

（二）多管齐下,做好四字文章让新居民子女融入和谐校园

1.转变观念,统一思想做好"迎"字文章

统一全校师生的观念,改变全校师生对新居民子女的态度作为每学年必须开展的工作并加以落实,让教师对新居民子女的态度由原来的"躲"变成现在的"迎",也因此形成了我们特有的工作体系和思路。

（1）接收新居民子女是一项政治任务。学校响应区委、区政府号召,按照区教体局、当地党委政府的部署,推出了一系列方便新居民子女入学的优惠措施,只要手续齐全便可入学。在教师层面,我们通过教师会议、党员会议、年段会议等平台,教育全校教职员工要善待新居民子女,使他们认识到解决新居民子女的入学问题的重要性。同时,学校还通过一系列活动让教师对园区建设有更全面深入的了解。另外,学校还积极与园区管委会频繁接触,让他们走进学校,接触教师,支持学校工作。

（2）新居民子女理应平等接受教育。为了让教师更全面地了解新居民,我们通过走出去、请进来等途径,为教师创造大量接触新居民的机会。我们先后组织教师代表深入新居民比较集中的企业和行政村,让他们体验新居民的工作环境、生活环境;我们同样邀请在本地工作的优秀新居民代表来校参观,做打工心得宣讲;我们还利用家长会等机会,请新居民代表进教室听课,上讲台发言。教师们从认同他们开始,慢慢和他们达成了认识上的一致,有的甚至和他们交上了朋友。

（3）交天下朋友,做时代达人。我们通过主题班会、黑板报、宣传窗等渠道和载体,教育学生要有爱心、同情心,要把与新居民子女一起学习作为自己长见识、拓视野、交朋友的契机,要真心实意地尊重他们,接纳他们,要像对待本地同学一样对待他们,要树立"同在蓝天下,相亲一家人"的大同理念。先后组织学生开展民歌联唱、异乡风情展评等活动,让新居民子女充分展现自我,也让本地学生全面了解了异乡的风土人情、名胜古迹、历史典故,既确保了本地子女与新居民子女和谐共处,又培养了他们

热爱祖国大好河山、广交天下朋友的豪情。

2.认真摸底,深入调查做好"留"字文章

为尽快让这些新转入的新居民子女安下心来,我们以心灵感化为手段,以具体活动为载体,让他们安心、静心、开心。

(1)"速溶"促亲和。每学年的开学阶段,我们会推出一系列活动营造热烈、温馨的氛围,让新居民子女不陌生、不担心、不孤独,让他们迅速溶解到学校这个大家庭。我们先后开展了"年度新人秀""盖中大舞台""东南西北中""相约在盖中"等活动。

(2)调查知底细。我们要求各班主任及任课教师要在新居民子女入学后安排时间与他们的家长进行谈话,要安排时间去学生租住地实地走访,必要时还要求去其父母的工作企业进行走访调查。我们要求班主任及任课教师全面了解每一个学生的家庭背景及性格特征,为对他们开展深入教育积累好尽量翔实的基础资料。另外利用新居民子女老乡的介绍也是我们获取学生信息的重要渠道。

(3)谈话释心结。学校多次就新居民子女的教育问题进行调研,其中有相当一部分就是关于如何与这些新居民子女进行谈话沟通的。我们学校的校本培训也有相当一部分内容是为班主任工作准备的,一月一次的班主任例会我们也会有意识地组织学习一些班主任工作技巧、谈话艺术等。

(4)和谐定人心。在制订每学年每学期的工作计划时,学校总会有所侧重地考虑新居民子女的所思所想。利用各种重大节日,推出一些可以施展新居民子女才华和特长的活动,如"民歌演唱会"、"谁都说俺家乡好"故事会、"小城故事"朗诵比赛等。这些活动的开展,在丰富校园文化的同时,也让新居民子女获得了相应的成就感。

3.精心谋划,因人施教做好"育"字文章

(1)学会做人放首位。

一是"成长讲坛"激励学生走好人生每一步。成长讲坛是我校德育工作的一个创新之举。为了最大可能地利用本地德育资源,我们充分发挥全体教师的人际网络,广泛邀请区内外名人奇人,为学生做励志讲座,鼓励他们在人生起步阶段树立远大理想,一步一个脚印走向成功。

二是感恩、孝心、责任心教育贯穿始终。利用学校的文化长廊向学生宣读上虞孝女曹娥的感人故事,利用校内广播、主题班会等举行孝德故事比赛,让学生说自己记忆中最有孝心的事,等等。这些活动既涉及古代名人的传闻轶事,也有现代学子的杰出代表,更有本校学生中的优秀典范,通过这些活动的开展,学生感到学有榜样、学有目标,教育学生也就有了良好的基础。

三是注重心理引导,力纠学生问题。每一位教师都按学校要求经常参加心理健康的讲座和培训,80%的教师都拥有心理教育 C 证,教师在自觉运用心理学知识引导启发学生方面几乎已经形成习惯,在助推学生健康成长方面起到了积极作用。

四是常规教育不放松。把安全教育、法制教育、青春期卫生教育等内容充实到学校生活的每个阶段。学校与所在地公安局、司法局、派出所、消防中队、交警中队、卫生院、妇联、区疾控中心等单位和部门保持着密切联系,时常邀请他们协助我们开展教育。

(2)教学进程顾全局。

一是混合编班,缩小差距。混合编班有利于管理和帮助学生成长。

二是以帮、传、带的形式组织学生自主学习提高。有针对性地开展生生结对、师生结对,帮助困难学生补功课、打基础,尽可能地缩小学生之间的差距,努力避免学生因为差距太大而丧失学习兴趣。

三是大力推行教学改革,探索高效长效机制。我们倡导教师注重方法、精过程、抓落实,努力让学生学得轻松、学得愉快。

(3)表扬鼓励主旋律。学校推出了"校园十星月月评"活动,出台了《盖北镇中学学生进阶考核实施办法》《盖北镇中学个性化成长方案》。无论是学生在班级、年段中处在何种水平,只要他切实努力并有主动进步的要求,他都有可能受到表扬。

(4)参观走访长见识。组织新居民子女走访区内企业、景点及相关部门是我校落实外地生教育的重要手段,让新居民子女在虞就学期间能够有机会领略本地的风土人情、奇闻轶事。

(5)各式活动寓教意。我们坚持每周一次的班级活动,坚持一月一次的校级集会,除此以外,还有以年段为单位的活动,班级或年段联合开展的活动等。

4.放眼神州,情留四海做好"导"字文章

(1)文化长廊做示范。为了让全校学生全面了解学校的发展历史、成长经历、成绩荣誉、知名校友等信息,我们以学校围墙为阵地,建成了"成长的足迹"文化长廊,让每一个来我校就读的新居民子女从到校的第一天起就有机会全面了解学校的发展历史,通过这个窗口他不会再感到陌生和胆怯。同时我们在文化长廊中安放了我校知名校友的成长故事,他们的成长经历无疑让我们的学生在展望自己的未来时有了最直接的模板,他们的奋斗也将不再孤单。

(2)放眼四海视野宽。由于某些条件的约束,新居民子女不能在本地参加中考,因此在完成初三第一学期的学业时,相当一部分新居民子女便要准备着行囊踏上回家的路。我们的班主任老师一定会安排时间做好对这些学生的欢送。

在政府、教体局、学校、教师、同学们的共同努力下,学校新居民子女的教育管理取得了一定的成绩,他们忘却了异地求学的孤独与烦恼,以主人翁的身份投入学校的文明建设,愉悦地融入和谐的校园生活,成为学校的主人,与本地孩子同享一片蓝天。当然,新居民子女的教育管理是一项长期而艰巨的工程,需要我们不断地探索与付出,我们要做的还有很多,也存在不少困惑:比如如何结合政府行为,更好地发挥舆论导向,让全社会都来关注新居民,关心新居民子女的成长;如何更好地融汇各省资源,汇编我们自己的校本教材;如何筹集充裕的教学资金,改造学校环境,为更多新居民子女的到来营造舒适的环境;如何协调好各省教育差异,保障新居民子女回籍后正常参加学习考试等。困难大不过努力,我们有能力相信,只要我们怀着一颗爱心、责任心,给新居民子女更多坚定的信念、温暖的关怀和美丽的梦想,一定可以让蓝天下的花朵开得更美更绚烂!

参考文献

[1]刘东.让更多的孩子接受更好的教育[J].山东教育,2004(2).

[2]温映浩.外来工子女教育的问题分析及对策[J].现代教育论丛,2004(6).

[3]阳敏.外来务工子女教育的公平难题——受关注的在于关注本身[J].东方早报,2004-2-15.

[4]胡建勇,陈海燕.农民工子女免费义务教育的问题与对策[J].教育发展研究,2007(6).

[5] 马良,孙宝瑞.融合还是排斥——民工子女义务教育研究[M].杭州:浙江教育出版社,2007.

[6] 李友霞.关于农民工子女教育策略问题研究[J].东北农业大学学报,2008(2).

附:2016年10、11月对全校498名新居民子女进行了生活状况、人际交往状况、学习情况问卷调查,统计如下:

1.关于新居民子女生活状况的调查表

亲爱的同学:

你好!这是一份有关新居民子女目前生活状况的问卷调查。你的意见相当宝贵,就你的个人情况和感受如实填答。此问卷不记姓名,调查结果仅供学术研究使用,绝对保密,谢谢参与!

家庭住房面积	A. 30 平方米以下 29% B. 40 平方米以下 53.3% C. 50 平方米以上 17.7%	你家居住的房子是属于	A. 自己的 0% B. 租用的 93.5% C. 寄居亲友家中 6.5%
父母经常干活到晚上	A. 5—7 点 34% B. 8—10 点 47% C. 10—12 点 19%	父母月收入	A. 贰仟元以下 14% B. 肆仟元以下 76% C. 肆仟元以上 20%
父母更喜欢	A. 女孩 0% B. 男孩 42% C. 无所谓 58%	父母文化程度	A. 文盲 4% B. 小学 49% C. 初中 41% D. 高中 4% E. 大学 2%
父母对你读书的要求	A. 读完初中 18% B. 读完高中 52% C. 考上大学 30%	你的家庭准备流动吗	A. 随时准备流动 40% B. 长期在这里 12% C. 不知道 48%
你犯了错误父母采用的教育方法	A. 一顿打骂 43% B. 放任不管 0% C. 耐心教导 57%	父母对你的学习的好坏	A. 从来不过问 0% B. 经常过问 37% C. 偶尔过问 63%
双亲负担兄妹的教育费用	A. 丝毫不成问题 40% B. 感到困难 20% C. 勉强可以 30%	在休息日,你在父母工作中	A. 充当小帮手 20% B. 跟己无关 39% C. 有时帮忙 41%
在家作业时	A. 没有独立书桌 15% B. 有独立书桌 85%	你做作业时,父母	A. 外出工作不在家 47% B. 打牌看电视 10% C. 继续做杂工 43%
爷爷或奶奶在一起	A. 没有 89% B. 有 11%	自己的房间	没有 79% 有 21%

2.关于新居民子女人际交往状况的调查报告

亲爱的同学：

你好！这是一份有关新居民子女目前人际交往状况的问卷调查。你的意见相当宝贵，就你的个人情况和感受如实填答。此问卷不记姓名，调查结果仅供学术研究使用，绝对保密，谢谢参与！

在放学的路上，你	A. 经常玩耍 24% B. 浏览风景 17% C. 不留意，径直回家 59%	你有几个最要好的同学或朋友	A. 没有 22% B. 1 个 34% C. 3 个以上 44%
在平时与同学关系	A. 互帮互助 76% B. 独来独往，毫不搭界 10% C. 有时要打架骂人 14%	你对教室内的公物	A. 认真保管 89% B. 不闻不问 10% C. 当作玩具玩耍 1%
你自己东西没带，要用时你对同学的东西会采取什么态度	A. 向同学借，并及时归还 96% B. 借了不还 2% C. 私自拿取 2%	被人说了坏话，你会采取	A. 不管它 78% B. 独自难过 20% C. 立即报复 2%
你认为同学对你的态度	A. 很友好 65% B. 看不起你 12% C. 不好也不坏，一般 23%	看到同学打架，你会	A. 劝架 80% B. 不理睬 20% C. 喊"加油" 0%
和同学在一起，你认为自己是	A. 其中的领导者 0% B. 其中一员 78% C. 多余的 22%	与老师的关系	A. 好：63% B. 一般：30% C. 差：7%
与父母亲沟通	A. 好：45% B. 一般：43% C. 差：12%	与其他亲戚关系	A. 好：46% B. 一般：42% C. 不好：12%

3.关于新居民子女学习情况的调查表

亲爱的同学：

你好！这是一份有关新居民子女目前学习情况的问卷调查。你的意见相当宝贵，就你的个人情况和感受如实填答。此问卷不记姓名，调查结果仅供学术研究使用，绝对保密，谢谢参与！

对学习的信心	A.没有信心 2% B.很有信心 65% C.信心不大 33%	当众说话会	A.紧张或脸红 61% B.泰然自若 39%
最喜欢的学科	A.语数英 43% B.其他学科 32% C.都不喜欢 25%	认为在学校中自己各方面表现	A.很好 35% B.一般 59% C.几乎处处不如别人 6%
刚转入本校时,你的学习状态	A.很轻松 32% B.感到学习很吃力,赶不上别的同学 68%	回家作业,你的态度	A.总能认真完成 34% B.有时认真,有时马虎 50% C.不能认真完成 16%
你是不是想通过自己的努力自己发现、学会知识?	A.想 68% B.有时想,有时不想 32% C.不想 0%	你平时会向老师主动提问吗?	A.经常会 11% B.有时会 74% C.不会 15%
上课时	A.你经常发言 12% B.不发言,除非被老师提问 50% C.几乎不发言 38%	你更喜欢用哪种方式来学习	A.小组讨论 42% B.独立思考 24% C.老师讲解 34%

作者小传:

罗建峰,男,1993 年 8 月参加工作,绍兴市上虞区盖北镇教育总支书记、中学校长,大学学历,中学高级教师,区语文学科带头人,绍兴市名校长培养对象,案例、论文、课题多次在绍兴市、上虞区获一、二等奖。2004

年走上校级领导岗位以来,至今已先后担任五所学校的副校长、校长、书记,一直秉承"亲、勤、进"理念,努力让学生愉快学习,让教师幸福工作,让学校和谐发展,积极着力于打造课程领先、特色鲜明、精致多彩的农村初级中学。

　　教育信条:做好老师,负责任地教好每位学生;做好校长,负责任地带好每支队伍,在平凡的每一天里创造不一样的精彩。

打造·挖掘·构筑·凸现

——新昌县城关中学德育整合优化模式的建立和推广

新昌县城关中学副校长　俞伟超

【摘要】 学校始终按照"依法治校、以德立校、科研兴校"的办学理念,突出德育的核心地位,统帅学校的各项工作,努力构建起初中德育整合优化操作模式,通过"因地制宜,别具一格,积极打造德育环境——发挥优势,积极拓展,努力挖掘德育资源——系列活动,精心组织,用心构筑德育活动——积极探索,不断践行,凸现鲜明德育特色",着力推进未成年人的思想道德建设,以提高学生思想道德素质为己任,不断挖掘思想道德教育的内容,不断创新思想道德建设的思想和方法,把未成年人思想道德建设工作引向深入,使之常态化、规范化、科学化。

【关键词】 城关中学;德育;整合优化;学生管理

日前,教育部印发了《中小学德育工作指南》(教基〔2017〕8 号)文件。指南包括指导思想、基本原则、德育目标、德育内容、实施途径和要求,以及组织实施六个方面的内容,即:"一个体系""两个结合""三个关键点""四个基本原则""五项主要内容""六大实施途径"。做好中小学德育工作,关键在于要全面贯彻党的教育方针,认真落实党的十八大和十八届三中、四中、五中、六中全会精神,深入贯彻习近平总书记系列重要讲话精神和党中央治国理政新理念新思想新战略,始终坚持育人为本、德育为先,大力培育和践行社会主义核心价值观,促进学生核心素养的提升和全面发展,为中小学生的一生成长奠定坚实的思想基础,为中国特色社会主义事业培养合格建设者和可靠接班人。

一直以来,城关中学坚持以办人民满意教育为宗旨,全面贯彻科学发展观,坚持"以生为本,和谐发展"的办学理念,依法治教,规范管理,注重提升学校教育内涵,深入实施课程改革,扎实推进素质教育,切实减轻学生过重的课业负担,努力培养学生的创新精神和实践能力,坚持以"立德立校,育人育才"为治校纲领,以"向善求真"为校训,突出德育的核心地位,统帅学校的各项工作,形成了"特色＋全面"的办学模式,努力构建起初中德育整合优化操作模式,做到宏观上规划,细节上指导,确定"文明、勤奋、健康、活泼""勤教爱生,求实求新""好学上进、又红又专"作为全力倡导和建设的校风、教风、学风目标,并以"向善求真"为校训。高度重视学生思想道德品质的培养,紧紧依靠"忠心、仁爱、博学、奉献"的价值观带领并团结全校师生,勇于实践,乐于探索,勤于工作,创造性开展"立德树人"工作,使学校德育工作得以稳步前进,赢得社会肯定、家长信赖、学生喜欢,逐步形成了一套较为科学完整的德育管理体系,注重学生的能力的培养和个性的发展,大力培养学生的创新精神,努力实践我校以人为本的办学理念。

一、因地制宜,别具一格,积极打造德育环境

学校营造一个积极、健康、科学、向上的德育环境,可以陶冶人的情操、净化人的心灵、调整人的情绪,达到"润物无声"的良好效果。为此,学校成立了创建"校园文化"工作领导小组,制订了具体可行的"校园文化"的创建计划,力求全员参与,为学生营造了一个具有浓郁人文气息的校园德育环境,以环境来熏陶人、教育人、发展人。学校整体布局合理,环境干净整洁、优美雅致。校园处处有育人的功能,高尚的校园文化氛围是感染学生心灵、熏陶学生道德的高地。

(一)做亮橱窗文化

学校的宣传橱窗是宣传学校办学理念和办学成果的重要窗口,内容包括学校介绍、办学特色、学校荣誉、特色教育、师生风采等,应定期或不定期地更新。2015 年,校园内外增添宣传栏 7 个,并以"育桃李芬芳,创特色学校""唱青春之歌,建平安校园""扬关中精神,展师生风采""览天下时政,享健康人生"等进行整合优化,及时传递时事和校园动态,不断完善、丰富学校的宣传橱窗,扩大影响力。

(二)做活楼道文化

学校的校训校风、办学理念、关中精神等学校的文化积淀通过书法老师之手,制作成精美的匾幅挂在楼道的醒目处。又在学生中征集优秀的书画作品,包括已毕业学生送给母校的毕业礼物,美术室经过筛选、装裱,让这些出自自己师生之手的艺术品挂满学校的楼道、墙壁,潜移默化地熏

陶身心，通过师生贡献智慧，共享成果，让楼道更方便师生交流、休闲，着力于鼓励学生热爱学习、热爱生活，让美丽校园建设成为全校师生共同的价值选择。

（三）做美教室文化

学校每年组织开展"美丽班级"评比活动。要求教室布置新颖活泼，美观大方，符合学生的年龄特征，并力求富有班级特色。平时做好日常保洁工作，保持教室干净整齐，课桌整洁，不乱堆放书籍及杂物，营造清新舒适的学习环境，建设教室文化墙，张贴学生书画，表扬班级之星，展示学生优秀作业和各类学习信息，后面的黑板则开设主题文化园地，切合学校具体工作每月一个主题进行展示，成为学生展示自我的活跃开放平台。

（四）做精板报文化

黑板报是学校宣传教育的主阵地，也是师生展示自我的舞台。教室后方的黑板是学生的阵地，根据团委布置，根据不同的主题，定期更新，定期评比，每期板报孩子们都会在选材、绘画、书写、编排上下功夫，力争完美呈现。走廊上的黑板则是教师的舞台，学校有专门的采编、书写、美工人员，每学期两次以上更新，文、质、字、画兼美，成为一道亮丽的风景线，一直受到来访者的欣赏与赞美。

（五）做雅办公室文化

办公室布置力争以安静素雅为基调，环境整洁，物品摆放有序，配以很多绿色盆栽和四季花卉，展现了生机与活力。同时，为增加办公室的文化意味，体现教师的价值追求，学校工会发出"征集教育名言，美化教育家园"的活动，老师们根据自己的教育教学实践，结合自己的阅读和积累，贡献自己的智慧和心得，可以原创，可以摘引；同时，工会还根据思想性、艺术性等方面进行了评奖，筛选优胜作品装裱张贴，美化办公室。

（六）做细角落文化

学校的设置、设备比较陈旧，校园和楼道面积都比较狭窄，我们也切合实际，尽可能旧貌有创意，点缀些小品景致、布置些休息设施，建几个开放式书吧，购置些学生喜爱的期刊供其在课余较短的时间内翻阅，让角落也优雅精致，成为学生调整情绪、释放心灵的地方。无论在校园的哪个方位，哪个角落，文化气息总能伴随左右，书香校园初步凸现。

二、发挥优势,拓展空间,努力挖掘德育资源

学校建立和完善"家庭、社会一体化"德育网络体系,一是以学校为龙头,发挥主渠道作用,做好正面宣传,加强积极、引导,以家庭和社会为两翼,构建德育资源的时空交叉,校内外结合,课内外整合,时时处处事事皆德育。教育无小事,件件育人,教师无小节,处处立则。学校期望给学生最优质的德育教育,让学生享受最优质的德育资源。

(一)建立学校德育管理网络

学校构建起一个多层次的、完善的德育管理网络,形成了"重规范、抓基础、分层次、求实效"的德育管理工作思路和特色,即"一组抓五线,校长负总责"。"一组"就是学校思想政治工作领导小组,校长为组长,成员包括党政工团负责人、政教处、年级组、政治课教师等。第一条线是党总支、校长室、政教处、年级组、班主任,主要负责对全校学生进行系统的、全面的思想政治品德教育,做到管理育人;第二条线是校长室、教务处、教研组、科任教师,主要负责在课堂内外活动中,通过教学对学生进行思想政治品德教育,做到教书育人;第三条线是校工会、总务、教务三处职员,主要负责服务育人;第四条线是党总支、校团委领导的共青团、少先队组织,主要侧重于自我管理、自我教育;第五条线是家庭和社会有关部门,主要配合学校搞好家庭教育和社区教育。"一组"宏观调控,"五线"齐头并进,协调工作,从而形成学校德育管理的多渠道、多层次、全方位的德育网络格局。

(二)提炼凝聚"关中精神"

校园文化体现一所学校的文化底蕴和教育内涵。我们将学校文化建设纳入学校整体规划中,努力促进学校文化特色发展,从而提升学校发展品位,促进学生快乐成长。确立了"向善求真"的校训和"文明、勤奋、健康、活泼"的校风、"勤教爱生"的教风、"好学上进"的学风。在全体教职工中倡导"吃苦耐劳、无私奉献的敬业精神;同心同德、团结乐群的协作精神;自强不息、进取创新的开拓精神"三种精神。提出了八字工作作风:"严谨、务实、创新、高效"和十字准则"学校无小事(事事有教育意义);教师无小节(处处是学生楷模)"。喊响了"坚持三自、四爱、五育人,全面提高办学水平,争创全省一流学校"的工作口号。长期坚持开展立精神支

柱、立良好形象、立道德规范;讲教育思想、讲职业道德、讲奉献精神;比工作态度、比业务基本功、比工作实绩;评"十佳班主任""十佳中老年教师""十佳青年教师"为核心的"三立三讲三比三评"活动,培育进取向上的"关中精神"。

(三)家校联手形成教育合力

在学校、社会、家庭三位一体的立体化德育网络中,家庭是长期发挥教育影响的极为重要的因素。家庭是社会的细胞,是青少年成长的微环境。在这个微环境中,家长、父母的知识水平、文化修养直接影响着家庭教育的效果。对于孩子的成长都有着潜移默化的作用,从以往的学生工作经验看,大多数的问题学生都与其所处的家庭环境有着直接的联系,我们在德育实践活动中充分意识到了这一点,牢牢抓住了家庭教育这个德育网络中的重要环节,并采取了一系列行之有效的措施,充分发挥家庭作用,组建了家长委员会,定期召开座谈会、家长学校活动,集中授课讲授青少年的生理、心理特点等课程,充分发挥"家校联系手册"的纽带作用,还设立固定的学校"对外开放日",对学生的不良行为及倾向及时请家长到校共同教育处理。学校和家庭心往一处想,劲往一处使,形成强大的教育合力,共同致力于孩子的健康成长,为学生创造出了一个良好的成长环境。

(四)构建完善社区德育网络

"走出校园,融入社会"是我校开展德育活动的一个特点。学校以社区为平台,发挥其在学校德育工作中的作用,和周边社区联合建立了由学校领导、社区领导、派出所领导、老革命以及热心教育事业的离退休老干部组成的沃洲社区教育委员会,互相配合,互通消息,共担责任,使学校德育工作逐渐走出校园,走向社会。每年寒暑假,团委学生会组织全校学生利用丰富的社区资源开展社会实践和社会调查活动,完成假期社会实践活动反馈表和社会实践或社会调查报告,具体工作由各班级团支部安排进行,政教处、团委和社区负责检查考评。同时,组织学生担任假期居委会主任助理,在获取社会工作经验,体悟社区工作的辛苦的同时,还可以组织同学参加社区的文艺演出、扶贫帮困等活动。这样一整套管理办法,确保了学生社会实践的质量,避免流于形式,使学生真正有所收获,努力推进学校德育工作的系统化、序列化。

（五）充分挖掘乡土德育资源

石城新昌，自古以来，就以"物华天宝，人杰地灵"而著称于世，我校因地制宜、就地取材，充分发挥得天独厚的乡土德育资源优势，挖掘家乡丰厚的文化积淀，积极开拓建立了鼓山烈士陵园、县福利院、梁伯台烈士墓、县消防大队、大佛寺等德育阵地，并利用共和国司法的创始人梁伯台烈士、原党和国家重要领导人尉建行、WPS办公软件的发明人求伯君、"中国互动娱乐业第一人"盛大集团董事长陈天桥等伟人、名人优势开展教育。他们的人格魅力，早已成为激发莘莘学子刻苦学习、奋发图强的精神动力。此外，学校还联合司法局开展了法制教育"五个一"活动；与派出所共同开展了警校共建活动。学校还定期邀请检察院、派出所干警以及校外德育辅导员，开设法制教育大会、敬廉崇洁教育、模拟法庭、德育讲座等，为学校德育工作的顺利开展提供了良好的社会环境。

三、系列活动，精心组织，用心构筑德育活动

学校积极鼓励学生自主开展各种活动，突出学生的德育主体地位，强化学生的主体意识，让学生在自主活动中接受教育，寓德育目标于学生主体性活动中，通过将学校的德育教育活动做亮、做精，挖掘、拓展活动的教育内涵，提升学生的道德层次，通过学生的主动参与、自主管理，达到自我教育的目的，从而增强德育工作的实效性。

（一）主题活动常态化

学校每年精心组织开展"四节一活动"，即读书节、科技节、艺术节、体育节和"红五月"活动。充分利用节假日、国内外重大事件等有利时机，找准载体，精心组织开展"纪念红军长征胜利80周年"大型现场墙画比赛、离队入团仪式、"弘扬雷锋精神，传递青春正能量"活动、"缅怀革命先烈，弘扬烈士精神"网上祭先烈活动、"青春足迹"摄影比赛、"心灵洒满阳关，健康点亮生活"心理健康宣传月活动，包括"分享阳光，拥抱梦想"主题板报比赛、"浓情五月天感恩母亲节"活动、"逐梦路上，你我同行"——为中考学子送祝福、七年级心理委员素质拓展等，不断深化完善学校的"知耻·感恩·责任"教育，教育学生珍视传统，学会感恩，既增长知识，又陶冶情操。每年的关中科技节，不仅增长了学生的课内知识，还激发了学生

对科学探索的兴趣,锻炼了他们的动手能力,让学生在实践中感受到创造的乐趣,体验到获得成功的快乐,发挥了学生的聪明才智,培养了学生学科技、爱科技的意识,促进学生的整体素质的全面发展。

(二)节日活动系列化

结合纪念日开展各种活动,利用母亲节、世界红十字纪念日、教师节、世界反法西斯纪念日、禁毒日等节日着力加强青年学子思想道德建设。例如学雷锋日通过宣传和志愿活动,积极营造学习雷锋氛围;清明节七年级第一批团员到烈士陵园祭扫,给学生不一样的体验;五四青年节校团委组织上团课、学团章、唱团歌、戴团徽;在读书节活动中,加强艺术活动与其他学科的整合,举办中华经典诵读比赛、"经典影片英语配音秀"比赛等活动,给青年学生心灵上的指引。每学年如期开展校园"小十佳"评选、"六·一"游园活动、关中科技节、艺术节、专题演讲比赛、辩论赛、诗歌朗诵会、革命歌曲歌咏比赛等活动,又充分利用寒假、暑假社会实践活动,开展了各种体验教育为主的志愿服务活动,如感恩父母家庭体验活动、实践体验活动、交通文明劝导活动、读书活动、社区敬老院志愿服务活动等,让学生们既锻炼能力又展示特长,在活动中潜移默化地培养学生良好的阅读习惯、创新思维、艺术素养,强身健体,愉悦心灵,促进学生的健康成长。

(三)社团活动自主化

学校重视艺术教学,开足开齐艺术课,每学期进行学术艺术素质测评。学生社团是校园文化的重要载体,是学生身心发展、拓宽兴趣和开阔视野的主要阵地,是完善学生知识结构,展示学生个性,发展特长、内化能力的第二课堂。每年,学校精心组织以学生为主体、形式多样的社团活动,有文学艺术类的文学社、书画、二胡、舞蹈、大合唱,有体育类的球类、棋类活动,有创造发明、信息学、电脑绘画等项目。在社团活动中,学生的品格和道德意志得到了锤炼,学生的思想和情操得到了陶冶,学生的综合素质和时间管理能力得到了提高,学生的个性和特长得到了发展,促进了学校素质教育的全面推进。其次,学校还通过开展"十佳小歌手""十佳体育健将""十佳小舞蹈家"等评比活动,不断深化完善学校的"知耻·感恩·责任"教育。社团活动环境特色鲜明,既丰富了学生的知识结构,又培养了学生的兴趣爱好,力争让每一个孩子都多才多艺,快乐成长。

(四)体育活动个性化

按照国家相关要求,结合我校实际情况,设计了做操、跑操、中考项目训练结合的大课间活动。每天的大课间活动是整个校园沸腾的时刻。做完早操,九年级同学在集中训练体育中考的考试科目,七年级、八年级的同学在班主任和体育委员的带领下绕着校园跑步。下雨天,同学们在教室走廊或座位上,有组织地伸伸手、踮踮脚、弯弯腰,因地制宜地做一些伸展动作,保证让每个孩子都动起来。为发展学生的个性和爱好,鼓励每个学生"发展一项运动特长,每天运动一小时",学校还定期组织了阳光伙伴趣味运动比赛,乒乓球、篮球运球比赛,花样跳绳、各种棋类比赛,使得"每天锻炼一小时、健康工作五十年、幸福生活一辈子"的理念深入人心。一年一度的全校运动会更是体现了"阳光体育,快乐运动,精彩自我"的活动主题,是学校全面实施素质教育,充分落实阳光体育运动,深入实施体育艺术"2+1"项目的一项基本策略,是对全校师生精神面貌、道德品质、身体素质、体育竞技水平的一次全面检阅,也给同学们提供了自我管理、自主发展、展示个性特长的大舞台。

(五)后进生转变分层化

学校积极探索和开展对部分行为规范较差的学生(即后进生)的强化教育和管理,走出了一条"分类教育,跟踪管理"的新路子,收到了良好的效果。首先,班主任通过查阅走访、调查摸底,确定各班后进生名单并分为甲、乙两类,其中违纪性质严重、家庭教育环境不良的归入甲类。在分类举办的"行为规范学习班"中,组织"甲类后进生"重点学习《中学生守则》《社会治安管理处罚条例》等,并请派出所干警结合案例分析进行有针对性的法制教育,分阶段地对甲类后进生提出近阶段的行为达标要求。

对违纪性质较轻的"乙类后进生",主要是进行日常行为习惯养成的强化教育。学校要求他们定期汇报校内外的表现,每周一次组织同班同学进行集体评议。等有了明显进步,经本人申请,班主任同意,政教处批准,准予结业。通过这样的分类教育、多方疏导和跟踪管理,大大增强了后进生教育转化工作的成效,有效控制了违纪率,杜绝了违法犯罪现象。

四、积极探索,不断践行,凸现鲜明德育特色

为凸显"习惯教育"内涵,即做人"真诚待人、诚实守信、认真负责、自

信自强",做事"遵守规则、讲究效率、友善合作、合理消费",学习"主动学习、独立思考、学用结合、总结反思",学校要求在教育中尊重学生主体,增强学生自主意识,通过学生自身的实践和思考,引导学生进行自我教育,从而不断提高道德水准。

(一)德育载体系列化、主体化

让学生学会生存、学会生活、学会竞争、学会创造、学会合作始终是我们德育工作必须弘扬的主旋律。学校通过搭建平台,提供舞台,让学生自主参与,真实体验,在系列化的德育活动中接受熏陶和锻炼,以行为规范达标训练为突破口,以"双争三评活动"为载体,以班集体建设为主渠道,相继实施并完善了"七个系列教育":一是行为习惯养成教育;二是"三级目标"系列教育;三是"仪式、礼仪"系列教育;四是"校园文化"系列教育;五是社区系列教育;六是阵地系列教育;七是"五心"系列教育。系列化的活动既有层次性,又有可操作性,环环相扣,层层递进。学校积极鼓励学生自主开展各种活动,让学生在自主活动中接受教育,通过学生的主动参与、自主管理,达到自我教育的目的,从而增强德育工作的实效性。

(二)管理模式导师化、亲情化

在"整体、合作、优化"的教育理念指导下,继承中国古代私学、书院教育注重育德的优良传统,借鉴国内外大学"导师制"培养人才的先进经验,将学校班级德育的诸多目标、任务分解到担任"德育导师"的任课教师及其他教育者身上。学校将优秀的班主任、任课教师甚至是其他员工以及社区中的老革命、热心教育事业的离退休干部聘请为班级德育导师,又将学校班级德育的诸多目标、任务分解到担任"德育导师"身上。导师根据"思想引导、学业辅导、生活指导、心理疏导"的原则,负责监督评价学生的文明礼仪、行为习惯等,并以教育联系单的形式与班主任和家长联系,加强对学生的教育管理。

(三)班级管理制度化、特色化

学校以《城关中学学生一日常规》为准,狠抓学生的养成教育,对学生进行文明礼仪教育,教学生学会做人,形成规范的文明行为,促进学生养成良好的行为习惯。我们在班级管理中,改革了大一统的模式,在实行德育导师制的基础上,鼓励百花齐放,百家争鸣。许多班级引入了合作小组制,合作小组划分的依据是学习成绩、性别、是否住校、个人爱好等情况,小组成员学习成绩合理搭配,性格相依相容,互相帮助,共同提高。既有利于班主任和德育导师的管理,又有利于学生相互学习,共同进步。有的还改革了教育学生的每周谈话制度,实行板块式结构,建立每日班级情况集体讨论制、班级管理个人责任制、学习目标追赶制、三项评比包干制等一系列自成特色的管理制度。各班还建立了班级日志、学生成长日记,师生共写日记,促进学生和谐地健康地成长。

（四）心理辅导个别化、专业化

学校建立心理咨询室和团体辅导室,环境简洁温馨,师资力量雄厚,教师心理健康教育持证率达 65% 以上,配有 8 名专职心理老师,心理咨询师轮流值班,随时接待学生咨询。自 2015 年 9 月成立以来,接待有记录的学生和家长共 60 余人,有效缓解了学生的学习烦恼、考试焦虑、同伴关系、亲子矛盾、情感问题以及重大生活事件处理等问题,为学生提供了自由倾诉的空间,为学生在校学习生活提供了有力的社会支持系统。又结合学生的身心特点,在八年级开设了心理健康教育课,把心理健康教育真正带进了课堂,很受学生欢迎;开通了"心灵之声"广播台,为学生提供了自由倾诉的空间。学校每年对学生进行网上心理健康情况调查,有完整的学生心理健康档案,对心理测试高危学生有干预方案,在严格保密情况下进行长期跟踪干预。每年开展以"阳光心理,幸福人生"为主题心理健康月活动,吸引了全校师生共同积极参与,增强了心理健康教育的实效性,营造健康、乐观、积极向上的校园氛围,有利于学生培养良好心理素质,搭建"心桥"幸福人生。

（五）亲子阅读全民化、经常化

"中华民族有着优良的读书传统,崇尚读书,诗书继世之风绵延数千年。"2015 年 3 月 15 日,国务院总理李克强在会见十二届全国人大三次会议的中外记者采访并回答记者提问时表示,"书籍和阅读是人类文明传承的主要载体,希望全民阅读能够形成一种氛围,无处不在。"学校开展了丰富多彩、喜闻乐见的亲子阅读活动,通过推荐优秀读物、开展阅读指导、开展爱心捐赠书籍等,传递家庭教育科学理念,引领亲子广泛开展"主题读书日"、"月读一书"、"名家荐书"、"关中读书节"、经典诵读、读书征文、知识竞赛等丰富多彩的主题阅读活动,营造浓厚的阅读氛围。2016 年 3 月 16 日,城关中学首创"夏荷的悦读时光"读书会。从此,引领全城共读一本书(《非暴力沟通》)的航行,在各行各业里陆续发展了万丰悦读时光、新和成悦读时光、鼓山学苑家长读书会、天使之路悦读会(人民医院)、新寓意花苑悦读时光、非暴悦读时光、仲景读书会(中医院)等。每周一次的读书会有主持人的精心暖场,读书活动过程中有人拍照留念,有人做现场笔记,每一次活动有个人分享,有案例分析,有辅导有讨论,有回应有总结有收获。阅读风尚,营造书香氛围,培育良好家风,缓解亲子关系,促进儿童健康成长。

(六)学生管理立体化、自主化

学校始终贯彻"人人时时事事处处育人"的原则,倡导"学校无小事,事事有育人的功能;教师无小节,人人是德育工作者",要求学生管理实行时空交叉立体管理,时间上,在校八小时内时时有老师关注的眼神,空间上,教室里、餐厅里、操场上处处有老师关爱的目光。餐厅里有学生会生活部实行自主管理,教室进行示范教室验收,班级开展文明示范班级评比,黑板报由团委学生会进行展评,操场实行学生自我管理。团委学生会还实行了学生自我管理的文明监督岗、礼仪监督岗和卫生监督岗制度。在这些丰富多彩的自主性活动中,学生的主体地位得到充分的体现,主体意识被充分唤醒并得到强化,从而产生强大的内驱力,在活动中经受锻炼,进行思索,得到教益,培养他们的自觉精神、主动精神、负责精神、团队精神和敬业精神,强化他们的参与意识、创新意识、合作意识、竞争意识和抗挫意识;增强他们的适应能力、自制能力、交往能力、协调能力和组织能力。

几年来,我们在学生的德育建设上做了不少工作,也取得了一些成效。学校通过激励德育工作者和德育对象的积极性主动性,建立有计划、有目的、有组织、有总结评比的系列教育活动机制,构筑成一个规范化、制度化、系列化、经常化的德育常规网络,使学生时时、处处、事事处于良好的思想道德教育的氛围之中,促进了学生良好的思想品德和行为习惯的形成。但我们也深刻认识到,学生的德育建设是一项长期又复杂的工作。我们要站在新的历史起点,以提高学生思想道德素质为己任,不断挖掘思想道德教育的内容,不断创新思想道德建设的思想和方法,把未成年人思想道德建设工作引向深入,使之常态化、规范化、科学化。

参考文献

[1] 许维素.建构解决之道[M].宁波:宁波出版社,2013.

[2] 陈意文.家庭中的正面管教:日常教养难题的 SFBT 训练法[M].北京:中国妇女出版社,2015.

[3] 中国就业培训技术指导中心,中国理卫生协会.心理咨询师(三级 2015 修订版)[M].北京:民族出版社,2015.

作者小传:

俞伟超,男,1974 年 10 月出生,中共党员,中学一级教师,自 2013 年 8 月起,任新昌县城关中学副校长,一直分管学校德育安全工作。他认为,教书育人是终身事业,始终坚持工作第一、事业第一、学生第一。既然承担了一项工作,就要尽最大的努力做到最好。曾获得县"优秀教育工作者"荣誉称号;2016 年被评为2011—2015 年"绍兴市法治宣传教育优秀个人";2017 年获"浙江省导读先进工作者","绍兴市德育先进工作者"荣誉称号。在学科教育上,其撰写的课题、论文屡屡在市、县得奖,2015 年撰写的论文《多维监控提升质量》荣获省二等奖。

教育是爱的事业,德育工作更是春风化雨洒阳光。因为选择,所以坚持!回首昨天,他勤奋努力,无怨无悔;面对今天,他真诚奉献,依然执着,一如既往用激情、用智慧、用追求去迎接明天的挑战!永远醉心于这份高尚的育人事业。

教育信条:一路艰辛一路歌,辛苦着也幸福着,勤勤恳恳,痴心不改。

在平实的坚守中绽放精彩

新昌县儒岙中学校长　俞宁军

【摘要】 沐天姥古韵,承优良校风,60 年的风雨历程,荷载先进思想,秉承宗文传统,结出累累硕果。它的背后是风雨和泥泞,是光荣、梦想,一代代师生薪火相传的坚守与追求,形成了"爱国、文明、勤学、健身"的优良校风,凝练成了"立德、立言、立行,至真、至善、至美"的办学理念。犹如和煦的春风,跨越历史的时空,熏陶着每一位儒中学子,这种精神和文化不断内化、凝练,渗透在儒中师生的教与学之中。沧海桑田,不变的是儒中人奋发向上、锲而不舍的开拓精神。

一直以来,学校坚持"以人为本"的教育理念,行政队伍笃行"律己足以服人、量宽足以得人、身先足以率人"工作作风,广大教师秉承"让每个学生喜欢你的课堂、让每个学生喜欢你的学科、让每个学生喜欢你的为人"的教学精神。时至今日,学校在校园文化、师德师风、教育教学等方面都跃上了新的台阶,并在阳光体育方面尤其是校园足球彰显出特色。

【关键词】 儒岙中学;凝聚力;德育;特色

新昌县儒岙中学创建于 1958 年,初定校名为"新昌县第六初级中学";1959 年 6 月 1 日,因新昌并入嵊县,学校更名为"浙江省嵊县儒岙初级中学";1970 年秋,学校因"文化大革命"要求,还设立高中部,招收新生 55 名,学制为 2 年,校名也因此而更名为"新昌县儒岙中学",沿用至今。

儒岙中学于 2001 年易地新建,2004 年整体迁入新址。学校占地面积 110 亩,建筑面积达 29148 平方米,学校交通更为便利,环境更加优雅。翠竹弄影、松林听风、荷塘观鱼、天姥揽月等景观点缀着校园,成为自然环境与人文精神和谐统一的生态校园。拥有现代化的教学楼、实验楼、学生公寓、食堂、400 米环形跑道及多个篮、排、足球场,建有计算机房、多媒体教室、校园网、校园音响系统等较为完善的教学和生活服务设施,建有阅读室与图书室,藏书有 6 万余册。

学校现有教学班 24 个,在校生 797 人,教职工 80 人。以"立德、立言、立行,至真、至善、至美"为办学理念,以办一流农村学校为己任,全体教职员工团结协作,进行了大胆而卓有成效的探索和追求。经历了一甲子的风雨兼程,学校先后获得全国宋庆龄少年儿童科技发明示范基地、全国中小学劳动与技术教育先进单位、浙江省示范初中、浙江省红十字示范校、浙江省绿色学校、浙江省标准化一类学校、绍兴市文明单位、绍兴市师德群体创优先进学校、绍兴市青少年维权岗示范校、绍兴市5A级平安校园、县首批文明单位、县先进学校、县规范化学校、县首批家长满意学校等几十项荣誉。

一、传承信念,用精神铸就华章

儒中的成长史可以说是一部地方教育发展史,也是一部儒中人的思想史,更是一部儒中人的创业史。儒岙中学荷载先进思想,秉承宗文传统,结出累累硕果。它的背后是风雨和泥泞,是光荣、梦想及一代代学子薪火相传的坚守与追求……变的是校园旧貌换新颜,办学再上新台阶,不变的是儒中人奋发向上、锲而不舍的开拓精神。

近年来,学校以党的十八大精神为指导,认真落实教育行政主管部门的会议精神,依托新昌县城关中学教育集团"教研共建,特色互补,文化互渗",坚持以"立德、立言、立行,至真、至善、至美"为办学理念,坚定立德树人、依法治校、建构平安的总体思路,积极倡导社会主义核心价值观,扎实推进学校全面工作。

(一)行政干部率先垂范,身体力行

行政队伍笃行"律己足以服人、量宽足以得人、身先足以率人"的工作作风,这绝不是一句口号,而是每一位行政人员的行事宗旨。学校行政干部都是满课时或者超课时任教,学校脏活累活抢着干,好事好处让着走,这里举一些微小的例子:

由于学校全体学生都在学校住宿,管理压力可想而知,学校规定每位教师每周必须在校两个晚上,但基本上行政人员都是超额甚至是全勤在校。

每周周末放学,学校的职责是维护好校门口秩序,但是除此之外,所有行政人员沿104国道在道路关键点位执勤维持学生秩序,自搬入新址以来没有发生一起关于学生的交通安全事故,根本上是得益于所有行政人员十几年如一日的无偿付出。

学校年轻女教师多，正值生育高峰期，教师产假从不间断，代课的第一选择又是本就满课时的学校行政领导，由于身先士卒，在安排其他教师代课的时候就显得异常顺利。

近年来，学校创建任务繁重，行政人员宁可自己加班加点，也尽量不麻烦老师，让老师能把所有的精力投注到教育教学上去。

上述种种，虽是小事，长期坚持，却也不易。正是学校行政干部的率先垂范，学校工作也得到全体教师的真心支持。所以，全体行政人员将一如既往做好表率。

（二）全体教师牢守底线，德风清正

师德是做人的基础，也是决定一个人成功的要素。品德之美，温暖他人；师德之美，关爱学生。突出"师德创优"。全体教师继续遵守"八项规定"和师德规范，秉持廉洁自律，树立"爱生、敬业、博学、善导"的教风，形成"强我师德、美我形象、增我责任、长我价值"的教育信念，做到"三一五不"，"三一"为站好每一个课堂、关心每一个学生、注意每一个细节；"五不"为不有偿家教、不体罚学生、不推卸责任、不拖沓工作、不收受卡金，推进教师品德鉴赏和自我规范能力。广泛开展师德教育和"日行一善"活动，努力唤醒教师对教育、对学生和对自己的爱与责任，用"对得起良心、挑得起重担、受得起尊重"的人生坐标来完善自己。定期在政治学习时间组织教职工学习《学生最喜欢的教师的基本要素》《做卓越的教师》等文章，使之成为每位教师的"心灵鸡汤"；同时，学校采取"请进来、走出去"的方式，养成风清气正的良好师德风范，学校被评为绍兴市师德群体创优先进学校。

二、提升管理，以制度凝聚力量

学校积极建章立制以实现按制度办事、以制度管人，实现教育管理的公平和公正。学校先后制定、实施和完善了《新昌县儒岙中学德、绩、勤、能综合量化考核制度》《新昌县儒岙中学效能督查制度》《新昌县儒岙中学教学事故认定及处理办法》《新昌县儒岙中学教研制度》《新昌县儒岙中学学生管理条例》等一系列规章制度，尤其是《新昌县儒岙中学德、绩、勤、能综合量化考核制度》是每一位儒中教师的工作准则，考核结果是最重要的评价依据,在各级各类评优评先中以此为依据,不讲情面,没有后门,就算是领导打招呼,亲朋好友找关系也没有余地,虽然不近人情,但是因为真正做到了公平公正,每个教职工都可以通过自己努力工作而得到回报,这种始终如一的"不近人情"却得到了大家的认可。同时有些制度也不拒绝人情,考勤制度中,我们约定,如教师遇点急事,而且在没有教学任务的情况下,可以向学校领导申请不超过半天的假期,这个假我们不统计在病事假范围之内。制度是冰冷的,管理是暖心的。教职工的相互理解是制度实施的最好保障。用规划引导学校发展,用制度规范人的行为,用制度促进人的发展,努力创造着人人有事做,事事有人做,事事按时做的制度文化,有效地保证了学校教育教学工作的顺利进行,把学校规范化管理推上了一个新的台阶。

制度建设对学校发展起着规范和导向的作用,通过管理制度化,同化师生群体的价值取向,激发、强化师生的拼搏精神和创新精神,使学校在创新、竞争和快速发展的知识社会,充满持续的生命力。因此,如何完善各项管理制度,依然是今后不断努力的重要工作。

三、建设队伍,凭创优激发活力

提升教师素质、提升干部团队绩效、提升学校办学品位是学校近几年来着重抓的三项工程,从而确保学校工作持续、健康、快速发展,全面提高学校办学水平。

(一)抓教师队伍建设,提升教师素质

突出群体创优,使每一位教师都有知识、有才干,有高度的责任感和使命感,奋发有为,从而确保教育教学工作全面提升。

1. 树立信心,迎难而上,加大骨干教师培养力度

从教师自身看,城区学校的优质教育资源和良好的专业发展空间,吸引着教师向城区学校流动,以满足自己专业成长的需要,同时城里便利的生活条件和良好的福利待遇也促进了这种流动。近年来,每年都有骨干教师调离学校,相应地减少了学校的师资力量,学校师资显得更加薄弱。如何建设一支稳定的教师队伍,如何加大对青年教师的培养力度,使他们脱颖而出,成为新的骨干,是摆在学校面前亟须解决的问题,也关系到学校和谐、健康和持续发展。为此学校首先加强了职业道德教育,要求全体

教师转变观念,树立信心,发扬敬业爱岗、艰苦奋斗的精神,树立起大局意识、质量意识、服务意识。明确工作是为了教育事业的发展,倡导实干,表彰先进,提升教师的职业境界,带动和感染学生在学习上树立信心,勤奋向上;其二,学校切实采取有力措施,加强对青年教师的培养。以老带新,师徒结对,以"传、帮、带"的形式促使其快速成长。开展"推门听课"制度,课后反馈,跟踪指导。教务处和教研组加强对新教师教育教学工作的指导和检查,定期组织教育教学交流活动,对进步快效果好的总结成绩,予以表扬,对效果差进步又不明显的要帮助找原因。每位教师每学期至少上一节公开课,行政人员每周至少听一节课,及时了解青年教师教学情况。学校通过此类活动,为青年教师施展才华提供舞台,加快了青年教师的成长。

2.提升教师整体素质,提高学校办学水平

从师资建设的观点看,一支业务精湛,潜心农村教育事业的教师队伍,直接决定着学生的发展前景和学校教育的高境界。因此,学校在加大骨干教师培养的同时,注重开拓农村教师后续的自我培养、专业发展途径,提高队伍整体素养,以实现教育资源的均衡配置,实现学校的可持续发展。为此,学校尽可能多地开展一些教改、教科研、优质课竞赛、名优教师教学录像观摩等活动,并鼓励教师积极参加校外各级教改及教科研活动;积极参加"农村教师素质提升工程",认真学习,活学活用,实现农村教师专业成长。学校先后有多位教师被评为省、市、县级先进教师,校长俞宁军被评为优秀校长,梁小海老师被评为最美教师。教师的科研意识普遍增强,学校科研氛围逐步形成。每年,近百人次在各级各类教育教学论文评比中获奖或发表;在各类技能比武中成绩斐然,贾妙婉老师获得了绍兴市初中数学优质课一等奖;不少老师在市县的课题研究中立项并获奖。

(二)提升干部团队绩效,培养事业心、责任感,增强战斗力

学校近年来着力抓好一支办学思想端正、工作团结务实、管理水平高、服务意识强、善创新乐奉献的高素质领导班子,充分发挥班子团结、务实、开拓创新的工作作风。重视学校中层干部的培养和使用,按照任人唯贤的选拔原则,通过分阶段考察、竞争上岗等途径把一些优秀教师吸收到领导队伍中,使整套班子有朝气、有活力、善学习,讲方向、讲大局、讲原则,具有吃苦耐劳、无私奉献的精神,具有自强不息、务实创新的开拓精神和同心同德、团结奋进的协作精神。学校的每一位行政人员都职责分明,分工明确,分管一条线,抓好一个面,转化一两名后进生,身体力行,以身作则,率先垂范。在日常教学工作中,学校领导首先起到模范带头作用,在繁忙的教学管理下,行政人员都担负着满负荷的教学任务,全心全意扑在教育工作上。不断学习管理经验,提升管理水平,加强团队协作,提升战斗力的同时,创造了学校几年来的优良业绩。

(三)提升学校办学品位,增强社会美誉度

随着教育改革的深入,随着新一轮课程改革的全面实施,我校努力寻求发展的切入点,把科学有效、与时俱进、勇于创新的办学理念融入学校各项工作之中,围绕"三立三至"的办学理念,全面开展各项工作。

1. 改善办学条件,营造育人环境

大力加强校园文化建设,营造和谐的育人环境,使校园的每一面墙壁都会说话,每一棵花草能细语,每一幅画都充满梦想,每一幢教学楼都书声琅琅,显现了传统文化和现代教育气息的和谐融洽。令人耳目一新的校园文化氛围,给学生的心灵以美的启迪、爱的熏陶、智的开发、德的教导。

2. 加强教学管理,提高教学质量

学校始终坚持以教学为中心,加强和改进教学过程管理,提高教学水平和效率,努力构建科学的教学评价体系。坚持制度管理与人本管理相结合,重视教风与学风的建设,全体师生在勤教勤学的同时,积极探索符合学校实际、和谐、高效的教学模式。

面对实际的难题,如"减负增效"、校科研开展困难、缺乏对外教学研究交流等,学校深挖潜力,不断采取措施,创设浓厚的教研氛围,开展了一系列工作。以提高质量、优化结构、提高效益为核心,深化教育教学改革,向师资要效益,向制度要效益,向管理要效益。积极倡导教师加强理论学习,提高教学水平。组织开展教学研究活动,加强学校教研组、备课组建设,定时间、定内容、有计划、有目的地开展教学研究工作,教务处不定期抽查备课情况。引导教师学大纲、钻教材、学理论、说教法、研学法、改方法、认真把好"备、讲、练、研"四关。备课,做到:"四有、四备",达到:"四精、四点、四能"。"四有":脑中有大纲,胸中有教材,心中有学生,手中有方法。"四备":备教学目标,备教具实验,备双边活动,备作业练习。"四精":精备、精讲、精练、精选。"四点":把握重点,突破难点,找准知识点,提高能力点。"四能":强调自主学习能力、动手能力、逻辑思维能力、创新能力。结合"推门听课""教学比武"等方式,设法提高 45 分钟课堂教学效率,大幅度提高教学质量。紧紧抓住班主任对班级学生学习质量进行管理,充分发挥以班主任为核心的任课教师协调作用,组织和协调任课教师集体抓好分层教学、分类指导的具体措施的落实。深化教学内容和教学方法改革,理直气壮抓中考,努力向高一级学校输送更多更好的人才。认真抓好新课程实验工作,严格按照教学计划组织教学工作,加强校本课程建设,使我校教学质量和办学水平稳步提高。

在社会各界的支持下,通过全体师生的共同努力,多年来学校的中考成绩一直名列全县农村中学前茅,得到了社会的一致好评。

四、优化德育,多渠道形成合力

以德育为首,就是学校设法从根本上改变重智育,轻德、体美育的倾向,不断加强和改进学生思想道德建设,拓展新形势下思想道德建设的有效途径,增强针对性、实效性、吸引力和感染力,如开展班队活动、征文比赛、瞻仰烈士墓等校内外活动,倡导学生多做好人好事,并及时表扬,根据事实计入学生和班级的考核。

(一)建立健全了学校德育工作网络

学校德育领导小组、班主任构成一个庞大的学校德育工作网,德育领导小组认真组织德育工作会议、开展各项活动,与各部门及班主任一起探讨学校德育工作的方式方法。校团委通过调查、活动、检查等形式,对班主任及教师的德育工作情况进行了检查和反馈,针对检查中发现的问题或薄弱环节均做出了具体要求与布置。每年 12 月,学校举办了班主任工作经验论坛,由上一年获得县先进班集体及获得县先进班主任称号的 3 位老师分别就自己的班主任工作进行了经验交流及幸福分享。

(二)继续抓好各项制度

继续抓好学校行政结合校内外新闻进行"国旗下讲话"的升旗仪式制度。各年段由学生组成的纪律卫生评比制度,落实好值日生值勤保洁制度、公共卫生专项检查评比制度、不定期的各项检查评比制度等加强学生基础道德和日常行为规范养成教育,坚持不懈地把重点放在培养学生的礼仪礼貌、纪律法制意识、科学发展观教育,积极发挥思想政治课、班会课和各学科的德育渗透教育作用,力求全方位、多渠道、全员参与学生思想道德教育,提高学生的道德认识和道德判断力,促进良好品质的形成。

(三)开展系列主题教育

"感恩教育"主题活动贯穿整个学期,开展安全教育月,每学期至少开展一次安全演练活动,清明节革命传统教育,庆"五一、五四"活动,禁毒日、禁烟日活动,反邪教活动等系列主题班会。让学生在一定的活动情境中承担不同的角色,自觉履行角色义务,使学生在情境中实践,在角色中体验,在体验中感悟,在感悟中成长进步。在采茶时节还组织学生开展了"助空巢老人采茶"活动;在秋收时,组织学生帮助老人们收花生;在"残疾日"组织学生看望第九届省残运会飞镖冠军潘益东。

(四)充分利用各种载体进行德育教育

学校利用"校园之声"小广播,结合各阶段的思想工作,形成各个时期的正确舆论导向。同时组织各班结合学校德育工作的阶段重点,出好黑板报,如:"3·5学雷锋""环境保护""防流感,讲卫生""感恩教育"等。学校还根据每月主题进行图片展示宣传,在校园醒目位置张贴标语,起到警示作用,如"反邪教"图片展、交通安全图片展等等。还特别邀请省残运会飞镖冠军潘益东做"我有一个梦"主题演讲,天姥义工队队长潘兴夫做"如何做一名好义工"主题讲座;文学社《山泉》的采编工作顺利,学生投稿踊跃,刊物档次不断提升。各项活动给学生提供了展示自己的舞台,增强了校园凝聚力。2013届4班潘柯岚同学被评为"绍兴市美德少年",陈芸芸、张幸悦、潘梦婷、褚慧子、梁蒙蒙等同学被评为新昌县美德少年。校团委多次获得绍兴市大中学生暑期社会实践优秀组织奖;在局团工委的考核中,近几年都获得了一等奖。

五、彰显特色,阳光体育促成长

(一)搞好校园足球的普及

体育课加大足球教学的比例,把足球运动作为课程纳入校本课程,全校各班每周安排一节体育课开展足球教学。通过体育课渗透足球教学或专题足球课等方式,结合不同年龄学生的特点进行足球基本知识、基本技能等方面的教学与训练。同时,开展相关系列活动,如足球活动课时间遇天雨时间,各班可在教室内开展与足球有关的系列活动,以此培养学生对足球的兴趣爱好。

(二)提高校园足球的比赛水平

学校现有五名专职体育教师,每天课外抽一定量的时间带队训练,常年坚持。足球教练具有丰富的专业知识和长期的青少年训练经验,发挥好他们的作用可以保证学校足球训练的高质量,做到不走弯路,科学有效。

八、九年级各班成立班级男、女足球队,由班主任负责。班主任教师要注意安全教育与防范。通过班级的内部训练比赛,为年级联赛的运行和学校足球队后备人才的选拔打下基础。

(三)认真组织校内足球联赛

班级间足球联赛是推进学校校园足球活动的良好途径,八、九年级都开展同年级的班级间足球联赛,确保各班每个赛季有相当数量的比赛,在实战中磨炼和提高。

(四)校园足球的文化拓展

首先,足球衍生活动的开展。学校重视校园足球气氛的培养,加大对足球运动的宣传和普及的推广,积极学习并继续创编足球操或足球舞,让足球在与音乐的结合中绽放异彩。其次,引导教工积极参与足球活动。由于工作等因素,教职员工的身体状况不容乐观。其主要原因之一就是缺少运动与锻炼。学校要借助"校园足球活动"这一契机积极参与,并开展与足球相关的活动,如"橄榄式足球比赛"等等。再次,争取广大家长的大力支持。沟通,让家长也知晓本项活动的重要意义,并争取他们的大力支持。最后,经费保障。一是将上拨经费做到专款专用,二是不足部分通过行政公用经费来弥补,三是争取社会企事业单位的支持。学校由校长室牵头,视各项活动的开展情况,每月召开专题或相关会议,以确保活动的顺利实施。对获奖班级、体育教师和有关人员等给予一定物质奖励。

2017 年 7 月,新昌县儒岙中学被教育部命名为"全国校园足球特色学校"。作为校园足球特色学校,学校在体育课中专门设立足球课程,每周二、四下午为各年段的足球训练课。组建了学校男女足球队,每周三下午,特聘校外足球教练来校指导,球队整体实力迅速提升。在 2016 年新昌县校园足球比赛中获得了男子组冠军;首次参加绍兴市校园足球联赛获得第三名。2017 学年学校将组建各年段足球队,并且继续在各年段中开展足球联赛。假期中,举办了一期以"足球伴我成长"主题的暑期足球训练公益活动,师生头顶烈日,不畏炎热,认真完成着运球、停球、颠球、传球、射门等各项基本技术的指导与训练工作,促进了校园足球运动在儒中的蓬勃发展。学校阳光体育以足球运动为抓手,辐射到其他领域。如不定期开展各类体育文艺比赛,如七年级乒乓球团体比赛、八年级女子排球比赛、九年级男子篮球赛、每年的秋季田径运动会暨广播操比赛、教职工趣味运动会、教职工跳大绳比赛、教职工气排球比赛、教职工拔河比赛……极大程度丰富了课余校园生活,既强健了体魄,又锤炼了意志品质。师生参与体育运动会让他们终身受益,学校也将持续推进体育工作,不断创新,不断深化。

我们深知儒岙中学取得的办学成绩离人民群众的期望、上级教育部门和当地党政府的要求还相差甚远,但我校会继续传承良好的教育信念,用责任诠释教育的本真,敢担当、再进取,缩小城乡教育差距,实现教育均衡发展,以主人翁的精神,饱满的激情,昂扬的斗志,为把学校建设成为一流的农村示范性窗口学校而努力奋斗!

作者小传：

俞宁军，男，中学数学高级教师，中共党员，自参加工作以来，20 多年一直坚守在农村教育阵地，守望着自己的理想。他为人正直，廉洁自律，对工作任劳任怨、认认真真，对同事爱护有加、排忧解难，对学生情深义重、关爱备至，以"让农村孩子也能享受到优质教育资源"为工作目标，带领全校师生兢兢业业，开拓进取，使学校呈现出校风正、学风浓、文明有礼、勤奋学习的良好氛围，赢得了广大师生和家长的信任。

教育信条：教育的意义和价值的大小，不在于我们给了学生多少，而在于我们给了学生什么；不在于我们改变了学生多少，而在于我们改变了学生什么。

初中小班化模式下的班级管理研究

——以绍兴市永和中学为例

绍兴市第一初级中学教育集团副校长、永和中学校长 郑国明

【摘要】 自 20 世纪以来,随着中国经济飞速发展,国民收入稳步增长,中小学教育现状正在从让"让每一个孩子都能接受教育"向"每一个孩子都能享受优质教育"转变。小班化教学是实现这一转变的重要载体。在这一背景之下,教育的主体发生了变化,教育的环境、师生互动行为等诸因素也就相应地发生了变化。洞悉这些变化,尤其是教师班级管理行为的变化,会有力促进教师教育理念的进一步提升,使小班化教育中的教师行为更具有适应性、针对性,小班化教育将成为未来教育发展的一个必然趋势,针对小班化班级管理的研究也将越来越具有现实意义。本文以绍兴市永和中学推行小班化教育为例,通过分析探讨本校小班化教育发展过程中班级管理的轨迹和现状,以问题为导向,寻求有效推进小班化教育班级管理的行之有效的管理策略。以期从理论上丰富小班化教育的内涵,推动小班化教育向纵深发展;在实践上为小班化教育新模式下的班级管理在理论的研究和实践探索方面提供可借鉴的成分。

【关键词】 小班化;班级管理;初中;永和中学

一、初中小班化模式下的班级管理研究的当代意义

小班化教育在英美及日本等经济发达国家已广泛实施,经过一百多年的发展和实验,被证明是一种有效的教学组织形式。20 世纪末以来,我国上海、北京、天津等地作为试点取得了成功的社会轰动效应,引起了广大家长、教育界人士乃至全社会的广泛关注。同时,在素质教育的旗帜下,人们对接受优质教育和个性化教育的愿望愈加强烈,而小班化教育与新课程标准中的"面向全体学生""关注学生的个体差异和不同的学习需求"的理念相吻合。《国家中长期教育改革和发展规划纲要(2010—2020年)》也明确提出"深化课程与教学方法改革,推行小班教学"。因此,小班

化教育以适应社会、家庭和学生的教育需求应运而生,是教学改革发展的趋势,是教育现代化的重要标志,更是进一步促进教育公平的一项重要举措。

因小班化背景下的班级管理的主体发生了变化,教学环境、师生行为等诸多因素也相应地发生了改变,小班化教育呼唤需要新的班级管理形式。只有加强小班化班级管理工作,探求班级管理的有效措施,小班化教育才名副其实。深入研究这些在班级管理中发生的变化,有助于教师注重提高学生的主体地位,挖掘每一个学生的个性潜能,追求班级的整体发展,有助于促进教师管理理念的提升,使小班化教育下的教师管理行为更加具有实效性,从而促进每个学生全面且具有个性地发展,使素质教育得到真正落实。因此在小班化教育中如何对班级进行管理、形成有特色的班级管理模式是小班化教育深入开展的必由之路。

从近些年的情况来看,我国已经有不少专家和学者对班级管理方面进行了认真的研究,其中著名的包括有华东师范大学课程与教学研究所钟启泉教授所编著的《班级管理论》,书中不仅介绍了国内外班级团体理论的发展,还就班级团体的特性、合作性学习活动的特点等问题进行了详细的论述[2]。广州大学教育学院林冬桂教授等编著的《班级教育管理通论》,书中对班主任的角色与职能,班主任的专业素养的结构与提升等方面做出了精彩的论述。

关于班级管理策略方面的研究也较为丰富,通过对班级管理的个案进行分析,找出班级管理在某一方面成功的经验或存在的问题,提出建议和策略。如:李镇西《做最好的班主任》、万玮《班主任兵法》(修订本)、王晓春《班主任工作漫谈简记》、魏书生《班主任工作漫谈》(修订本)、张玉红《小学班级管理的理念和策略》等,都是来自教育管理第一线的工作者的心得体会,以轻松叙事的方式教给大家许多实际的管理方法。

然而,对于小班化班级管理的相关研究,已经发表的研究成果并不丰富,但已显现出对教育理念、管理行为、管理策略等班级管理各要素的关注和重视。如 2010 年吴倩的《初中阶段小班化学习模式中的班级管理探索》、2011 年许秀华的《小班班级管理行为的调查研究与分析》、2012 年曹霞的《"小班化"背景下的班级管理模式探究》、2013 年李洁的《小班化班级管理中的问题及对策研究》等。总之,从研究前景来看,小班化班级管理研究有着广泛的空间,所遇到的问题也会呼唤和促进理论的提升与引领。

二、永和中学实施小班化教育的实践进展

坐落于会稽山麓,古城南门的绍兴市永和中学,经绍兴市教育局审批,在社会各界的大力支持下,于2012学年开始试行小班化教育,进行了教育教学新模式的探索。永和中学以小班教学为突破口,以"关注每一个学生,成才每一个学生"为目标,创造性地组建学习合作小组,又量身打造26条课堂教学规程作为小班教学的准则。同时为取得家长、社会的支持与理解,推出"天天开放日"活动。学校又设计小班化的德育方案:微格德育模式,开展"十小""四开放日"活动。"只有做得精彩,才能写得精彩,才能活得精彩",这些举措都相当具有创意,具有生命力和示范指导意义。

(一)合理编排小班化合作学习小组

学校目前正在大力推进的各层次同学组合的、基本座位形式为"U"字形或"⊥"字形的小班学习合作小组,目标就在于在"认知结构理论映照下,打造一支学习能力强、管理水平高,善于团结合作、勇于开拓创新的学生队伍"的基础上,全方位塑造具有"细节意识、协调意识、质量意识、创新意识"等多种意识的学生。

学习小组具有以下特征:面向全体,分层编排。针对学生的成绩、品德及家庭背景,对学生进行小组的划分,并且采取不同的管理方法。合作管理,自我教育。学校在小班内开展合作管理,实现班级小干部的轮换制,老干部到期自动下岗,新干部竞争上岗,按月竞选,增加学生合作交流的机会,使班中的学生人人都是管理者,人人都是被管理者,这也为每个学生提供锻炼的机会,从学生自身方面实现管理。再次,学校进行全面管理,面面俱到。学校要求班主任在小班化管理中尽可能细化每一项工作,全面管理,不仅关注学生的学习,还要关注学生的思想动向,包括学生的生活家庭,都要尽可能多地了解和关心。因为人数的减少,所以这种面面俱到的管理可以逐步实现。

(二)设立26条课堂教学规程

为创新和改革课堂教学,学校设立26条课堂教学规程进行分维度观课:

一是注重学生的课堂参与度,即学生全员参与、全程参与和高效参

与。学校针对小班教学的特色,对学生的课堂参与度提出了三个不少于三分之二的要求,即提问次数不少于全体学生的三分之二;提问的覆盖面不少于全体学生的三分之二;教师讲授时间不超过三分之二。提问次数不少于全体学生的三分之二可以有效地解决传统教学中"教师一言堂"的现象,使教师更加重视课堂提问的设计;提问的覆盖面不少于全体学生的三分之二可以使每一个学生都能在课堂上得到关注,教师讲授时间不超过三分之二,可以有效地保证学生参与学习活动,保证学生能有足够的时间按要求进行独立思考,从多种角度分析问题,从而提出有意义的问题或发表拥有独创性的个人见解。

二是关注课堂的达标度,即学生掌握本节课知识的效度。学校要求教师根据学生的实际设置分层的教学目标,让每个学生在每节课中都有不同程度的收获,努力打造"高效课堂"。要求通过一定的课堂练习,让绝大多数学生能完成学习任务,掌握基本知识和技能,多数学生能积极思考,有强烈的创造性。学生体验到学习和成功的愉悦,有进一步学习的愿望。

三是关注课堂的延展度,即教材挖掘的深刻性。学校要求教师对教学内容进行科学合理的安排,衔接自然,并善于设趣导疑。安排的合作学习有思考性、价值性,注重独立思考与合作讨论。有能力在知识整合的基础上向广度和深度扩展,从课堂教学向实际生活扩展,为学生在课后进行深度探索留下空间。让学生关注实际生活,强调"拓展练习,学以致用",学会在自主小组合作探究学习中培养自己的终身学习的能力,能促进学生的终身学习能力。

四是关注课堂的生成度,即处理好教学预设与课堂生成。在课堂预设方面,学校要求教师进行集体备课,通过集体的讨论,科学地选择和处理学习内容,确定教学的重点、难点,准备充足的与学习活动所需要的相关材料。在课堂生成方面,要求教师达到:在内容上,教学目标准确;在时间上,机会把握及时;在位置上,结构安排巧妙;在方法上,教学手段合理;在感受上,配合对位精准。

五是关注课堂的精彩度,即关注学生展示的精彩和老师引导的精彩。学生展示的精彩可以包含学生语言表达到位,上课态度积极认真,演板书写整齐工整、词、句、符号、公式等正确,整体地把握学科知识体系,等等;

老师引导的精彩可以包含知识蕴含在问题中、问题有难易层次之分、问题的层次划分合理、教师有积极向上的状态、语言幽默风趣生动、课堂设计结构紧凑、课堂评价多元化、鼓励性教学,等等。

六是关注课堂的和谐度,即课堂气氛活跃、有序,师生精神饱满。学校要求教师做到关心爱护每一个学生,经常赞扬肯定学生,帮助学习相对落后的学生,进行情感关怀和文化熏陶。能准确地叫出提问学生的名字。学生回答问题充满自信,声音响亮。师生之间进行着愉快的心灵沟通与智慧交流,学生的回答问题得到肯定,质疑问难得到表扬,学习进程合理有序。

(三)开启微格德育模式

1. 以微蕴雅

结合课程改革,学校将精心策划,继续深入把德育工作融入校园文化。以"小走廊"展现"大世界",教学楼两层依据"一层一特色"的原则,以"雅"为核心设计经纬交织、主题分明的文化长廊。计划设置经典诵读、水乡韵事、走进名人、徜徉书海等多个文化主题,让学生一抬头就可以接触文化,一转身就可以学到知识。以"小展台"反映"大境界",设置师生书画展示墙,进行"诗文配画",展示教师和学生的优秀书画作品。设置越瓷·服装展示台,为学生提供自我展示的平台,启发学生的想象力,培养学生的创造性思维。以"小集体"展示"大合作",以"雅育"为核心,继续推进"一班一品""一组一味"的班级文化建设,要求各个班级的师生在班牌、生活角、文化墙、知识角等方面呈现出各种新意和特色的显性文化和隐性文化,各个合作小组也要有切合自身实际的小组文化展示。学校还将编写展示学校特色,展示学校、班级、小组合作与学生风貌的校刊。

2. 以微育雅

活动与教育是一体的,学校精心雕琢,创设内容丰富、形式多样的活动载体,以活动促教育,以活动促提高,积极培育文雅的学生。

(1)主题活动,培养知礼尚美的文雅学生。

进一步深化、细化、丰富和拓展每月一事主题活动项目的内容,形成以每月一事为主题的德育系列课程,以理想实践教育为主,全方位构建以自律、自立、自强为主体的和谐德育体系。以"小主题"体现"大理念",系统设计各年级每个主题月活动:9月——养成教育活动月;10月——安全教育活动月;11月——健康运动活动月;12月——法制安全教育活动月;1月——文明礼仪教育活动月;2月至6月——以"小角度"体现"大美丽":美在心灵——开展心理健康系列活动:心健康神阳光;美在才艺——设置系列平台充分展示学生才艺:你有才我有艺;美在身边——开展校园摄影比赛:发现美留下美;美在实践——开展课外拓展活动:增才干赢未来。

(2)节日文化体验活动,培养学识渊博的文雅学生。

以"小活动"体验"大文化":在教师节,组织学生对老师说一句你最想说的话,做一件你想为教师做的事,进行感恩教育。在国庆节,举行"中国梦——我的梦"演讲活动、我爱祖国我爱家乡征文比赛等活动,进行爱国主义教育。在中秋节,举行"诗歌朗诵""古诗新唱""诗歌创作""情境表演",让学生们更近距离地感受到诗歌的旋律美和意境美。在元旦,举行文艺节,通过丰富多彩的校园活动展示学生才艺。学校还开展读书节,举办一次演讲活动,让学生们将阅读感悟联系自己的生活和学习实际在校内进行交流。以"小操场"呈现"大乐园",继续开展每两周一次的博雅阳光系列活动,培养学生合作意识、创新思维和综合实践能力。

三、永和中学在实施小班化管理模式取得的成效

绍兴市永和中学创办于2011年,开展小班化教育实践五年多来,取得了出色的办学业绩,实现了跨越式的发展。小班化与学校教学,德育,课程建设,校园文化建设等方方面面相融合,引领教育教学工作在合作研究中走向深入。

(一)学生的主体地位得以凸显

实行小班化教育之后,教育空间、时间得以重组。确切地说,在教育空间增大,时间充裕的情况下,师生之间、学生之间交往的频度、交流的质量和交互的强度都得以明显改善。根据学校跟踪统计,在实施的小班化教育中,学生发言次数、师生交流、生生交流时间是以往大班教育的3—5倍。学生的自我支配、自我学习、自我活动时间比大班学习有明显的增加。另外,小班化教育实验的学生参与观察、研究、实验、调查和制作等课外活动次数是大班教育的5—10倍。学生由"被动学"变成"主动学",学

生经常积极主动地要求学习,效率比原先的被动学习有了很大的提高。从"要我学"变成"我要学",学生的思想观念发生了转变;由"痛苦学"变成"快乐学",在学习中找到乐趣,无疑是促进学习成绩的最好的方式,实行了小组合作探究学习后,学生开始将上课当作积累经验,将解题当作攻破障碍,真正从学习中体会到了乐趣所在。这种新型教育模式的建构,初步激活了学生的主体意识,学生的学习动机和参与情绪明显改善,呈现出良好的发展趋势。

(二)学生的合作能力长足进步

由"孤独学"变成"合作学",独生子女的家庭,往往让这一代的孩子缺少与人分享、与人沟通的能力和愿望,而小班化小组合作学习探究方式的出现,让孩子们的交流变多了,而且在合作学习的带动下,他们的知识的宽度和广度都有所增加。教师做到了以学生为中心,以教材为载体引导自主合作,引导点拨,合作探究,采用多种科学的分组机制促进学生的合作能力长足发展。

(三)培养了学生的创新精神和综合实践能力

在小班化教育教学中,学生变"学会"为"会学",这是评价体系中的核心评价体系,学生只有变"学会"为会学,才能真正地拥有自主创新、自主学习的能力。小班化教育模式下学生学习状态明显改善,学习的思维也变得颇为活跃。由"单一学"变成"全面学"。一个人的力量是有限的,众人的学识和精力,无论从书本上抑或是生活中,都将比一个人丰富得多,小组合作探究学习的出现,让学生的知识面变得更为全面,兴趣也因此更为广泛。紧密的师生相处让每一个学生都亲切地体会到被老师关注的成就感。如在小组合作教学中教师和学生都可以参加,教师可以坐在需要帮助的同学旁边,允许学生求同存异,积极听取学生意见,提出完善建议,等等。如此,教师为学生营造了和谐、公平的教学活动氛围,帮助学生发挥自己的个性,极大地激发了学生的学习兴趣,提升学生表达能力、交际能力……

(四)学生的学业水平得到提高

小班化教育下的班级管理模式提倡交互式的教学方式,每个学生都会参与到互动、发言、作业面批中。教师对学生的教育关注度及分层教学的实施等,使更多的学生享受到了教师的"特别关注"。在小班化教育教师的精细指导下,学生的学业水平得到了不同程度的提高。以永和中学2015年毕业生为例,这届学生各方面都发展良好,成绩优秀。中考中语文、社会、英语三门学科平均成绩能与市区一流的学校相媲美。小班化教育开创了成功的先例,永和中学在实行小班化教育过程当中,教师提高了对学生的教育关注度,使学生潜在的学习需求得以激发,学生体验到了学习带给他们成功的喜悦。小班化教育学生的学业水平均得到了一定程度的提高。

四、永和中学小班化教育背景下的班级管理中的问题分析

尽管,永和中学的小班化教育在全校的共同努力下,取得了瞩目的成绩,小班化教育背景下的班级管理在师生家长的关注下逐步成长,但作者从调查的数据可以看出个别班级的学生对班级管理的满意程度较低,不满意的比例大约达15％,而大多数班级不到10％,也有70％以上的班级不满意率不在5％以下。也发现一些担任小班化教育的班级管理的老师对小班化教育理念认识不足,教育的个性化未能充分体现。究其原因,可以归纳为下面两点:

(一)管理者问题

小班化教育背景下的班级管理涉及教育教学改革的方方面面,对教师尤其是班主任的素质提出了更高的要求,要求班主任加紧更新教育理念,提高教育教学技能,并能一专多能。

《中国教育改革与发展纲要》中明确指出:"振兴民族的希望在教育,振兴教育的希望在班主任。"在学生全面发展中起主导作用的班主任在小班化教育这场改革中又将赋予新内涵和新角色。小班化教育下的班主任,其内涵非常丰富,他不仅是学科专家,而且是教育型管理者、学习指导者、学生的平等对话者、家庭教育指导者等,这要求班主任角色从单一型向多元型转换。

而实际教学的情况却远不尽如人意,不少班主任教师是经验性的班主任,而且很少有班主任在班级管理工作中经常阅读班级管理专业书刊或翻一翻教育学、心理学方面的书刊。班主任在实践中调整、改造自己知识结构的要求却并不迫切,抱残守缺、安于现状的现象比较普遍。而现有

的职前、职后的小班化模式下的班主任培训,缺乏相应的条件和机制,校内也没有系统完善的专职培训,教师之间的小班化教育理念有较大差异,直接影响到学生的受教育水平。至今,学校还未形成学有所长、术有专攻的小班教学管理的骨干群,小班专业成长的共同体没有真正建立起来,各层级的管理者对于本层级的管理职能、管理策略、评价标准等不能做到心中有数,教师们无法厘清大班教学与小班教学的共性与差异;一线教师管理者无法快速进入小班教学角色之中,穿新鞋走老路的情况非常普遍。小班化课堂中的高效要求该怎样落实,策略有哪些,合作学习的多种策略该怎样具体运作与评价等问题都成为管理者茫然的困惑问题。小班教学理念在教学的不同层面没有得到根本的体现,小班教学的个性化发展还没有深入管理者心中。

(二)管理机制不完善,评价策略缺位

小班教学作为潜在的优质教学模式,需要建立良性运行机制,但由于各种原因,永和中学在师资配备、科研引领、专家指导、校本研究等方面还没有形成可操作的科学的策略及规划。组织保障机制、评估激励机制、互动交流机制还并不完善,永和中学从宏观管理走向微观管理,尊重差异、实施个别化教育,虽然端倪初现,但要在内涵发展上凸显精细化和人本化的特点,离目标管理要求还有距离。此外,评价策略的缺位也是小班化模式下班级科学管理的阻碍:

1. 对学校的管理评价

限于当前社会应试教育的观念和教育评价体制,我校在努力打造自己的品牌效应的同时,不得不加强原有教学评价力度,于是学生的成绩重新被加强重视。这与现行的教育体制以及大众的升学观念有直接关系,因此改变这种现状首先要从政策层面继续深化教育改革,尤其是改变当前的教育评价体系和制度。永和中学在创新评价方面做得很有特色,但是这种校内的评价体系与整个社会的教育评价体系无法对接,这也就导致了它的创新评价执行力度不够。

2. 对班级和班主任的评价

小班化的管理模式需要探索和创新,而处于初中阶段的学校的教师,往往考虑得更多的是升学率,班级管理以经验型为主,重视班主任的常规活动。对于永和中学,小班化管理既是机遇,又是严峻的挑战。在管理之中,存在的最大问题就是管理过于笼统化,不够精细。每个班的具体情况是完全不同的,无论是班主任、任课老师还是学生,因此在管理上所采用的方法也不应该相同。学校为了促进管理的有效性,设置了很多条款对班级进行考核,而考核的标准是一样的。为了达到这个考核标准,实行小班化管理的老师不得不调整自己的方法来达到这个共同的标准。对班主任的工作评价的不科学性主要表现在:1)注重工作态度和工作量的评价,而忽视对班主任的管理方法和工作效率的评价。2)注重工作结果的评价。学校根据班主任所带班的学习成绩、出勤率、卫生、纪律状况、班主任工作手册、班级日志填写情况来评价班主任。这就造成了班主任将主要精力放在常规管理上,至于如何在班级管理中使学生全面发展,培养学生的能力,以及如何培养学生的独特个性、创造精神等则无法摆进工作日程。久而久之,大多数班主任已沦为事务型,少有学者型。他们很少有时间去研究管理方法的科学化、规范化、效率化,工作起来经常是事倍功半。平时所提的小班化管理,实际上仍然被陈旧的日常考核所限制。

(三)对学生的评价方式不科学

传统的考试试图通过"择优排序"这种方式起到警示和鞭策作用来刺激学生进取,在访谈中,个案学校的大多数老师认为在教育评价方面小班与大班有了一定的区别,如每月使用家校联系册,通过学科成绩月考、班主任行规评定、学科教师评语、小组评定等多方面对学生进行评价,但同时他们也感觉:通常情况下主要还是通过学生学科成绩来衡量该生一月的表现,本质上没有从学生个性化角度出发进行科学评价,也难以起到激励和多方面、多角度地发现和培养人才的作用。小班化教育背景下的班级管理内部的评价应当强调发展起点评价的观念,使学生在学习过程中树立起向前一步的信心。

五、小班化模式下班级管理的对策

随着小班化教育的推广,班级管理作为一个常态化而又富有新意的课题再次摆在了我们的面前。无论从提升"以人为本"意识、提高管理者综合素质到优化管理策略,实施多元化评价,对于解决小班化班级管理中存在的问题、推动小班化教育的深入发展具有现实和长远的意义。

(一)转变观念,提升"以人为本"意识

一是要提升校长的管理理念。校长是学校工作的管理者和改革者,是小班教学模式下班级管理的发掘者、组织者和推动者,对于校长的培训,要明确小班教学模式下管理思路,要在"关注什么,怎么关注"上进行思考。校长要汲取智慧,集思广益,在小班教学精细化管理上下功夫,进一步增强学生发展的内驱力。校长应着力打造责任共同体、发展共同体,注重建立良好的选人用人导向机制,为教师舒心工作、可持续发展当好后勤兵,遵循"德看主流,才重一技,扬人所长,补人所短"的用人原则,促进中层干部与教师成长和发展,提升职业幸福感。

二是要强化中层管理者的学习力。有思想的中层管理者是学校成功的关键。激发中层管理者的责任与激情。责任意识会使中层管理者尽快成熟,中层干部在日常管理工作中应随时记录下自己的所思所想,包括对小班教学的热情、对小班教学管理的困惑,既有对管理的思索,又有对管理的探究,只有这样才能够厚积薄发。

三是引领教师走团队建设之路。一支结构合理的教师队伍,人员的分工合理,各司其职,有效的配合,能够更有效率地完成教学任务。小班化模式下的班级管理,强化师资培训,打造一支精细化管理的队伍,是一种有效的途径。应明确"建设精细化教师团队"的共同愿景。学校定期帮助教师分析专业发展动力不足的原因,征求师生对教师队伍发展的建议,从学校发展战略的高度,制订一些相关规划,以突出人才强校的战略,把加强教师队伍建设作为小班化模式下班级管理的主要着力点。

(二)强化培训,提高管理者综合素质

在小班化班级管理过程中,教师自身素质的优劣、专业化水平,将直接影响到教育对象的成长发展,是学校教育质量的核心所在。首先,政府应对教师的专业化培训有基本的规划,定向下拨额外的经费和专业力量用于教师的培训。其次,学校的管理者也增强对教师专业化培训的积极性,规划一定的教学时间及资金让教师接受更专业的培训。再次,教师要以研究者的身份,挖掘身边的资源,善于发现新情况,探究新问题,通过向专家学、向同伴学以及自我反思等方式,不断总结反思,更新观念,改善教学行为,从而提高小班教学管理水平。

（三）优化管理策略，实施多元化评价

第一，通过政府层面的政策推行，以此改变和强化传统的关于对学生的评价，尤其是升学率的观念误区。如果大的环境无法改变，那么无论小环境下做出多大的努力和尝试终将会被传统重新覆盖。比如政府相关部门可以在升学考试的评价中进一步强化学习成绩以外的其他素质要求，把学生的各项素质项全部纳入实际的考核当中，而不是仅仅作为可有可无的"副科"，因此，要从政策层面加强和落实课改中的教育评价制度，从政府到学校再到班级，逐级逐步地落实和强化执行。同时可以通过各种渠道向社会尤其是学生家长进行创新评价的知识宣传，通过宣传的方式赢得家长以及社会方面的认可，从而从更新观念的角度进行强化和提高创新评价的执行力度。

第二，创新评价的最终运行和执行还是在学校。从政策制定的层面到具体落实的层面，最后到社会观念的转变，这些环节的落实到位与否将直接决定创新评价的执行的效果，强化的措施和方法得当是落实创新评价的关键因素。一个评价制度或者系统的正常运行需要各种实践的探索，它的创建或者引进是否具有一定的可操作性，在操作过程中如何将某些具体的方面进行适当的改进和创新，以此更加适应学校的发展，等等，这些都是需要学校进一步考虑的内容。尤其是在大环境还没有完全准备好的情况下，学校应如何突破具体的限制等问题，大胆地创新实践，以此加强创新评价的执行力度。

具体到实践中，对于教师的评价，学校应构建多元评价和奖励机制，多角度与多层次对教师进行全面、科学、客观、公正的评价，不单纯以考试成绩作为评价依据，过程与结果并重，在奖励机制的构建中，实施目标激励、榜样激励、学术激励等奖励机制，也可以引进社会奖励机制，通过优化管理，旨在打造一支高素质的教师团队。

对于学生的评价，现行评价相对单一，往往以分数作为评价学生的标准。即使有其他的评价也十分抽象，难以量化或具体化，往往使学生的很多优点无法显现。这些都是与小班管理无法适应的。"个性发展"的理念是小班化教育的核心思想。比之大班教学，小班化教育能充分考虑到学生的差异，根据不同学生的学习水平、能力倾向、情绪状态，给予不同的引导和帮助，使之达到预定的学习目标；还能够根据学生的

各自需求调整学习目标,保护和发展学生的个性倾向。因此,实施家庭、学校、社会相联系的多元评价管理就显得尤为重要。教师可以通过家校联系册、家长会、家访等形式与家长保持联系。教师必须明确的是,与家长的联系并不等于对学生的批评指责,可以是对学生近阶段表现的评价。尤其强调的是对后进生的关注和客观评价,发掘他们的优点。教师也可以与学生所在的社区建立联系,社区可将学生参与社区活动、为社区服务的情况与学校沟通。这样多方地沟通才能互通信息,形成合力,促进学生全面发展。

参考文献

[1] 梁春涛.关于小班化教育的几点思考[J].天津教育,2000(2).

[2] 钟启泉.班级管理论[M].上海:上海教育出版社,2001.

[3] 李伟胜.班级管理新探索:建设新型班级[M].天津:天津教育出版社,2006.

[4] 谷力.小班化教育初探[J].江苏教育学院学报(社会科学版),2002(1).

[5] 张雪珍.小学"小班化教育"指南[M].北京:上海科学技术文献出版社,1999.

[7] 张继军.区域推进小班化教育的理论和实践研究——以杭州市下城区小学推进小班化教育为例[D].上海:华东师范大学,2005.

[8] 沈宪宗.实施小班化教育前的准备[J].上海教育,2007(2).

[9] 李洁.创造性在班主任工作中的运用[J].上海教育,2005(6).

[10] 张燕.初中小班化背影下的班级管理[J].思想理论教育,2006(10).

作者小传:

郑国明,男,1972年12月出生,1991年8月开始走上教育岗位,大学本科学历,高级教师,绍兴市名校长培养对象,曾担任绍兴市永和中学校长、书记,现任绍兴市第一初级中学教育集团副校长(正校长级),自1995年8月走上学校领导岗位,转战于绍兴市越城区亭山中学、禹陵中学、绍兴市快阁中学、绍兴市昌安实验学校、绍兴文理学院附属中学、绍兴市永和中学与绍兴市第一初级中学教育集团等战场,工作二十六载,有二十年站在初三毕业班的讲

台冲锋陷阵，一贯坚持"真诚待人，踏实做事，低调为人"的原则，参加工作来多次获市属级先进工作者、优秀党员、德育工作先进个人，市级人防教育优秀校长、优秀工会工作者等荣誉。

教育信条：只有人格才能够影响到人格的发展，只有性格才能养成性格。

致力四大追求,打造品质校园

嵊州爱德外国语学校副校长 张 琴

【摘要】 办学理念是一个学校文化的精髓与灵魂,是一个学校实现可持续发展的不竭动力。在不断学习、教育教学实践中形成和完善自己的教学理念,并以此为指导致力于学校优质教育、教师精神家园、学生健康人格、自身价值的四大追求,促进教师和学生的主动发展,努力打造品质校园。

【关键词】 优质教育;教育理念;品质校园;精神家园

一流的学校靠文化,而办学理念是一个学校文化的精髓与灵魂,是一个学校实现可持续发展的不竭动力。办学理念应基于学校的历史背景和文化背景,符合学校发展的现状并引领学校未来的发展方向。校长的学校管理理念是学校管理者对学校管理全过程、各要素及其关系的本原和本体的见解、意识和追求,它是一个关于学校管理方面更为高级、更为宏观的内在的哲学理念,与一般的学校管理知识、理论、概念不同。基于以上认识,2008 年我担任爱德副校长、初中部执行校长后,为了适应新的形势,迎接教育新的挑战,提高学校办学水平,在充分调研的基础上,传承和创新,主要致力于四大方面的追求:

一、致力于学校优质教育的追求

众所周知,教育质量是一所学校的生命线,但什么是教育质量?《教育大辞典》的解释:"教育质量是对教育水平高低和效果优劣的评价,""最终体现在培养对象的质量上,""衡量标准是教育目的和各级各类学校的培养目标。前者规定受培养者的一般质量要求,亦是教育的根本质量要求,后者规定受培养者的具体质量要求,衡量人才是否合格的质量规格。"

爱德外国语学校是一所 2006 年由民办转制而来的年轻学校,拥有 84 个班 4200 多名学生近 300 位教师,拥有幽雅的环境和省一级学校的硬件设施。学校地处城南经济开发区,热火朝天的城南已成为嵊州市的经济重心,是嵊州市经济发展的大平台和展示窗口。这里高档小区、高端住宅密集,是嵊州城市发展的新城区。面对如此特殊的内外部环境和家长、社会对学校教育的热切期盼,学校重中之重的工作是不断提高教育教学质量,不断培育优质资源,着力打造优质教育,以回应家长、社会、领导对爱德的厚望。

积极实施"实力爱德""活力爱德""魅力爱德"三大战略,建设平安校园、数字校园、精细校园、特色校园、幸福校园,共创共享爱德精神家园的美丽。为此,这两年具体抓了四大块工作,一是推进了精细化管理,注重教育品质的提升;二是推进了新课程改革,注重高效课堂的构建;三是推进了校园文化建设,注重"爱"和"德"教育体系、特色和亮点的形成;四是推进了风纪风貌建设,注重群众路线教育要求的落实,要求全体行政人员"靠前指导,下沉管理,力行服务"。这两年,校容校貌大为改善,风纪风貌大为改观,一切呈现出欣欣向荣、百业俱兴的良好局面。

二、致力于教师精神家园的追求

校长的学校管理理念不是关于学校管理事实上是什么的客观知识,而是校长对于流动的"活"的管理实践意义的理解和深刻洞察,它来自校长对整个学校教育管理实践价值性的阐释与分析、反思和批判,是对学校管理意义、理想、关系、方式、目的的追求和审视,来自与广大教师充分沟通达成一致的共同愿景。它不是客观的理论,而是作为理想、信念、原则和规范,作为一种哲学观内化于主体的整个思想精髓。

一所学校的品质体现在这所学校的校园精神上,一位教师的品位体现在他的价值追求上。因为爱,因为德,所以爱德。教书育人不是一份职业,而是耕耘精神家园、分享精神成果的过程。

抓住建校十周年这一契机,学校开展了校庆系列活动,编校志,检阅十年的成果;拟规划,展望今后发展道路;办晚会,凝固激动人心的时刻。这一切都不是因形式而形式,而是培育校园精神的最好时机和抓手。

积极倡导快乐课堂幸福人生。课堂的快乐是真正的快乐,牵头部署了浙江省规划课题"'提高学生当堂巩固率,有效激发学习内驱力'教学策略的研究与实践"的实施,按照"整体部署、分(学)部实施、重点突破、全面提升"的思路,扎实、稳妥地推进学校高效课堂建设。努力解放教师,解放学生。

学校管理工作力求做到公正、公平、公开,让教职工民主参与和监督,学校的政策性、权益性规定文件交由教职工大会表决。这两年表决通过了《教职工住房管理办法》《教职工考核办法》《学校三年规划》《学校校园文化建设实施方案》,努力使教职工有集体的归属感,珍惜一起工作的缘分和时光,追求和创造愉快、舒畅的工作环境和心理环境。

三、致力于学生健康人格的追求

党的十八大明确提出,"把立德树人作为教育的根本任务",党的十八届三中全会进一步强调"坚持立德树人"。立德树人的人才培养理念是"育人为本,德育为先"理念的进一步深化,即教育事业不仅要传授知识、培养能力,还要把社会主义核心价值体系融入国民教育体系之中,引导学生树立正确的世界观、人生观、价值观、荣辱观。

学习是一个积累的过程,在这一过程中,我们更应看重分数以外学生是否快乐、阳光,人格健全。首先改善硬环境,营造净化、绿化、美化、亮化、功能化的校园环境,两年中投入 450 多万元进行了校园改造,持续抓"人车分离""垃圾分类""无烟校园"等工作。体育馆完成了装修并投入使用,室外场地进行了全面的整修。其次以教师的风纪风貌去带动学生的风纪风貌的改观,形成了一月一次安全、风纪、卫生大检查制度。在紧张的学习中,德育工作依然有声有色,形成专题,形成序列,形成特色。开展了特长展示活动、文娱体育活动和特色社团活动,慢慢构建起"爱"和"德"的德育教育体系和特色。体育节、艺术节、实践周等节会全体性参与正在形成制度。学校的射箭运动和女子足球在省内小有名气。2013 年至2014 年,射箭队参加省级和全国级比赛共获金牌 10 枚,银牌 3 枚,铜牌 6 枚,女子足球队参加省市级比赛共获一等奖 5 次,二等奖 3 次。2014 年 5 月和 7 月成功承办了浙江省射箭锦标赛和浙江省第十五届运动会射箭项目比赛的两大赛事。结对了韩国浦项女子高等学校和德国莱辛一级文理中学,组织师生出访,开拓了师生视野。

四、致力于自身价值的追求

校长作为一个学校的领导者,要求他不仅需要学识素养以及学科领域的精湛造诣,而且更需要一种潜移默化的人格力量。进步的思想、革新的精神、精湛的学识、高尚的品德,凝聚于一身,就会显示出一种巨大的人格力量和道义力量。1949 年著名教育家傅任敢为庆贺梅贻琦 60 寿辰,写道:做领袖的人有两种,一种使人慑服,一种使人悦服。毫无疑问,教育工作者应当使人悦服,而不在于使人慑服。因为教育的出发点是爱,梅校长的品性中深深具有这一点。我们不能不深深地感到我们需要有根基深厚的爱,育才有着落。坚持待人以诚、立说立行的处世原则,秉持追求规范、崇尚完美的工作原则。执着于工作,执着于事业追求,为的是感恩组织和领导的信任和培植,为的是对学生和教师的高度负责,为的是人生价值的不断体现。

一直以来,我认真参加各级各类组织的学习和培训,日常工作中能及时学习有关政策、文件、规定。在学习过程中,将学习、思考和实践结合起来,在实践中学习,在学习中实践。

在廉政方面,自觉贯彻和模范执行中央"八项规定"、省委"28 条办法""六项禁令"和绍兴市委"26 条办法"、教体局"十不准""重申八条"等有关规定,切实践行党的群众路线教育实践活动。严格执行有关财务制度、报批制度,决策性事项由校务会议集体讨论决定。财物购置实行了请购制度,各项维修基建等工程严格按"教体局财务基建管理有关文件"规定运行。财务支出精打细算,严肃执行财经纪律。两年中化解了债务 300 多万元,争取到了上级各项资金补助和建设资金 600 万元,有力保障了学校各项事业的发展。学校公务实行公开、公示制度。严控三公经费支出,业务招待费用大幅度降低,尤其是 2014 年 9 月以后几乎为零招待。坚决杜绝无谓的应酬和吃请,公车使用严格执行局有关规定。继续期待全体教职工的监督,共同珍惜和维护风清气正的良好局面。

五、我的思考和展望

校长的理念作为一种观念的东西,亦不外乎是现实世界或他们所处背景环境进入他们的思维并经过加工改造的精神(意识)产物。不同的校长,其学校管理理念不尽相同,但其形成过程还是有一定的共同条件和规律的。归纳起来有以下几个方面:首先是在一定的社会背景中形成的。校长的管理理念首先是在社会背景这一宏观的历史的条件环境影响下形成、发展的。其次是有一定的实践背景。校长的管理理念毫不例外地也是校长通过教育实践、管理实践获取的。教育和管理的实践经历,有利于校长了解和掌握学校运行、发展的规律,并形成指导和推进自己办学及治校的教育理念。校长必须勇于实践,在实践中去悟出真谛。学校管理理念扎根于学校的整个教育和管理实践中,校长要积极投身到我国基础教育课程改革的浪潮中去,要善于用一系列的追寻、概括、判断、批判等形式对自己和他人的管理实践用理性的睿智进行深刻的解剖和洞察,进行审慎的思考和明智的选择,结合当前学校所在地区的办学条件和特点,如生源、师资、学校性质和规模、学校周围自然环境和社会环境等实际情况,经过深思熟虑,日积月累,厚积薄发。

二是要加强自身的理论修养。管理理念是一定的教育理论、管理理论的内化和升华,因此,校长必须通过自学或参加培训去占有理论,加厚功底。要学会将各种教育思想、管理理论和各方面信息综合起来去解决现实问题。因为受条件和实际情况的限制,学会某一具体的理论知识并不意味着就可以放之四海皆准,自然而然地解决现实问题。最好的办法就是学会概括,学会综合,使认识超越思想之间的、理论和实践之间的、学科之间的距离,使自己更具有在具体情况下做具体分析的创造性。为此,必须把在学习具体理论知识中获得的见解相连通、融合、概括、升华,形成更高的,覆盖面更大的理念。

三是要学会反思,做反思型校长。校长要在管理过程中对遇到的问题所采取的行为进行自我觉察,进行理论的思维。校长的反思水平的提高,也与其自身相应的态度和能力的发展紧密相关。通过反思总结,并在理论的指导下,不断积淀,使自己对管理的思想越来越明晰,最终形成一个哲学思考,形成理念。

四是借鉴、消化和吸收先进的管理理念,转而形成适合自己的理念。校长应不排斥新理念,不排斥教师的各种思想,而应该开放自己,勇于紧跟时代步伐,学习外界先进的思想,接纳全体员工中合理的观点,敏锐地捕捉教育改革过程中有利于自己发展的最新动态。但也切忌片面地去"追逐理念的潮流",赶时髦。一个真正懂得新的教育理念和管理理念艺术的睿智的校长,是既不盲目地追逐"新理念",也不盲目地排斥"旧理念"的,他们更喜欢新旧理念的结合,更多的是关注如何找准适合自己学校的理念,而拒绝那些不适合本学校的理念。

此外，为了确保校长管理理念尤其是办学思想的正确性，校长必须不断学习和掌握党和国家的教育方针政策，分析社会发展的趋势和学校发展中的各种矛盾，逐渐使自己的理念凸显，这也是一个十分重要的条件。

路漫漫其修远兮，一路欢歌一路行；吾将上下而求索，咬定青山不放松。多年的教育生涯中，无论是做教师还是做校长，我始终致力于让每一个学生在成人的过程中实现成才，让每一位教师在敬业过程中完成创业，让每一处环境在有形的变化中体现无声的熏陶。我所做的一切都是为了实现这四大追求，促进教师和学生的主动发展。

参考文献

[1] 陈向阳.浅谈校长的学校管理理念[J].广西教育学院学报,2007(3).

[2] 廖全明,蔡其勇.中小学专家型校长的成长路径与促进措施[J].中小学教师培训,2016(1).

[3] 王严淞.凝聚共识·交流理念·分享实践——"一流大学本科教学高峰论坛"综述[J].中国高教研究,2016(7).

作者小传：

张琴，女，1973年出生，本科学历，中共党员，中学英语高级教师，现任嵊州市教体局教研室初中英语学科教研员及初中组组长。1991年8月至2003年7月在嵊州市蒋镇中学任教，担任教务主任及副校长职务，2003年8月至2017年7月在嵊州爱德外国语学校任教，担任初中部执行校长职务。先后获嵊州市级教坛新秀、学科带头人、优秀教师、优秀党员、优秀德育工作者、名师培养对象和绍兴市级第二届青年教师"研究者"联盟优秀成员、农村中小学教师"领雁工程"学科导师、名师培养对象、学科带头人、教育系统2011—2012年度"事业家庭兼顾型"先进个人、十佳师德标兵和名校长培养对象等荣誉称号。2011年至2017年被嵊州市市政府评为第六、七、八批拔尖人才，2011年被选为嵊州市政协委员，2017年被选为绍兴市党代表。教育教学

业务能力强,教学业绩优异。参与编写教辅资料 2 册,1 个科研成果获省三等奖,多篇论文发表或获奖。

　　教育信条:路漫漫其修远分,吾将上下而求索。

/ 第二部分 / 教育理念与实践（二）/

教育公平视野下提高农村学校
整体办学质量的实践与探索①

诸暨市东白湖镇中心学校校长　朱华儿

【摘要】 促进教育公平是党的十八大对教育提出的要求,这个要求在相当长的时间内都是教育改革的主题。农村小学点多而散,中心小学和完小之间的办学质量存在较大差距,实现教育公平更是现实需要。我们积极推进教育改革,让优质教育资源在区域内流动共享,从一校制管理、校园文化建设、师资队伍建设、小班化教育实验等方面入手,提高学校整体的办学质量,逐步实现了校际间的均衡发展。

【关键词】 教育公平;农村小学;资源共享;办学质量

东白湖镇地处诸暨山区,校点多而散,在农村人口向城镇集聚的大潮中,中心小学和完小之间的办学差距逐步拉大,并从最初的办学规模差距逐渐转变为办学质量差距。这一趋势严重削弱了完小可持续发展的能力。因此,只有补齐完小发展的短板,才能实现全镇教育的均衡发展。

"大力促进教育公平,合理配置教育资源"是党的十八大报告对教育的展望和要求。近几年来,我们始终坚持"学生成才和教师成长并重,全面发展和个性张扬并举"的办学理念,根据各校发展的实际,着眼教育公平,从一校制管理、校园文化建设、师资队伍建设、小班化教育实验等方面入手,规范办学行为,坚持立体化育人,着力提升办学内涵,推进教育教学改革,提高学校整体的办学质量,逐步实现了校际间的均衡发展。

一、推进一校制管理体制,实现资源共享,促进校际均衡

实施小学校点一校制管理体制,建立集团化办学模式,既充分发挥中心小学在团队中的资源辐射和示范引领作用,又深度发掘团队中其他校

---

① 本文作者朱华儿原系诸暨市店口镇第一初级中学校长,后来调到东白湖镇中心学校工作。东白湖镇中心学校既有初中部,亦有小学部,朱校长当前主要负责小学部,故而基于岗位职责而作的本文,作者主要从小学教育层面展开。——主编注

点之间交流互动的巨大作用。盘活和优化存量教育资源,激活生成新生的更优质的教育资源,实现镇域内优质教育资源共享,促进镇域内各小学的均衡发展,提升全镇小学的整体办学水平。

(一)明确工作职责,建好一套班子

全镇小学教学业务工作接受中心小学统一领导,完小校长分别由一名中心小学副校长兼任,缩减完小的干部编制,除完小校长外,另外只设两个管理岗位,一个为教学业务岗位,对接中心小学的教导处、教科室、德育处和少先队大队部;一个为后勤安全岗位,对接中心小学的总务处、安管处。这样一来,改变了过去"麻雀虽小,五脏俱全,干部一个不少"的局面,大大提高完小工作效率。同时,进一步明确了学校干部的岗位职责,在中心小学统一协调各校点各项工作下,做到有人管事,有人干事。

(二)创新管理模式,树立两个意识

1. 树立大局意识

"一校制"模式的统领下,合理安排各校点师资,科学调配教育教学设备设施,积极构建一种师资、设备、经验等教育资源共享模式;建立和完善"一校制"内骨干教师巡回授课、紧缺专业教师流动教学、教研组长到各校点任教等制度,帮助完小提高管理水平和教学质量,让所有的孩子都能接受优质的教育。

2. 树立可持续发展意识

"一校制"模式下统筹干部队伍和骨干教师队伍的培养,形成后备干部和骨干教师梯队,努力营造合校、合心、合力的氛围。

(三)优化资源配置,做到四个"动"

一是教师走动。除建立教师交流机制,全镇小学教师按一定周期和比例到各完小交流外,还建立紧缺学科教师邻近完小走动上课机制。例如,斯民小学和上泉小学距离不到 2 公里,音乐老师上午在斯民小学上课,下午就安排在上泉小学上课,使教师资源发挥最大的效能。二是课程流动。在中心小学的统一安排下,全镇每学期都会在拓展性课程中评选出一批精品课程,这批课程就轮流安排到各个学校上课。例如,拓展性课程是隔周上一次的,那么,本周三在中心小学授课,本周四到西岩小学授课,下周三到斯民小学授课,下周四到上泉小学授课。三是教研联动。中心小学统筹安排教师培训和教研活动,活动内容、时间、地点兼顾各个完小,各类业务评比检查,全镇统一,避免各类教师业务提升活动在中心小学"盆满钵满",完小连"残羹剩饭"都吃不到。四是绩效浮动。鼓励教师到完小任教,到完小任教的教师,年终考核为优秀的,其学期考核奖和年终考核奖均上浮一档,考核为合格的不浮动,考核为基本合格及以下的,降低一档。

(四)规范管理制度,实行五个"统一"

一是统一作息时间。全镇各小学都用同一张作息时间表,统一教师到岗离岗时间。二是统一课程设置。根据课程计划的要求,开齐开足规定课程,统一地方课程,按规定开设校本课程,中心小学统筹安排拓展性课程。三是统一教学业务管理。在每学期开学初统一制订学期教学计划,合理安排好教学进度。在集体备课过程中统一课时计划,实施有效教学、有效训练,定期组织集体备课和教学研讨活动,由中心小学统一安排各小学的教学业务检查。四是统一质量监控。建立全镇一体的质量监控制度,及时对各完小进行教学质量分析,定期召开学生和家长座谈,征求意见,改进工作,不断提升教学质量。五是统一教师绩效考核。制定翔实的绩效评估细则,每学期,对每位教师的德、能、勤、绩进行量化考核,各校(点)的教师一视同仁,做到奖惩分明。

二、加强校园文化建设,优化育人环境,落实德育为先

当前,完小和中心小学之间差距主要是在校园文化建设上,在这方面,完小甚至一度被中心小学边缘化。不加强校园文化建设,就无法真正实现全镇小学的均衡发展。校园文化建设本身在教育中的作用也不容小觑。因此,我校近年来从各小学的历史积淀和校情实际出发,在环境文化、制度文化、课程文化和精神文化等方面加强校园文化建设,坚持德育为先,不断优化育人环境,让校园的每一处都有育人功能,把育人的理念和机制贯穿到学校教育教学的各个方面,文化特色初步显现,例如中心小学的水文化,斯民小学的斯民文化,上泉小学的练手悦心文化,西岩小学的山石文化。各个学校的文化气息浓厚,办学的个性和特色初步显现,办学内涵得到有效提升。

（一）建设美丽校园，创设环境文化

环境文化是校园文化的重要组成部分和重要的支撑。苏霍姆林斯基说过：让校园的每一面墙壁都会"说话"。建设优美和谐的校园环境，使整个校园成为德育的大课堂，让学生视听所至，都带有教育性。我们按照实用与美观相和谐的原则，充分体现各校的办学理念，挖掘其教育的价值，营造"处处是文化，事事有教育"的良好文化氛围，使师生在求知、求美、求乐中受到潜移默化的启迪和教育。完善的设施、合理的布局、各具特色的建筑和场所，使人赏心悦目，能陶冶人的情操，能塑造人的心灵，激发人的开拓进取精神，并约束师生的不良言行。例如，斯民小学充分利用古色古香的教学楼展开校园环境建设，布置了校史陈列室，走进陈列室，学校的办学历史、办学理念、学校荣誉等一目了然，对学校的敬畏也油然而生；教学楼前的古树，与古老的教学楼一起诞生，学校做了很好的保护，也成了优质的教育资源；校园广播系统也会定时播放与该时段的教学主题相关的校歌、乐曲、诗歌、故事等；二楼的书画室凸显了学校与书法的历史渊源，展示出了斯民小学的办学特色，也是校园一道亮丽的风景……师生进入校园，就自然而然地接受了校园文化的洗礼。

（二）完善制度建设，形成制度文化

"没有规矩，不成方圆。"建设和享有校园文化的是人，而使人能公平享有校园文化的是制度。因此，在建设校园文化时，加强校园制度文化建设不容忽视。学校办学行为的规范、教育教学工作的正常有序运行，都必须依靠较为完善的与本校的文化特色相符的制度体系。一套符合实际、科学合理、可操作的规章制度，是校园文化建设的重要内容，更是学校落实办学理念，传承和发扬文化特色的重要保障。例如中心小学的水文化，体现在教学中是如水般灵动，体现在待人接物时是如水般的包容和无微不至。学校根据这一校园文化特色，制定了《东白湖镇中心小学留守儿童管理制度》《东白湖镇中心小学困难学生帮扶制度》等一系列管理制度，这都是"上善若水""水善利万物而不争"理念在制度建设中的具体体现。尤其是在各项制度的执行上，既能体现制度本身的刚性，又能体现制度执行时的弹性，重在教育人、激励人，这正是在水文化的长期熏陶下，在学校制度文化的建设实践过程中形成的校园文化的特色。

(三)加强课程建设,构建课程文化

课程文化是一所学校办学特色和个性发展的集中体现,是校长的办学思想和学校的校园文化碰撞所产生的思想火花。这里的课程不仅仅是指课堂,教师即课程,学生即课程,校园即课程……例如,西岩小学的山石文化建设正因为落实在校长的课程思想当中,才显得不是虚无缥缈的,是可以看得见、感觉得到的。不管是校长,还是教师和学生,只要进入西岩小学的校园就都在感悟山石文化的存在,感受山石文化的力量。山石文化浸润着每一位师生的心灵,正因为山石文化落实在学校的各种课程资源,不仅课堂、教师是课程,而且环境、活动同样也是课程,它们都是构成学校文化内涵的重要元素,使得山石文化从高高的神坛走向地面,走向校园的一草一木,从形式上的虚拟化走向具体而细微的校园生活。校园文化建设也因为有了课程文化的影响才更具有生命力。

(四)丰富文化活动,锤炼精神文化

精神文化建设是校园文化建设的核心。学校的精神文化能折射出一所学校的办学质量和办学内涵,能塑造师生良好的精神风貌,其主要表现形式为办学理念、育人目标、校训、校风以及校歌、校旗、校徽、校标等。近几年来,各校围绕各自的文化理念开展阅读文化节、艺术节、体育节等各种活动,营造良好的校园精神文化建设氛围,具体体现在自由的教研氛围、多学科融合的氛围、宽容失败与过错的氛围、个性得以张扬的氛围等等。一方面全体师生对学校的精神文化有了更为深刻的认识,另一方面也是精神文化在活动中不断得到有效的锤炼和升华。比如,上泉小学的"练手""悦心"的精神文化,斯民小学的校歌在潜移默化地、有意无意中影响、同化每一个人,以共同的价值追求来建设校园精神文化,人们都在自觉与不自觉地经受着这种文化精神的熏陶。在校园文化的作用下,学校的每一个成员,都在不同程度上受到校园文化的影响。反过来,每个人的言行举止又都成为学校精神文化的深刻写照,每个人都成了学校精神文化活生生的形象大使,使精神文化特质在校园里进一步凸显。

三、加强师资队伍建设,引进培养并重,提高业务素养

教育大计,教师为本。没有一支高素质的师资队伍,就不可能办出优质均衡的教育。我校始终坚持促进教育均衡发展、提高教育质量的要求,

以提高师德修养和业务能力为核心,全面加强师资队伍建设。经常开展师德师风教育活动,用足用好上级有关政策,通过专家引领,发挥名师的带动作用,抓好校本培训、同伴互助和自主研修,积极促进教师专业素养、人文素养的发展,提高教书育人的综合能力,初步形成了一支师德高尚、业务精湛、结构合理的高素质专业化的教师队伍。

(一)薄弱学科,走出去请进来

前几年,我校师资队伍的学科不均衡现象十分突出,有的学科教师数量不足;有的学科教师虽然数量上能满足教学的需求,但是缺乏名师的带动和引领,学科质量徘徊不前。针对这一问题,我们充分利用上级政策,一方面积极争取新分配教师到我校工作,并让新教师走出去,把新教师先送到城区优质学校挂教学习一年,让新教师在优质学校的帮助下站稳讲台后再回校任教,成为我校该学科的教学骨干;另一方面,我们利用市级名师下乡交流的政策,邀请部分学科的名师到我校带领教研团队,培养学科教师,提高本学科的教学质量。通过几年的努力,我校基本消灭了薄弱学科,实现了教师的校际均衡和学科均衡,对提高教育教学质量起到了重要作用。

(二)优势学科,名师辐射带动

我校将名师的培养及发挥其辐射带动作用列为重点工作之一。近年来,培养出了几名在本区域有一定影响力的学科名师。学校让这些名师带领本学科教师在教育教学实践中学习教育理论、交流教学经验,使学科教师的整体教学水平有了显著的提高。近年来,在我校踏入教学岗位的青年教师较多,要让他们独当一面,至少需要三五年时间的锤炼。我校就挑选学科名师与青年教师进行师徒结对。师徒结对后,师傅定期指导徒弟的日常教学,带领他们进行教学研究,有效提高了青年教师的教学技能。完小部分学科,学科教师数量有限,无法单独进行师徒结对。校级名师工作室成为我校的一大特色,有本校的名师担任工作室的导师。工作室成员空余时间经常到导师所在的校点备课、听课、研讨、学习;导师也会定期带领成员的校点进行互动指导,使全体成员迅速成长起来,逐渐成为该学科的骨干教师。

(三)两支队伍,科研活动引领

在加强师资队伍建设的过程中,我们重点抓了两支队伍的建设,即班主任队伍和骨干教师队伍。班主任队伍是落实学校教育教学工作的主要力量,为提高班主任队伍的整体素质,我们成立了由学校团队负责人带领的班主任研修工作室,每月选择两天开展研修,上午班队课观摩及点评,下午班主任进行班级工作案例交流。通过这样的活动引领,每个班主任都成为一个会学习的班主任,一个善于反思的班主任,一个健康快乐的班主任。班级工作的质量也随之提高。骨干教师是学校教育教学的中坚力量。我校特别制订了《东白湖镇骨干教师培养管理办法》,规定了骨干教师的培养过程必须以教学中的问题为突破口,以针对解决问题的教研课题为引领,以教研活动为抓手。骨干教师培养的过程是一种很有价值的可利用的资源,因为它们就在广大教师的身边。把骨干教师的成长经历、研究成果展示出来,更具有亲和力与说服力。骨干教师的课堂教学也往往是他们教学理念的体现、教学经验的凝结和教学智慧的展示,能够给全体教师以思考和启迪。例如,中心小学在语文教学中发现,近几年学生的错别字特别多,以这个问题为突破口,查找语文教学中存在的薄弱环节,再确定“在小学中低年级语文教学中加强笔顺教学的实践研究”这一课题,课题研究的过程就是老师们成长的过程,也促进了语文教学质量的提高。最后,课题在市评比中获奖。一个课题引领了一个团队,带动了一门学科,成就了几名骨干教师。

(四)业务提升,落实积分管理

教师的教学工作和业务提升经常会出现工学矛盾,为增强教师业务素质提升的灵活性和可操作性,充分调动教师业务素质提升的自主性和积极性,我校结合实际制订了《东白湖镇教师专业发展积分制实施方案》(以下简称《方案》)。《方案》对教师的业务提升分听课、公开课(含主题报告)、校本培训、案例随笔反思、论文课题等五个积分大类。教师参加的每次活动都按分类由学校成立的考核组进行考核,对照《方案》给予一定的分值,一学期的积分总和就是该教师本学期的业务提升积分。例如,学校根据工作计划安排老师开出公开课,上课的老师根据上课效果,考核组给予一定的积分;听课的老师也根据听课记录的完整性和评课反思的质量,给予一定的积分。老师可以根据自己的工作,有时间的参与本次业务提升活动,没时间的可以到下次活动时参加,灵活机动,有效解决了教师的工学矛盾。《方案》还规定每位教师每学期必须达到一定的分值,这个分值作为教师每学期评优评先、制成评定的必备条件,也是下学年是否得到学校聘任的重要参考条件,大大激发了教师参与业务提升的热情,增强了业务提升工作的实效。

四、开展小班化教育实验,关注每个学生,坚持质量立校

随着学校的硬件设施不断完善,学校比硬件的时代已经一去不返。但由于生源的渐渐减少,2008 年后,镇内几所小学相继进入了自然小班的时代,学生数量的减少,导致教师编制缩减,给我们的教育教学改革和教学质量的提高提出了严峻的挑战。同时,自然小班的出现也给我们看到了希望和方向。2010 年,中心小学在镇内率先启动了"关注每一个""幸福每一个"的小班化教育实验,在承认学生个体差异的前提下,促进学生个性发展,进而达到全体学生的整体发展。这种教学关照度高,更能充分实现由教师的"教"向学生的"学"转变。在中心小学的带动下,我镇各校都开始了小班化教育实验。2011 年,各校都被确定为诸暨市首批小班化教育实验学校,成为全市少数几个所有校点都是小班化实验学校的乡镇之一。

(一)小组合作,分层教学

"小组合作学习"这一教学模式可以说是我镇各校开展小班化教育实验的叩门砖。我们所有小学低年级最大班额也不过 30 人,像西岩小学、上泉小学个别班级学生数不超过 10 人。老师会自然而然地在教学中把学生分成若干个小组,使用小组合作学习、分层个别指导等教学方法,给课堂教学注入了活力,不仅充分发挥了师生间、生生间的相互交流、协作功能;而且还可以培养学生的合作意识、团队精神,把个人自学、小组交流、全班讨论、教师指点等有机地结合起来,进而促使小组之间合作、竞争,激发了学习热情。西岩小学、上泉小学校舍充足,在小班化教育实验中还采用一班两教室的模式,拓展师生的教学空间,使分组更加灵活,有固定分组模式,也有按兴趣爱好、学生学业水平等机动的分组模式,使教学更加符合学生的学习需求。小学团体学习,学生个别反馈,老师关注到

了每个学生个体的学习过程和结果,让学生由被动变为主动,大大提高学习效率和质量。

(二)任务导学,提高效率

我校的小班化研究不仅仅停留在课堂组织形式上,还开始积极实施课堂中渗透"关注每一个,幸福每一个"的小班化新理念。为了推进和谐、民主、合作、以生为主的小班化教育实验,在小组合作学习研究的基础上,中心小学引领各校开始用课题研究的方式进行"导学案"研究。通过提炼课堂"任务"确定组建课堂学习小组,用导学案规范老师精讲其至不讲的课堂,在每周的"课堂观察日"教研活动中,指定老师对学生参与和反馈课堂任务的次数、质量等进行记录,然后根据数据对课堂教学进行分析评价。每次上课以后老师们积极撰写课堂反思,记录课堂改革的酸甜苦辣。一段时间下来,我校每个班都形成了利用"任务式导学案"进行教学的良好氛围,师生关系更加积极和谐,老师们更加注重学生对自己的评价,大大提高了课堂教学效率。我们的研究成果也得到了普教科、教研中心领导的肯定和重视。

(三)活动推进,每周一校

小班化研究推进了我校老师的课堂教学改革,促进了老师的专业成长发展。特别是在活动中推进小班化教育实验,老师们积极学习小班化教育理念,把小班化"幸福每一个"作为自己成长的终极目标,不断提高自身的教师修养。全镇 4 所小学的老师们还自发成立"晨曦研修共同体",制订研修计划,每周到一所学校举行研修活动,学习实践小班化教育的新理念、新方法,晨曦研修共同体的老师活动后都积极撰写"观察日记""课堂实录",执教老师汇集资料后撰写"反思报告",使每次研究活动都能有效开展。各项研修活动,有效推进了我校小班化教育实验,老师们虽然辛苦,但收获也不少,初步形成了乐学、乐思、乐读、乐教、乐写的良好研究氛围,积极引导其他老师学习研究,真正发挥了核心研究小组的作用。2012年 11 月,诸暨市第一次小班化教育实验"每季一校"活动在我校成功举行,活动得到了专家和同行的好评。特别是通过研修团队的建设和活动,促进了完小教育研究氛围的形成,促进了完小教学质量的提高和办学内涵的提升。

（四）关注个体，综合评价

小班化教育研究推动了我校老师课堂教学改革，课堂教学改革是否有效最终需要通过对学生的评价体现出来。以学生单一的学业成绩来评价学生显得有些简单粗暴。我们对过去陈旧的、落后的评价内容、评价方式、评价过程及评价标准进行必要的改革，一改过去的学业考试为学生综合素养评价，主要采用个别评价和小组评价相结合、基础评价和特长评价相结合、学校评价和家庭评价相结合、他人评价和自我评价相结合的评价方式。例如高年级语文，部分评价项目可以是个人单独参加考评，也可以小组合作参加考评；除了基础知识的试卷以外，每个学生还要展示自己在语文方面的特长，有写作特长的学生选择写作，有朗诵特长的学生选择朗诵等等；除了学校老师的评价外，还要求家长对自己的孩子在家里课外阅读、回家作业等涉及语文学习的情况进行客观公正的评价；除了自己对自己的语文学习情况进行评价，还要对别人的语文学习情况进行评价。这样的评价更加全面、客观、公正，既能促进学生的全面发展，又能发挥学生的个性特长，激发学生的学习积极性。

五、整合校内外教育资源，坚持立体育人，形成教育合力

学校教育只是人的教育生态链中的一个重要组成部分，一个人的健康成长，需要学校教育、家庭教育和社会教育的共同配合。为此，我校加强各个学段与各类教育的紧密协作，幼小中教育纵向衔接，学校教育与社会教育的横向互动，校际之间的深度联动，有效整合了校内外的各种教育资源，全方位、立体化、互动式的教育发展格局初步形成。

（一）幼小、小初衔接

对孩子来说，幼儿园升小学、小学升初中不仅是学段的过渡，更是生理和心理的跨越。学幼小、小初平稳过渡是学生健康成长的基础。我校建立幼小、小初衔接工作机制，找准工作着力点，扎实推进幼小、小初衔接教育。幼儿园大班，每学期安排两次时间到小学参观，体验小学一年级的学习生活，听老师讲课，同一年级孩子一起活动。小学的老师也到幼儿园给大班的孩子们上音乐课、美术课，给孩子们讲故事，培养孩子们的学习兴趣，激发求知的欲望。小学升初中对孩子来说是个重要的过渡，心理学家称这一时期为"危机期"。孩子的学习、生理和心理会发生剧烈的变化，

处理不当会对孩子的成长产生不利影响。为此,我们找准衔接点,在教学中增强连贯性,在教学的有效性上下功夫,初中教师在小学六年级就提早介入,在教学内容、教学方法、学习评价等方面做好衔接。小学教师把学生"送上马"再"扶一程",经常到七年级对学生学习习惯与学习能力培养、课外知识拓展、终身学习方法等方面进行指导。特别是小学、初中的心理健康老师也进行必要的对接,让孩子在短时间内对新环境产生熟悉感、知心感和尊重感,用教师的爱心去化解孩子的陌生感和恐惧感。充分利用和有效整合各学段的资源,把"幼小初衔接"工作做细、做实。

(二)加强家校沟通

我校许多学生的父母都外出打工,平常监管孩子的重任落在了爷爷奶奶、外公外婆的身上,这给家校沟通造成了很大的障碍。大部分孩子的爷爷奶奶、外公外婆对孙辈都宠爱有加而惩戒不足,有的还会以"孩子只听老师的话"为借口,将教育的责任完全推给教师。针对这些情况,我们除了常规的家访、家校通联系外,充分利用网络优势,各校均建立班级家长 QQ 群、家长微信群,成立网络家长学校,老师平常都通过微信、QQ 等方式和孩子的父母直接联系,发现孩子的问题,及时和家长们沟通,家长的合理关切也能得到老师的及时答复和处理。家长们还在群里自发探讨家庭教育中碰到的问题,相互帮助,共同提高。中心小学还定期在家长 QQ 群里安排老师为家长们上关于家庭教育的群课,受到家长们的普遍欢迎。便捷的沟通机制为家校之间架起了一座连心桥,让家校沟通更轻松,使家校互动更顺畅,取得了意想不到的效果。

(三)整合社会力量

近年来,我校办学硬件明显改善,办学内涵得到明显提升,但还是存在这样那样的资源不足现象:音乐、美术等小学科师资比较紧张,校舍维修经费不足,硬件设施更新维护经费捉襟见肘等。我们破除等靠要的思想,与社会力量合作,充分发挥社会力量的作用,有效解决部分校点存在的资源薄弱问题。例如,斯民小学原来的音乐老师是位老教师,去年退休了,一时没分配到合适的音乐老师。学校与市内一家培训机构联系,由该培训机构每周四派出一名音乐老师免费到斯民小学给学生上音乐课,解决了斯民小学音乐课的师资问题。上泉小学的校舍原来是一所初中被撤并后留下的,建筑面积较大,许多功能室都闲置。而现在学生少,上级拨下来的维修经费不能满足如此大面积的校舍维修。为此,学校通过镇政府联系到一家校外培训机构与上泉小学合作,这家培训机构对上泉小学的校舍进行维修,对学校的功能室进行重新装修并添置新的设施。学生在校就读期间,这些设施完全归学校教学使用,假期,这些设施提供给培训机构使用,一举两得,互利共赢。

(四)挖掘社区资源

陈鹤琴先生说:"大自然是活教材。"当今社会正在向着多元化的方向发展,学校教育绝不仅仅局限在校园内。日常生活中有着广泛的教育因素、教育资源。我校充分挖掘社区资源,因地制宜,对学校教育起到了不可估量的作用。斯民小学所在的斯宅村社区资源十分丰富,华国公别墅、笔峰书院、千柱屋、小洋房……都有着深厚的文化积淀,是对学生进行乡村文化、耕读传家、孝悌等教育的优质教育资源,学校经常组织学生去参观学习,让学生接受熏陶和感染。中心小学所在的陈蔡村,社区文化搞得有声有色,文化礼堂内活动精彩纷呈,经常组织适合不同年龄段的社区文化活动,学校会经常组织学生到社区文化礼堂参与诗歌朗诵、歌舞表演等,让学生感受浓浓的社区文化氛围。

综上所述,东白湖中心学校通过实施小学"一校制"管理和整合各方面优质教育资源,创新学校管理机制,实现了教育资源的最优化和合理配置;通过加强校园文化建设,凸显了学校的办学特色,提升了办学内涵;通过师资队伍建设和小班化教育实验,创造了新的优质教育资源,提高了办学质量,缩小了校际之间的差距,使我校在实现镇内教育公平的道路上又迈出了坚实的一步。只要我们继续坚持正确的办学理念,坚持质量立校,着眼教育公平,继续创造新的优质教育资源,扩大优质教育资源的辐射面,一定会把我镇的教育质量和均衡发展提高到新的水平。

参考文献

[1] 黄兰兰. 我国农村教育公平问题的探索和思考[D]. 武汉:华中师范大学,2012.

[2] 申华. 教育公平理论视角下的农村初中教育县城化研究[D]延安:延安大学,2012.

[3] 孙娜. 新农村建设中的教育公平现状及对策[J]. 改革与开放,2011(02).

[4] 张露. 农村义务教育公平问题研究[D]. 武汉:华中农业大学,2009.

[5] 刘向锋. 我国农村教育公平问题及对策研究[D]. 济南:山东师范大学,2006.

作者小传:

朱华儿,中共党员,本科学历,中学高级教师,诸暨市第九届教坛新秀,现任东白湖镇中心学校校长。诸暨市科学优质课比武荣获一等奖;主持开发初中校本教材《湿地》荣获绍兴市优秀校本教材评比一等奖;主持开发校本教材《责任——伴我成长》荣获诸暨市优秀校本教材评比一等奖;主持的"构建责任教育德育体系的实践研究"课题荣获诸暨市课题评比一等奖;主持的"初中科学课堂有效问题设计的研究"课题获绍兴市立项;撰写的《浅析 SIS 教育在初中科学教学中的渗透》等多篇论文荣获市(县)一等奖并在各级刊物发表。

教育信条:桃李不言,下自成蹊。

纳八方学子,育现代公民

——东湖中学办学理念和实践

绍兴市越城区东湖中学副校长　徐志康

【摘要】　在实践中我们深刻认识到:教育应当回归本质。教育的过程中,需要规范人、引导人,而教育的目的也正是为了锤炼人、培养人、发展人,不管你有什么理念、采用什么方式、设计什么载体,现代教育不应仅仅关注分数和升学率,而需要回到关注"人"的成长和发展上来。正如联合国教科文组织编撰的《学会生存》指出的那样,教师的任务是"为培养一个人的个性并为他进入现实世界而开辟道路",首都师范大学教育学院朱晓宏教授也曾说:教师应清醒地认识到,他的任务不是培养伟大的科学家、艺术家和政治家,而是着眼于一个拥有健全人格、独立思考力和行动力的中国公民。基于这样的认识,我们提出了"纳八方学子、育现代公民"的育人目标,这是我们东湖中学提升办学品位、提升教育质量的一个关键切入点和重要生长点。

【关键词】　东湖中学;现代公民;育人目标;教育质量

一、我们学校的基本情况

绍兴市越城区东湖中学的前身为东湖通艺学堂,创始于 1899 年,原是清末会稽名士陶竣宣设立的义学。随时代发展和教育布局调整,学校几经撤并,校舍几度搬迁,形成了现在的发展格局。现校址(本部)地处著名的"天下第一水石盆景"东湖风景区和越中胜景吼山风景区之间,极目南边,巍峨的会稽山肃然静立,古代治水英雄大禹的塑像依稀可见,是理想的求学胜地、成长乐园。

我校是越城区唯一一所九年一贯制学校,由本部和城东部两个校区组成,总占地面积 53946 平方米,总建筑面积 20833 平方米,有 50 多个教学班,2000 余名学生,150 余名在编教师,其中中学高级教师 40 余人,省市区名优教师、骨干教师 50 余人;学校分别获得浙江体育特色学校、绍兴市体育传统学校、绍兴市文明单位、绍兴市示范学校、绍兴市特色学校、绍兴市绿色学校、绍兴市平安学校、越城区特色学校等省市区荣誉称号,是中央文明办授予的首批乡村少年宫指定学校。

二、我们的办学理念和目标

在实践中我们深刻认识到:教育应当回归本质。教育的过程中,需要规范人、引导人,而教育的目的也正是为了锤炼人、培养人、发展人,不管你有什么理念、采用什么方式、设计什么载体,现代教育不应仅仅关注分数和升学率,而需要回到关注"人"的成长和发展上来。正如联合国教科文组织编撰的《学会生存》指出的那样,教师的任务是"为培养一个人的个性并为他进入现实世界而开辟道路",首都师范大学教育学院朱晓宏教授也曾说:教师应清醒地认识到,他的任务不是培养伟大的科学家、艺术家和政治家,而是着眼于一个拥有健全人格、独立思考力和行动力的中国公民。基于这样的认识,我们提出了"纳八方学子、育现代公民"的育人目标,这是我们东湖中学提升办学品位、提升教育质量的一个关键切入点和重要生长点。

我们的办学理念是:创造适合学生的教育,搭建发展教师的平台。以课程、德育、课堂为支撑,从理念走向实践,课程建设的视角是提供多样性、增加选择性;德育活动的视角是丰富实践性、增加体验性;课堂教学的视角是体现主体性、增加自主性。

我们的育人目标是:纳八方学子、育现代公民。以海纳百川的胸怀主动接纳来自祖国各地的莘莘学子,以道德立人、能力成人为关键,培养具有核心素养、公民意识、良好习惯的现代公民。

我们的使命是:创造适合学生发展的教育。东中学生应当志存高远、诚信笃志、言行规范、思想活跃、身体健康,具有积极向上的学生形象;东中教师应当师德高尚、业务精湛,热爱教育、热爱学生、热爱岗位,勤于学习、敢于担当,具有正确的世界观、人生观、价值观,树立并具备现代的教育观、人才观、质量观和健康观。

我们的目标是:建设越城教育的特色学校。在一定区域范围内有影响力的优质学校,以对学生一生发展负责的精神,努力办学生喜欢、家长满意、社会放心、对社会有贡献的学校,让东湖老百姓子女在家门口享受优质的教育资源。

我们的期望是：不断丰富校园文化生活、持续提升全面教育质量、逐步扩大学校办学影响力和辐射力，把学校打造成师生幸福生活的精神家园。

三、我们的实践和做法

(一)彰显细微，打造无缝

我们绍兴市越城区东湖中学作为越城区唯一一所九年一贯制学校，学校积极探索行之有效的"一校二区、九年一贯"管理方法，中学部、小学部、城东部实施"分部负责、相对独立、相互依存、共同发展、资源共享、信息共享、成果共享"的管理策略。在探索中小学衔接工作方面有着得天独厚的优势和条件，近十年来，我校一直在探索中小学段教育教学整体设计与无缝衔接的实践和研究，在中小学衔接方面做了一些有益的尝试，也取得了点滴的成效。

1. 在学校管理上，打造"统一"教育教学理念

(1)充分利用"九年一贯制"的体制优势。从历史来看，小学教育和初中教育是两个独立的学段，两者之间存在较大差别。初中与小学在办学理念、办学目标、办学特色上有诸多差异，往往是不同的中小学在衔接时轰轰烈烈的素质教育得不到延续，换来的是初中老师对学生学业差的评价。我校坚持"人文立校，和谐育人"的办学思路，把"学会学习、学会生活、学会做人、学会创造"作为新时期办学理念。中小学生在同一所学校可以受到统一目标要求下的连续教育，一方面使小学阶段开展的素质教育成果得到延续和发展，另一方面也顺利地完成普及九年义务教育的学习任务。比如，学校开发的学生硬笔书法的校本教材，从小学渗透到初中，让每一个学生写好一手字，写字立人，成为东湖学子走出校门引以为豪的资本。

(2)加强中小学教学常规管理的研究与摸索。一是认真总结各个时期教学工作中的经验和教训，在落实上抓出效益来。每月学校都安排教育教学例会，总结上个月各个部门开展的活动情况及布置下个月即将开展的工作，使教师对学校的各项工作都有所了解。特别是学校每月的教学工作总结，安排中小学教师同时参加，就是让中小学教师经常了解彼此

的工作内容和工作特点,以便在工作中能更好地沟通和合作。二是把教学的要求落实到每一件工作上,落实到每一个教师、学生的行动上。学校对制定的每一项教学工作任务,都要做到层层把关,环环相扣,一抓到底,务求实效。三是加强教学常规管理。切实做到面向全体学生,促进共同提高,着重解决学生的学习兴趣、学习情感、学习方法和学习习惯问题,要求每位老师及时撰写教学反思、随笔等,并择优装订成册,印发共享,为做好中小学衔接工作打下坚实的基础。

2. 在教师教育教学方面,实现两个衔接

(1)加强中小学教师在教学思想和教学方法上的衔接。在长达 12 年的办学过程中,我校一直积极开展有关中小学教学衔接的课题研究,例如在 2007 年开展了称之为"绿色衔接"的中小衔接活动。学校成立了由中小学教师组成的课题组,制订了课题计划,提出了目标,主要是六、七年级的衔接和语文、数学、科学、英语、体育学科的衔接研究。学校开展的衔接活动,主要涉及师资流动,相关教研组整合和学科交流,着重寻找中小学教学的衔接点,探索有效的衔接方式。

(2)利用行政力量,加强班主任师资队伍的衔接。小学与中学在学生管理上也存在着诸多不同,如何让学生在不同学段的学习过程中,在班级管理上实现绿色衔接,班主任队伍建设举足轻重,至关重要。建校 12 年,学校每学年举行一次中小学班主任论坛。班主任现场工作交流,加强了不同学部班主任之间的合作。近年来,我们加大对于班级文化建设的力度,要求从小学到中学的各个班级都要形成各自的班级特色,制定自己的班训,并通过中小学班级文化特色的展示和评比,组织中小学教师之间走进对方的班级中,寻找各自在班级管理上出现的不足之处,共同改进班级面貌,进而提升整个学校的品位。

为了加强中小学不同学部的衔接,学校还从多方面力求平衡点:统一作息时间,统一大课间活动,共同举办体艺节,举行"共同体"的教育教学研讨活动,以便真正实现顺利的中小衔接。

3. 在学生学习方面,实行三个衔接

(1)学习心理的衔接。小学生的学习动机一般是比较直接的、近期的、表象的和口头的;而初中学生的学习动机则逐渐向间接的、远期的方向转化,要求在表达和应用上下功夫,同时他们的求知欲、兴趣不断增强,并且日益趋向持续而稳定,逐步形成对学习的负责态度。因此,学校积极开展这一过渡时期学生的学习动机教育,引导学生逐步树立远大的理想,并决心为此而努力读书。学校开展了五、六年级学生的心理健康教育,帮助学生了解青春期的一些知识,同时也针对七年级学生的学习生活邀请了专家到校给学生进行了关于如何提高学习效率的讲座。

(2)学习习惯的衔接。小学重在做好良好习惯的初步养成,如做好课前准备、按时完成作业、书写的习惯、朗读的习惯等;初中,则要求学生将学习习惯内化,成为一种自觉的行为,形成个性化的趋势。初一起始阶段继续抓好学生学习习惯的培养,引导学生逐步形成稳定、良好的学习习惯;同时围绕学习目标,吸取他人的学习方法,并结合自身特点,形成适合自己的最佳学习方法。开学初由政教主任和教导主任在不同时间段对七年级学生进行专项教育,效果良好。

(3)学习能力的衔接。我们学校处于城乡接合部,生源主要是农村孩子和外地民工子女,学生自学的能力普遍很弱。对于我们学校来说,搞好中小学教学的衔接,培养学生的自学能力,特别是对小学高段学生的自学能力的培养,对学校的整体管理和教学质量的提高具有重要的意义。为此学校开展了"中小衔接学生自学能力的培养与探究"的规划课题的研究。小学高段学生朗读能力的培养等课题均有序开展,写字能力校本教材的研发、实施、考核等等,都有利于实现中小学的无缝衔接,提升我校的教学质量。

(二)共筑梦想,讲堂润德

根据绍兴市文明办和绍兴市教育局联合下发的《绍兴市"学校道德讲堂"实施方案》的通知精神,我校结合实际,以践行社会主义核心价值观为目标,以现代公民培养为着眼点和落脚点,围绕"传递正能量 文明在东湖"这一主线,制订《东湖中学"学校道德讲堂"实施方案》,汇编《"学校道德讲堂"讲案》,积极开展了"帮助别人快乐自己""勿忘抗日先烈 共圆中国梦想"等道德讲堂示范观摩课,并且学校还尝试如何将学校道德讲堂与少先队活动有机结合,着力提升师生文明素养。

1."五有"促规范

(1)固定一个标准的道德讲堂场所。开辟专用教室,设立东湖中学

"学校道德讲堂"会标,建立一个固定专门的"学校道德讲堂"场所。学校在道德讲堂建设过程中,本着经济、实用、庄重的原则,结合"自强不息厚德载物"的办学理念,突出文化氛围的营造。讲堂设计理念以中式风格为主,以绍兴东湖的风光为背景,以"做一个有道德的人"为主题,将《道德经》等中国传统文化融合其中,特点是将现代元素和传统元素进行有机结合,用以营造清幽雅致的讲堂氛围。

(2)营造一种浓厚的道德建设氛围。学校结合"乡村少年宫"建设,开设"经典诵读"社团,编印以道德国学为主题思想的写字教学校本教材,开辟"二十四孝"棚、道德景观长廊、道德走廊文化走廊、道德文明示范生展示区等,让校园洋溢浓浓的道德教育氛围。

(3)形成一册规范的道德讲案汇编。在道德讲堂的四项核心内容中精选"公忠、仁爱、信诚、礼让、孝慈、勤俭、廉耻、勇敢、刚直、感恩"等十个方面的条目,梳理成道德讲堂内容纲目。每月一主题,根据纲目的内容设计讲案,最终形成一本道德讲堂的讲案汇编,为各校区、班级开展道德讲堂提供模板和范例,从而让"学校道德讲堂"活动顺利地推进。

(4)建立一支清正的道德宣讲队伍。学校聘请一批身边的道德践行的先进人物,作为学校的校外道德宣讲员,同时聘请校内的政教主任、大队辅导员及各班主任老师或者是学校的小干部、优秀学生代表作为校内固定的道德宣讲员,并让有讲述愿望的人员不断充实宣讲队伍,营造一种神圣清正、融洽热烈的环境氛围,最终实现全员德育的目标。

(5)开展一系列富有特色的道德教育活动。为突出"学校道德讲堂"的实践性和实效性,学校结合"日行一善"的活动目标和内容,开展以"传递正能量 文明在东湖"为主题的道德实践活动。利用学校、家庭、社会三个维度,通过颁"道德能量传递卡",记"道德能量微善举",争"道德能量特色章",做"道德能量小使者"等一系列活动,结合东湖镇教育共同体活动,定期开展"道德讲堂"观摩、班主任论坛等活动,打造具有东湖中学特色的道德教育品牌。

2."整合"促推进

(1)道德讲堂与少先队课程相整合。我校根据《绍兴市越城区中小学少先队活动课程实施计划》(越教〔2013〕115号)的精神,尝试着将少先队活动课程与学校道德讲堂相结合。例如《课程实施计划》中,五年级上册

10 月份安排的主题是"祖国发展我成长""红领巾相约中国梦"。

(2)道德讲堂与德育活动相整合。绍兴市精神文明办要求学校道德讲堂每月开展一次,越城区文教局要求少先队活动课每周开展一次,假期又要求学生适时参与各项社区实践教育活动。那么,如何将学校道德讲堂与少先队活动有效结合,让少先队组织更有效地发挥作用呢?我们尝试着并开展了"传递正能量 文明在东湖"的主题教育活动,将各项活动的素材运用到我们的道德讲堂中。例如,2014 学年第一期学校道德讲堂示范观摩课"仁爱篇——帮助别人快乐自己"中,我们将在学校、社区,开展环境保护、尊老爱幼、乐于助人等主题活动的照片制作成视频,并结合在道德讲堂的第五个环节"谈一番感受"中,受到了与会人员的一致好评。又如,在东湖镇教育共同体活动中,五(2)班开展的道德讲堂观摩课"勿忘抗日先烈 共圆中国梦想",我们就将 9 月 9 日在皋埠镇后堡抗日纪念堂活动的照片、视频,结合在道德讲堂的第四个环节"讲一个故事"中,也取得了不错的效果。

(3)道德讲堂与社会实践相整合。学校道德讲堂的场地是固定的,但教育孩子的契机却无处不在。为此,我们结合区关工委、老团干联谊会、"五老"教育团等定期开展教育活动。例如,后堡抗日纪念堂的主题教育活动,就是讲堂阵地的一种延伸,讲堂形式的一种变革。

3.**"科研"促提升**

(1)日常研究。结合每一阶段的学校道德讲堂观摩,开展评课、议课、讲案评比、优秀课件评比等活动,以此加强班主任之间的工作交流,解决讲堂困惑,开拓讲堂新思路,创新讲堂新模式。

(2)课题引领。学校根据纲目的内容制订《东湖中学道德讲堂工作行事历》,汇编《道德讲堂优秀讲案》,进行规划课题研究。

(三)习字立人,字端人正

写好一手漂亮的字,是中小学教育的一个重要目标,也是每一个学生的内心诉求,练字也是练人。我们学校自 2009 年起开始实施写字达标验收活动,面向全体,兼具普及性与培优性。在"提笔就是练字时"的目标统领下,将学科知识积累与书写技法掌握合二为一,在不加重课业负担的前提下高效整合,成为我校的一道特色风景!

1.我们的具体做法和措施

(1)达标验收,分层推进。学校层面,设每学期进行一次达标验收活动,一学年即两次。每次活动分"启动准备、现场验收、达标评优"三个环节。根据年级不同,又分为铅笔正楷(一、二年级)、钢笔正楷(三—六年级)、钢笔行楷(七—九年级)三个层次。每个层次都设三星、四星和五星三个达标成绩(一、二星落实到班级层面)。以"钢笔正楷(三—六年级)"为例,每次"三星"达标通过率为40%,"四星"通过率为30%,"五星"的通过率为20%。达标通过的学生颁发学校统一定制的证书。获得证书的学生有资格申请更高层次的达标验收。

(2)讲练结合,注重示范。班级层面,设每周二、周四中午40分钟的写字校本课程时间。授课教师以语文教师为主。在这一堂课里,老师会根据写字校本教材,一周教授三个技法。在课堂时间的分配上,突出学生的练习,教师的讲解示范时间要控制在15分钟以内,留出时间让学生练习。教师利用多媒体示范书写,形象直观。在精讲多练的基础上,我校又结合"厚德育人,自强有为"的校园文化建设,在拓展延伸训练中渗透相关德育内容,再加以教师的讲解,使学生既练字,也立德。

(3)社团模式,培优提次。社团层面,设每周一次和寒暑假的集中活动时间。硬笔书写社团活动主要服务两端的学生,即写字水平特别优秀和特别差的学生。以每周一次的社团活动为例:时间安排在下午的课程结束后,学员都是从各班筛选出来的。书写水平较高的分设几个社团,书写水平较差的也分设几个社团,这样培优提次的做法,较好地保障了我校学生书写整体水平的提高。

2.我们取得的一些成效

(1)形成了一种氛围。经过8年多的实践,我校学生的习字、写字蔚然成风。学校、班级利用长廊、宣传窗、校刊和指定展示区,展示学生的作品。无论你何时走进校园,总能看到班班有学生在专心练字;时常有学生在展示区,驻足品评。作业时,多了句"你的字真漂亮"的夸赞;课堂上,常能听到"提笔就是练字时"的激励与提醒;期末的问候,多了一句"你考出几星了"——一种良好的氛围悄然盛行!

(2)形成了一套制度。任何活动的开展都是制度先行,我校的写字达标验收亦如此。一方面,我们利用网络和杂志,广泛学习、参考现有的好的做法;另一方面,根据学校实际,因地制宜地拟定一套完整的《写字达标验收标准》。截至目前,《考核活动细则》《书写达标标准》《社团活动制度》一一在列,并将逐步完善。

(3)形成了一套教材。我们学校这几年下来已经编制了一套分为低、中、高三个不同年级层次的写字校本教材,教材内容丰富,有"铅笔正楷""钢笔正楷""钢笔行楷""毛笔楷书"和"毛笔行楷"等多种。纳入教材的例字多为学生需掌握的生字和语文课本中的古诗词、课文等。以"铅笔正楷"阶段为例:我们动员一、二年级的语文老师将该学段的生字表进行科学整理,按书写技法归类编辑。这样,不仅没有加重学生的负担,而且使学生既练字,又识字。

(4)形成了一批新星。写字达标验收活动面向全体,但我们也鼓励冒尖。我们欣喜地看到,有一大批学生在基本达标的基础上,再接再厉,向三星、四星、五星的标准前进。现在我们班班有写字明星。这些本土明星虽然在外影响不大,可在班级中却是粉丝遍布。学校也会在期末结业典礼上隆重推出一批又一批的"新星",给他们颁发证书,为他们制作展板,他们是新星,是腕儿!我校的达标验收活动,原以为仅仅是个活动,可它逐步成长为课题、课程;活动的初衷只是想提高全体学生的写字水平,不是培养书法家,可现在,正有一些学生在课外练习毛笔书法,正向小书法家迈进;达标验收的受益对象原本是学生,可现在,一些教师也逐渐对写字感兴趣了,还研究写字教学的方法,撰写的论文也获奖了——一股正能量势不可挡!

(四)体艺兼修,社团启智

课程是学校最为重要的产品之一,也是学校的核心竞争力,是实现育人目标的有效载体,必须立足实际、着眼未来、认真对待。我们在落实基础课程的同时,积极开发拓展性课程。学校结合乡村少年宫的课程设置,积极探索长短课、大小课、跨年级等课时安排方式,实施灵活性课表,满足学生个性发展的需要,逐步形成学校特色课程体系。

我们东湖中学乡村少年宫是越城区唯一一所全国级的试点单位,是一所旨在面向全体学生,传播精神文明、丰富文化生活、提高学生素质、推进文明建设的机构。自2011年开办以来,已经形成了以硬笔书法、拉丁舞、体育等为特色,包括声乐、铜管乐等共计 12 个社团,几年来,在社会各界的关心支持下,扎扎实实地开展相关的培训辅导工作,我们也摸索出了一些经验做法:

1.立足生源实际,保障活动实效

为了使更多的孩子参与到少年宫组织的活动中来,我们在倾向吸收家庭无法提供培训机会的学生同时,根据我校学生大部分来自外地和跟学校居住较近的实际情况,我们开辟了各种课程努力拓展少年宫活动时间和空间。时间上通过上课期间搞好常规活动项目(如每周课外活动时间开展的音乐、书法、绘画、朗诵、舞蹈等各种学习培训活动)、周末及节假日全面开放场地和设备的方式,保障少年儿童学习活动时间。空间上通过专用场地和兼用场地开展活动。特别是暑假期间,学校特地开辟出乡村少年宫的专用活动场所,创设氛围,做到一室多用、一地多用。同时充分利用可用空间(墙壁、长廊、橱窗),作为少年宫活动、作品的展示阵地,处处体现少年宫新面貌,努力打造我校"乡村少年宫"成为全校青少年的教育基地。

2.立足师资现实,提升学生能力

扎实抓好了师资队伍建设、课堂教学及少年宫活动质量,让少年儿童及在校学生学得满意、玩得开心、活得充实,让少儿的家长放心。我们在校内校外广泛选聘德才兼备的专兼职辅导员 10 余名,负责音乐、体育、书法、舞蹈、铜管乐、声乐、经典诵读等方面。做到了每个学科、项目活动都有一名教师或辅导员全面负责、督促、指导,使得少年宫活动逐步趋于规范化、学科化,努力实现活动过程最优化、有效化。同时,我们专门聘请了社会上具有一定知名度的校外培训教师任客座教授,如绍兴市黑带精英跆拳道馆的创始人赵新象教练,绍兴市舞之韵舞蹈工作室主任、国家一级教师林云月老师等人为我校的相关社团的校外辅导员。在暑假时期,我们还邀请返乡的大学生任志愿者来我校社团任教。

3.立足校内培训,拓展辐射空间

学校教育的最终目标是向社会输送有用之才,让学生在享受社会各界的关爱的同时懂得回报社会。我校自觉地把乡村少年宫建设同学校的精神文明创建活动紧密结合起来,努力创建整洁、文明、美观、舒适的育人环境。积极参加社区实践活动和社区的一些文娱活动,在回报社会的同时展示了社团的精神风貌。如积极参加东湖镇的农民运动会开幕式演出、皋埠镇青少年文艺展示活动、越城区排舞大赛等,通过这样的方式,学校将社团活动推向社会,让学生在回报社会的同时享受成就感。

一分耕耘,一分收获。我校"乡村少年宫",在提高教育教学质量、提高少儿综合素质等方面,取得了明显的成绩。在近几年的区属中小学生田径运动会中连续多年取得了团体第一名的好成绩,我们这几年也为高一级学校输送了一大批体育尖子人才,我校也成为名副其实的体育特色学校。这些运动员中基本都是乡村少年宫的社团学员。在连续两年的绍兴市体育舞蹈大赛中,我校的拉丁舞社团学员共有13人次分获金、银、铜牌。我们基本上每年的元旦都要举办全镇的教育共同体师生才艺展示暨乡村少年宫成果汇报演出。

四、我们的思考和展望

这几年来,我们校级领导班子一直以"创造适合学生的教育,搭建发展教师的平台"为理念,以"纳八方学子、育现代公民"为目标,努力把东湖中学建设成为一所越城教育的特色学校,在一定区域范围内有影响力的优质学校,以对学生一生发展负责的精神,努力办学生喜欢、家长满意、社会放心、对社会有贡献的学校,让东湖老百姓子女在家门口享受优质的教育资源。

路漫漫其修远兮,吾将上下而求索!我们知道自己离这个目标还很远,也有很长的路要走。但是我们一定会在"创造适合学生的教育,搭建发展教师的平台"理念的指引下,朝着"纳八方学子、育现代公民"目标奋进!

作者小传:

徐志康,男,浙江上虞人,1976 年 8 月出生,中共党员,中学高级教师。1998 届生物科学专业(师范)毕业生,2002—2005 年文理学院化学本科函授;浙江绍兴越城区东湖镇中学工作,任副校长,任教科学。1998 年 8 月毕业后分配到上虞岭南中学任教;2002 年 8 月调入绍兴市越城区鉴湖镇中学任教;2005 年 9 月任鉴湖镇中学校长办公室副主任;2006 年 9 月起任鉴湖镇中学校长办公室主任;2009 年 8 月调到东湖镇中学任校长助理;2010 年 8 月起任东湖镇中学副校长;现主持东湖镇中学城东部日常工作,分管学校教学工作。1999 年获得上虞市丰惠学区优质课一等奖、上虞市优质课比赛二等奖;2003 年 9 月被评为越城区优秀青年教师;2004—2005 年参加浙江省农村中学科学骨干教师培训;2007 年获得越城区第二届名师称号;2008 年 11 月—2009 年 1 月在浙江师范大学参加省级"领雁工程"科学学科培训,获得省级"优秀学员"称号;2009 年 5 月获得越城区第二届"教坛新秀"称号。

教育信条:

我们坚信,每一个梦想都值得浇灌;

我们坚信,每一个孩子都是一个奇迹;

我们坚信,卓越是生命的标杆和生活的态度;

我们坚信,教育就是为孩子们的卓越发展服务的;

我们坚信,每一个孩子都可以找到自己的卓越领域;

我们坚信,为孩子们提供多样的学习图景的地方叫学校。

千锤百炼始成钢,精雕细琢终成器

——应店街镇中"县管校聘"改革试点工作的实践与思考①

诸暨市应店街镇中心学校校长　朱国义

【摘要】 为扭转办学规模锐减、优质生源流失等不良发展势头,应店街镇中心学校借助"县管校聘"试点工作契机,开展了一系列探索性的改革,"激活"或者说"激动"了所有的人,触发了教职工的危机意识,取得了较好的办学成绩。其中,学校推行的"教职工考核评价办法""教师师德考核办法""中层干部竞聘实施方案",操作性强,具有应用与推广价值。

【关键词】 人事改革;县管校聘;双轨并行;应店街镇中心学校

一、学校基本情况介绍

浙江省诸暨市应店街镇中始建于 1956 年,建校初期称聚善民中,历经多次易址易名,1996 年易地新建。学校坐落在应店街集镇西侧,紧靠 03 省道,交通便捷。学校环金家山而建,周边安全宁静。校内建筑布局合理,教学、运动、生活区明确。学校占地面积 93300 余平方米,建筑面积 28000 余平方米,绿化面积 45000 余平方米。校园内风景秀丽,绿草如茵,绿树成林,四季花开。学校按 42 个教学班设计,在校学生最多时达 2200 人左右,在编教师 120 人,成为当时全省规模最大的农村初中之一。

学校传承"聚善成德、慎初达才"的办学宗旨,以"执着、和谐、向上"为校训,以"实基础、促发展,严管理、创特色"为管理理念,以"面向全体学生,面向教育现代化,培养具有全面素质的接班人和建设者"为办学目标,坚定不移地走"质量立校、特色兴校、管理强校"之路,全面贯彻教育方针,积极推进素质教育。学校现为全国劳动技术教育先进学校、浙江省 I 类标准化学校、浙江省农村示范初中、浙江省绿色学校、浙江省义务教育教材

---

① 本文附录了四个学校文件,这些文件凝聚了朱国义校长大量心血;同时,从经验交流的角度而言,这些文件同样体现了一位校长的办学理论与实践,甚至更是广大兄弟学校马上用得着的办学理论与实践,故而将这些文件纳入进来。——主编注

试验先进学校、浙江省课程教材试验先进学校、绍兴市文明学校、绍兴市绿色学校、绍兴市校本教研示范学校、绍兴市体育传统项目学校、绍兴市治安安全先进单位、绍兴市优秀青少年维权岗、诸暨市办学水平一级学校、诸暨市青少年科技教育示范学校、诸暨市校园经济示范基地、诸暨市教育工作先进集体、诸暨市师德教育先进集体、诸暨市示范家长学校、诸暨市优秀青少年法制学校、诸暨市业余训练先进集体……

二、实施背景:巧借东风,吹活一池春水

近些年来,因多种原因影响,学校办学规模锐减,优质生源流失严重,办学质量出现滑坡,如何破解难题,找到突破口,扭转不良局面,重拾信心,引领师生走上办学复兴之路成为当务之急。

1.随着农村初中学生入学人数减少和流失以及班级设置数的减少,初中教师出现大量剩余,教师编制数宽松导致教师间工作量不平衡,教师的积极性受到影响。镇域内中小学师资结构配比出现失衡,一边是初中严重超编,一边是小学师资严重缺编。

2.支教方式消化初中师资的弊端日益呈现,如轮到支教的教师往往是年轻骨干教师,初中教学质量就难以保证了;支教的教师是一年一轮换,不利于初中教学的稳定性,也不利于小学教学的稳定性;而大量初中教师剩余的情况下,支教方式更不利于初中教学的稳定性;初中不用支教的"老"教师多了后,工作氛围和工作责任心也大打折扣,出现教学质量下滑、人浮于事的状况。

3.因教学方式、教学理念等的差异,或碍于面子,初中教师不愿调到小学任教。

4.实施绩效工资以来,缺少调动教师积极性的有效行政推动手段,教师队伍出现一系列行风问题,如:心浮气躁,不够静心去钻研教材,钻研学生,钻研教法和学法;以家庭琐事和个人利益为中心,对自己的业务能力和专业成长动力不足,对教学改革和创新不感兴趣,得过且过;工作上拈轻怕重,班主任不想当,班不想值,主人翁意识淡薄,对学校发展漠不关心;人浮于事,完成任务式的备课、上课、改作,不细腻,走过场,混日子,学科教学质量较差。面对问题,各级学校行政鲜有决心和措施治理,因而积弊益深。

细细想来,以上出现的一切问题的根源在于人,需要进行人事调整,需要进行思想转变。而要调整人事,必会触动一部分人的利益,必会引发新一轮的矛盾,激化新的对立,甚至引发不安定因素。但不动又不行,此时,最需要的是能请到"尚方宝剑",此时最好能借来东风。"县管校聘"试点工作的开展对于解决学校人事及转变人的思想来说无疑是最好的东风。"县管校聘"试点工作的推进"激活"或"激动"了所有的人,触发了教职工的危机意识。

三、实施过程:量化考核促进自主选择

科学合理的实施方案,规范有序的操作过程,公开透明的办事原则,以人为本的人性关怀,是确保"县管校聘"试点工作顺利开展的基本条件。因此我们遵循这样的程序逐步推进:

1.成立"县管校聘"工作领导小组及人事争议仲裁委员会。

2.拟订《应店街镇教师"县管校聘"改革工作实施方案》讨论稿。

3.全面思想动员,组织全镇教师学习讨论稿,广泛征求反馈意见,三下三上确立正式方案。

4.核定教学工作岗位及要求。

5.出台配套方案,推出镇中中层干部岗位,制订竞聘方案,面向全镇教师聘用镇中中层干部(配套中层干部竞聘办法展开)。

6.成立以领导组成员和镇中中层干部组成的学科考评小组。

7.教师个人书面申请。

8.组织考评。学科教师考评小组依据《竞聘考核细则》和竞聘教师提交的相关证明材料,对参加竞聘的教师进行打分,分学科实行量化考核,从高分至低分排出顺序。

9.开展竞聘。

10.结果公示(教师本人考评结果及其他教师考评情况均可查阅)。

11.组织调剂。对已竞聘上岗人员,根据实际工作需要综合协调,统筹安排,确定或调整其具体工作岗位,对落聘人员在镇域内组织调剂。

诸暨市教育局于5月底召开试点工作动员大会,明确了相关要求。我校积极响应,也召开相关动员大会,认真分析了工作实行的原因,初步明确了实施的大体程序及操作过程,号召广大教师积极参与方案的讨论、

制订。动员大会后,当即开展摸底和个别访谈,了解一线教师心声及想法,同时根据教育局相关要求设置岗位编制及岗位要求。分学科组召开讨论会,与老师们一起制定《2017年应店街镇教职工考核评价法》,考评办法几上几下,力求公开公正公平,后经中心学校党政联席会议通过。考评办法通过后,一切活动和程序遵照考评办法分步实施和操作。与此同时,教师的意愿摸底与思想工作同步进行。初中老师普遍不愿分流到小学去,对小学的工作充满未知和疑虑。也有一些老教师习惯了初中的工作和生活,不愿再换新环境,不愿再重新适应新生活,因此对"县管校聘"推行充满反感。如果根据考评量化,再来个排名高低,分数低的落聘,戴一个"最差"落聘的帽子去小学更不乐意。其实老师是很要面子的一群人。因此,最理想的是做足做好思想工作,排除疑虑,让教师自己主动提出去小学任教,这样才能皆大欢喜。

四、成效预判:危机意识倒逼教师成长

1. 只要依据制度和政策,坚持公开公平公正,加上行政推动,"县管校聘"工作是可行的。

2. 建立长效"县管校聘"工作机制,可以彻底解决镇域内各校师资结构不合理的状况,实现现有师资的合理配置,并保证了师资的稳定性,引导教师告别浮躁,定下心来,平心静气对待学生和教学工作。

3. 可以彻底打破原来一潭死水的局面,引导教师争优创先,务实进取,关注教学质量和学校公益,有利于扭转绩效工资实施以来教师工作积极性滑坡的局面,提升家长、社会对教育的满意度。

4. 打破镇域内中小学师资的界限,竞聘的形式落实岗位,釜底抽薪式地引进了竞争和流动机制,给学校发展打了一剂"强心针",增加了教师的危机意识,提高了教师的工作积极性,迫使教师提高师德,改进教风,关注业务,引导教师专业成长。

5. 可以提高校长的人事自主权,强化教师的服从意识和服务意识,有利于提高学校行政执行力,改变目前的干群关系生态现状,提振校风和教风。

在进行逐个与教师谈心交流,沟通了解,分析利弊,消除疑虑,取得信任等思想工作的同时,又适时出台集体讨论通过的《量化考评办法》使老师心中有底,这样双轨并行的工作,使教师们心里敞亮明白,我校在核定的需交流的任务数内,教师们最终都主动选择去小学任教,体现了老师的大局意识和风度,使我校在"县管校聘"整个试点工作推进过程中始终保持一团和气,并在全市重点乡镇中率先圆满完成任务。

五、问题思考:反思,只为更好地完善

1. 农村小规模初中因班数少,美术、音乐、综合、信息、心理等非考试学科教师因课时不足,很难配足专职教师,因而对推行素质教育和推进学校特色工作会产生一定的影响。

2. "县管校聘"工作应以学年为单位持续推进,才能真正发挥此项工作的现实意义。第二学年是全部岗位全部重新聘用,还是以学科为单位按一定比例推出部分岗位竞争上岗,哪个方式和效果更好,值得我们思考。有一种设想,从 2018 年开始,教师考评的加分项目是否可以不再是前三学年,而是前一学年,这样更能够引导教师在聘用的一学年中关注质量和业务,完善自我,争取更多的加分,而不是吃老本。

3. "县管校聘"工作只局限于教师工作岗位的竞聘,不涉及职称岗位的评聘,因此,如何真正把教师的贡献与本人的收入相联系,还需要制度的进一步明确和规范。原初中教师落聘后到小学任教,其职称的评定和教师的专业发展培训,如何来界定和规范,也需有明确的政策或细则供参照,才能具体操作。

4. 对于主动到小学任教的老师,一定要有持续的关注。对于交流的老师,只是换了一个工作岗位和环境,在我们的持续关注下,交流到小学的老师都有了一个比较满意的工作岗位和环境,有几个甚至走上了完小的管理岗位,实现了更大的自我价值和担当,大家普遍表示满意。

经历过新的阵痛和蜕变,应店街镇中,这所位于诸暨西部巍巍群山怀抱中的初级中学,正以自己的崭新的姿态,坚定自信地走向未来……

附件 1:《2017 年应店街镇教师"县管校聘"改革试点工作实施方案》
附件 2:《2017 年应店街镇教职工考核评价办法》
附件 3:《应店街镇中心学校师德考核办法》
附件 4:《2017 年应店街镇中中层干部竞聘实施方案》

附件 1：

应店街镇教师"县管校聘"改革试点工作实施方案

(2017 学年·试行稿)

为顺利推进我镇教师"县管校聘"改革试点工作,根据诸暨市教育局、诸暨市机构编制委员会办公室、诸暨市财政局、诸暨市人力资源和社会保障局《关于推进中小学教师"县管校聘"管理改革试点工作的实施意见》要求,结合我镇工作实际,特制订如下实施方案。

一、总体目标

按照"公开、公平、公正"原则,规范、有序推行我镇"县管校聘"人事制度改革试点工作,为教师合理流动打通路径,促进师资均衡配置,办人民满意教育。

二、试点范围及时间

1.试点范围:应店街镇中。

2.试行时间:2017 学年(2017 年 6 月起)。

三、试点工作内容

(一)成立机构

中心学校成立竞聘工作领导小组、人事争议仲裁小组、教职工考核评价小组。

竞聘工作领导小组由中心学校校长任组长,中心学校副校长和相应科室主任为组员,全面负责竞聘工作的组织实施。领导小组下设办公室,工会主席任办公室主任。

人事争议仲裁小组由中心学校副校长任组长,工会主席任副组长,科室主任为组员,负责教职工意见的收集和反映,对竞聘过程中出现的矛盾和纠纷进行调解。

教职工考核评价小组,初中组由初中校长担任组长,小学组由小学校长担任组长,组员由现任的初中、小学中层干部及业务骨干组成,依据考评细则对竞聘教师进行考评打分,考评结果报竞聘工作领导小组审核后按高到低进行公示。

(二)制订方案

竞聘工作领导小组在市教育局核定的编制数和岗位结构比例范围内,制订本校岗位设置方案,明确每一岗位的职责任务、工作标准、任职条件、岗位工作量等事项;制订竞聘上岗实施方案和教职工考核评价办法。在广泛征求教职工意见建议的基础上,经中心学校党政联席会议讨论决定,并报市教育局审核同意后公布实施。

(三)组织竞聘

1. 个人申请

中心学校内所有在编在岗人员可按竞聘条件,分别向学校提交直接聘任申请、校内竞聘申请和跨校竞聘申请,填写《诸暨市教职工工作岗位竞聘申请表》,提交相关证明材料。规定时间内无特殊原因不提交个人申请的,视作自动放弃竞聘资格。竞聘工作领导小组负责审查竞聘人资格。

提交跨校竞聘申请的教职工须符合市教育局关于双向选择型交流的规定,经市教育局审核并落实交流去向、办理调动手续后,到调入学校参加岗位竞聘。

超编学科教师可以直接提出申请小学教师岗位,经竞聘工作领导小组审核同意后报中心学校统一调配,不再参与竞聘。

2. 工作考评

当应聘教师数超出该岗位聘任数时,教职工考核评价小组根据《教职工考核评价办法》对该岗位的所有应聘教师进行工作考评,考评结果经竞聘工作领导小组审核后公示,并作为开展竞聘工作的重要依据。

3. 开展竞聘

(1)直接聘任。直接聘任对象指三年内即将退休(2020年6月30日前退休)的教师,经组织选派参加援藏援疆的教师,处于孕期和哺乳期的教师,患重大疾病的教师,以及经市教育局同意外派、外借的教师;若本人申请参加竞聘上岗的,则其直聘岗位不再保留。

为有利于新教师专业成长,新分配到初中任教的教师两年内直接聘任。

直接聘任人员进行公示并报市教育局审核。

(2)中层竞聘。严格按照《关于进一步加强学校中层干部管理的实施意见》(诸教〔2009〕141号)规定,规范设置中层岗位(设副校长2名,教务处、德育处、总务处、教科室、安管处主任各1名,教务处、德育处、总务处副主任各1名),团委和工会干部按有关规定设置。根据《应店街镇中心学校中层岗位竞聘方案》组织开展竞聘上岗工作,竞聘结果公示后报市教育局备案。

中层干部一般应担任本人所学专业或职称对应学科的教学工作,且教学工作量不低于本校教师平均教学工作量的一半。

(3)普通教师岗位竞聘。包括校内竞聘和跨校竞聘。竞聘工作领导小组根据《应店街镇教师岗位竞聘方案》组织进行。公布竞聘岗位的名称、数量、任职条件及岗位职责后,跨校竞聘人员与校内竞聘人员一起填报竞聘岗位志愿,实行同台竞聘。竞聘结果公示后报市教育局备案。

(4)统筹调剂。统筹调剂对象为在普通教师岗位竞聘中落聘的人员。由中心学校竞聘工作领导小组根据所属其他学校空缺岗位情况进行统筹调剂,安排相应工作岗位。对没有参加竞聘上岗、未能落实聘任岗位又不服从组织统筹调剂的人员,原则上在原工作学校待岗。待岗时间不超过12个月;待岗期间,待岗人员应服从学校管理,按学校作息时间上下班,由学校安排从事临时性工作;待岗期内,只发放基本工资和不超过50%的基础性绩效工资,不享受奖励性绩效工资。待岗当年年度考核不能评为合格及以上等次。两年内仍未竞聘上岗的教师,应予以解除聘用合同。

4.办理手续

各类聘用人员在公示无异议后,按规定办理聘任手续。岗位聘任的聘期一般为三年一轮,每年微调。

(四)有关人员界定

1.关于教辅、工勤技能人员

教辅、工勤技能人员是指在学校各处室工作的非中层行政教职员工(包括处室一般工作人员、教学实验、图书、电化教育、卫生保健、后勤保障服务等人员)。从事教辅、工勤工作为主(不在一线上课或虽上课但教学工作量低于本校教师平均教学工作量的一半)的教师不再晋升教师系列高一级专业技术职务。

2. 关于孕期、哺乳期人员

孕期、哺乳期人员须提供县级及以上医院(二级乙等及以上公立医院,下同)的诊断证明和有关诊断材料。

3. 关于重疾人员

重疾人员指患有现医疗条件下短时间内难以治愈的,原则上按规定程序须连续请假6个月及以上且仍在治疗期的人员。重疾人员须提供县级及以上医院出具的诊断证明、原始病历、病假期间的所有配药单据、发票等材料。先在校内公示无异议后,报市教育局审核,再在系统范围内公示无异议后确定。患有较重精神疾病等个别特殊人员,可另行报市教育局审核确定。

四、保障政策和措施

(一)完善考核评价机制

镇中要结合实际,完善教职工绩效考核评价体系,建立学校不同岗位(教师岗位、教辅岗位、工勤技能岗位等)的分类绩效评价和考核办法,适当拉开和体现学校不同岗位的绩效差距,向教学一线倾斜。聘期考核重点突出师德表现、工作绩效、能力水平与岗位要求的匹配度,履行岗位职责的情况。聘期考核结果作为评先评优、职称评审、岗位聘任、工资分配等工作的重要依据。

(二)实行争议调解仲裁

教职工如对岗位竞聘有异议,可提交学校人事争议仲裁小组调处,不服从学校调解的可向市教育局教师"县管校聘"管理改革试点工作领导小组办公室申请人事争议调解,不服从市教育局调解的可向市劳动人事争议仲裁委员会申请仲裁。

五、试点工作要求

(一)提高认识,加强领导

要坚持解放思想、与时俱进、改革创新,切实增强深化教育人事制度改革的责任感和使命感。学校竞聘工作领导小组和人事争议仲裁小组及教师考核评价小组,要密切配合,按照职能分工,做好岗位竞聘相关工作。

(二)统筹规划,精心组织

要根据有关工作会议和文件精神,统筹规划,周密部署,精心组织。要组织教师认真学习贯彻落实相关文件精神,政策知晓率达100%,并深入细致地做好政策解释、舆论宣传和思想政治工作,引导广大教师积极支持和参与改革,努力营造促进改革的良好环境和氛围。

(三)严明纪律,平稳推进

要严格执行有关政策规定,坚持原则,坚持走群众路线,严格工作程序和工作纪律,杜绝暗箱操作行为,切实保证教职工的知情权,维护好教职工的合法权益。对违反规定滥用职权、打击报复、以权谋私的,要追究相关人员责任。

(四)认真总结,及时汇报

要认真总结经验,发现、研究和解决改革试点工作中出现的新情况、新问题,试点工作进展情况和重要情况要及时报送市教育局。

应店街镇中心学校

2017 年 6 月 29 日

附件 2:

2017 年应店街镇教职工考核评价办法
(2017 年 7 月 7 日党政联席会议讨论通过)

说　明

1.基本工作考核总分为 100 分,考核内容及权重如下:师德师风占15%、劳动纪律与出勤占 20%、教学常规占 30%、教学质量占 35%。

2.加分项目加分上限为 30 分,加分项目时限为从教以来。

3.扣分不牵连其他大项,以该大项分数扣完为止。

细　则

一、基本工作考核

(一)师德考评基本分为 100 分,总得分乘以 15% 计入总分。

师德考评将依据《应店街镇中心学校师德考核办法》进行量化考核。本项考核时限为 2016 学年。

(二)劳动纪律与出勤考评基本分为 100 分,总得分乘以 20% 计入总分。

1.上班期间迟到或早退每次扣 0.5 分。

2.未请假中途离校等每查实一次扣 1 分。病假 1 天扣 0.5 分。事假半天扣 0.5 分,超过一天的每天扣 1 分。每旷工 1 天扣 10 分。

3.值日值班履职不认真或不到位,由学校相关处室考核后酌情扣 1—3 分。

4.上班时间工作不认真,不遵守办公纪律,在办公室上网炒股、做微商、看影视、玩游戏、网购等,每检查发现一次扣 1 分。

5.上课不认真,迟到、早退、旷课、上课期间擅自离开课堂,迟到或提前下课、中途离开的每次扣 0.5 分,旷课一节扣 2 分,不经教导处同意随意调课的每节扣 0.5 分。

6.因个人原因造成教学责任事故的,酌情扣 5—10 分。

7.婚丧嫁娶产等法定假期,以及执行上级有关规定的学历进修、业务培训、教研活动、学术交流以及上级短时间抽(借)调等,不扣分。

8.本项考核时限为 2016 学年,考核以学校 2016 学年的考勤记录为依据,本项得分扣完为止,不计负分。

(三)教学常规考核基本分为 100 分,每学期每位教师的满分为 50 分,一学年合计分值后按 30% 计入考核总分。

各项教学常规分值分配如下:

项目 分值	备　课	作业批改 测试分析	教学反思 计划总结	听课学习 活动参与
50	20	20	5	5

具体要求:

1.备课认真,书写规范,备课节数符合要求,期末由学校学科竞聘工作小组组织人员对教师备课做全面统一的评分。

2.认真批改作业,主动辅导学生,认真组织测试,及时批改分析。作业批改和测试分析由学科竞聘工作小组组织人员对教师做全面统一的评分。

3.教学工作有计划,教学活动按计划有序开展,开展后有总结有反思。学科竞聘工作小组根据组织的检查酌情给分;

4.能积极参加教研组活动,听课学习达到规定节次,无故不参加教研组活动的每次扣1分(根据教研组活动签到考核,扣完基本分为止)。

说明:本项考核时限为2016学年。2016学年如无该检查项目或该检查项目无记录的,做满分计算。

(四)教学质量考核满分100分,顺利完成学校分配的教学任务得基本分65分,本项考核取近三个学年期末测试中较好的两年数据进行测算,两年合计得分后乘以3为考核分,合计得分按35%计入考核总分。

具体测算办法如下:

七八年级系列,同年级组测试学科学年成绩按班级排名,1—6名依次赋分6、5、4、3、2、1;任单班的直接计分,任两个班级的累计得分乘以系数0.6计分,任三个班级的累计得分乘以系数0.5计分,任四个班级的累计得分乘以系数0.4计分。当有7个平行班级时,先按1—7名依次赋分7、6、5、4、3、2、1,然后按上述办法计算累计得分,再乘以6/7为最后得分;8个平行班级以此类推。

九年级系列,按中考成绩分两个层次的班级分别排名,较高层次班级的1—4名分别赋分6、5、4、3,较低层次班级的1—4名分别赋分5、4、3、2;任单班的直接计分,任两个班级的累计得分乘以系数0.6,任三个班级的累计得分乘以0.5。

本项考核时限为2014学年、2015学年、2016学年。

外派教师参考上述办法计分。小学支教教师由中心学校根据全镇统测成绩,按8个平行班级排名赋分,然后按照上述办法进行计分。

非考试学科教师、平行班级只有一名任课教师或承担学校其他工作的,得分由学科竞聘工作小组成员根据平时各级检查、评比、竞赛情况综合打分,取各打分人员的平均分计分。

二、加分项目

所有项目的加分总分上限为30分,加分项目时限为从教以来,被考核教师须提供真实有效的相关证明材料。

1.教龄:教龄1—4年加1分,5—9年加2分,10—14年加3分,15—19年加4分,20—24年加5分,25—29年加6分,30年以上加7分。

2.班主任及中层正副职、教研组长:在本镇各校担任班主任或中层正副职、教研组长每年加0.2分,该项加分最高上限为3分。

3.荣誉:所取得的由政府或教育行政部门授予的与教育教学相关的荣誉,获国家、省、市、县(区)、镇级的分别相应加5分、3分、2分、1分、0.5分(单项先进减半加分),年度考核为优秀的加1分。本项目所有得分累加不超过5分。

4.教科研:由教育行政部门组织的论文、课题评选,获省级(含省级)以上一、二、三等奖分别加5、3、2分;绍兴市级一、二、三等奖分别加3、2、1分;县(区)一、二、三等奖分别加2、1、0.5分(教研学会组织的论文评比减半加分)。论文发表获省(国家)、市、县的分别相应加3、2、1分。课题结题,省(国家)、市、县级的分别相应加2、1、0.5分。所有论文课题获奖、发表加分累计不超7分。

5.业务比武:参加教育行政部门(或其主管下的教研机构、教研学会)组织的个人各类比赛、优质课、素质比武:获省级(含省级)以上一、二、三等奖分别加5、3、2分;绍兴市级一、二、三等奖分别加3、2、1分;县(区)一、二、三等奖分别加2、1、0.5分。本项目所有获奖得分累加不超过5分。

6.辅导学生:所辅导学生在学科竞赛(不包括体育)中获奖,获省级(含省级)以上一、二、三等奖分别加3、2、1分,;绍兴市级一、二、三等奖分别加1.5、1、0.5分;县(区)级一、二、三等奖加1、0.5、0.25分。所有辅导学生获奖得分累加最高不超过8分。(该项加分内容原则上需与申报学科相一致,特殊情况需经考评小组核准)

7.体育竞赛:体育教师所带运动队在县级比赛中获团体第1—8名的每次分别加分4、3.5、3、2.5、2、1.5、1、0.5;绍兴市级比赛中获团体第1—8名的每次分别加分5、4、3.5、3、2.5、2、1.5、1。本项目所有获奖得分累加不超过8分。

8.成果推广:教学经验和成果在省、市、县做主题报告或经验交流推广的,分别加3、2、1分。

9.其他:承担学校额外工作、临时工作、支教任务、辅导学生参加非任教学科竞赛获奖或对学校发展有特别重大贡献的,经竞聘工作领导小组讨论核实的,可酌情加分(其中参加支教第一年加 0.2 分,第二年加 0.3 分),累加不超过 3 分。

本方案由应店街镇中心学校负责解释。

诸暨市应店街镇中心学校

2017 年 7 月

附件 3:

应店街镇中心学校师德考核办法

为进一步加强师德师风建设,不断提升我校教师队伍的师德水平,建设一支师德高尚、业务精湛的高素质师资队伍,依据《中华人民共和国教师法》、《中小学教师职业道德规范》、市教育局《诸暨市中小学教师职业道德考核办法(试行)》,结合本校实际,特制订本考核办法。

一、考核原则

1. 坚持公正、公平、公开的原则。

2. 坚持师德考核与业务考核并重,平时考核与年度考核相结合,年度考核以平时考核为基础,通过综合考查评价,确定考核等级。

二、考核对象

本校所有在编在岗教师。

三、组织实施

(一)中心学校成立师德考核工作领导小组,由周其耀任组长,各校相应成立由本校校长任组长的师德考核领导小组,组织具体考核工作。

(二)考核内容及方法。

1. 教师对照考核细则先进行自我评估,再由考核小组考核认定。

2. 教师互评环节由考核小组召集年级组成员进行民主测评,去掉一个最高分和一个最低分后取平均分计入该项。

有下列情形之一被查实的,实行"一票否决",其师德考核直接认定为不合格。

1. 在教育过程中,有严重不利于学生健康成长言行,造成严重后果的;

2. 在备课上课、课外辅导、批改作业、组织考试、课外活动、值日值班

等教学环节和其他教育环节敷衍塞责,造成教学责任事故的;

3.讽刺、挖苦、歧视、体罚、变相体罚学生或其他侵犯学生合法权益,造成严重后果的;

4.强制或变相强制学生订购教学辅导材料或其他商品,造成不良影响的;

5.利用职权,索取、收受学生与家长财物的;

6.利用职务影响力,在家长中开展营销活动、谋取利益,造成恶劣影响的;

7.违反规定热衷有偿家教,或组织动员学生参加各类文化课补习班并从中获利的;

8.其他违反社会公德、严重影响教师形象的;

9.受上级有关部门党纪、政纪处分的。

(三)反馈确认考核结果

被考核教师对考核结果有异议的,可在接到考核反馈结果之日起一周内向考核领导小组提请复核,考核领导小组应做出复核意见。

四、考核细则

(一)爱国守法(15分)

热爱祖国,热爱人民,拥护中国共产党领导,拥护社会主义;全面贯彻国家教育方针,自觉遵守教育法律法规,依法履行教师职责权利;没有违背党和国家方针政策的言行。

有下列行为之一者,每次扣2分,扣完为止。

1.随意诋毁和违反国家政策者,在学生中散播落后消极思想和言论者;

2.无故不参加学校组织政治学习等活动;

3.出现有损于学校及同事声誉的言行;

4.不服从领导安排的工作;

5.进入不健康的娱乐场所。

(二)爱岗敬业(20分)

忠诚于人民教育事业,志存高远,勤恳敬业,甘为人梯,乐于奉献;对工作高度负责,认真备课上课,认真批改作业,认真辅导学生;严格遵守劳动纪律,按质按量完成教育教学任务;没有敷衍塞责现象。

有下列情况之一,每次扣2分,扣完为止。

1. 不遵守学校规章制度,无故迟到早退者;

2. 课堂组织不力,课间疏于管理而造成学生伤害,情节较轻的;

3. 值日、值班不到位,造成安全管理事故和学校财产损失的,情节较轻的;

4. 不遵守教学工作规程,课堂组织、考试命题、监考阅卷中出现工作失误者,但未造成严重后果的;

5. 上课时处理个人事务(擅离岗位、接听或拨打手机等);

6. 从事微商、网店等营利性活动,影响工作、造成不良后果的。

7. 敷衍工作,教学效果较差。

(三)关爱学生(20分)

关心爱护全体学生,尊重学生人格,平等公正对待学生;对学生严慈相济,做学生良师益友;保护学生安全,关心学生健康,维护学生合法权益;不讽刺、歧视学生,不体罚或变相体罚学生。

有下列情况之一,每次扣2分,扣完为止。

1. 讽刺、挖苦、歧视、侮辱学生,体罚、变相体罚学生,但未造成后果的;

2. 教育学生方式方法不当,处理不公的;

3. 随意将学生停课的。

(四)教书育人(15分)

遵循教育规律,实施素质教育;循循善诱,诲人不倦,因材施教;培养学生良好品行,激发学生创新精神,促进学生全面发展,不以分数作为评价学生的唯一标准。

有下列情况,每次扣2分,扣完为止。

1. 压制学生创造性精神和全面发展,不让学生参加各类学校活动者;

2. 不注重学生行为习惯的养成,对学生的错误放任自流者;

3. 作业过多,加重学生课业负担者。

(五)为人师表(20分)

坚守高尚情操,知荣明耻,严于律己,以身作则,衣着得体,语言规范,举止文明;关心集体,团结协作,尊重同事,尊重家长;作风正派,廉洁奉公;自觉抵制有偿家教,不利用职务之便谋取私利。

有下列情况之一,每次扣 2 分,扣完为止。

1. 在互联网上传播消极言论,做违背社会公德和损害学校荣誉的事情,情节较轻的;

2. 参加赌博和从事封建迷信活动,造成不良影响,情节较轻的;

3. 有损于教师形象的其他行为,造成不良影响,情节较轻的;

4. 挑拨离间,影响团结的。

(六)终身学习(10 分)

崇尚科学精神,树立终身学习理念,拓宽知识视野,更新知识结构;潜心钻研业务,勇于探索创新,不断提高专业素养和教育教学水平。

有下列情况之一,每次扣 2 分,扣完为止。

1. 无故不参加学校组织的教科研活动者;

2. 无故不参加上级部门和学校组织的各类业务培训和考试者。

五、考核结果的应用

1. 师德考核的结果作为教师个人年度工作考核的基本条件。师德考核优秀是年度综合考核优秀的基础性条件;师德考核"不合格"的教师,其年度综合考核相应为"不合格"。

2. 师德考核结果记入教师个人档案。

六、本考核办法由中心学校师德考核领导小组负责解释。

应店街镇中心学校

2017 年 7 月

教师师德考核评议总表

（　　　年度）　　　年　　月　　日

姓名		性别		出生年月		政治面貌	
学历		职称		任教年级		任教学科	

项目	分值	考核主要内容	个人自评	考核小组	综合得分
爱国守法	15	热爱祖国,热爱人民,拥护中国共产党领导,拥护社会主义;全面贯彻国家教育方针,自觉遵守教育法律法规,依法履行教师职责权利;没有违背党和国家方针政策的言行。			
爱岗敬业	15	忠诚于人民教育事业,志存高远,勤恳敬业,甘为人梯,乐于奉献;对工作高度负责,认真备课上课,认真批改作业,认真辅导学生;严格遵守劳动纪律,按质按量完成教育教学任务;没有敷衍塞责现象。			
关爱学生	20	关心爱护全体学生,尊重学生人格,平等公正对待学生;对学生严慈相济,做学生良师益友;保护学生安全,关心学生健康,维护学生合法权益;不讽刺、歧视学生,不体罚或变相体罚学生。			
教书育人	15	遵循教育规律,实施素质教育;循循善诱,诲人不倦,因材施教;培养学生良好品行,激发学生创新精神,促进学生全面发展,不以分数作为评价学生的唯一标准。			
为人师表	15	坚守高尚情操,知荣明耻,严于律己,以身作则,衣着得体,语言规范,举止文明;关心集体,团结协作,尊重同事,尊重家长;作风正派、廉洁奉公;自觉抵制有偿家教,不利用职务之便谋取私利。			
终身学习	10	崇尚科学精神,树立终身学习理念,拓宽知识视野,更新知识结构;潜心钻研业务,勇于探索创新,不断提高专业素养和教育教学水平。			
教师互评	10	根据教师互评折算成平均分为该项得分。满分 10 分。			
合计得分					

附件 4：

2017 年应店街镇中中层干部竞聘实施方案

（2017 年 7 月 7 日党政联席会议通过）

根据《应店街镇教师"县管校聘"改革试点工作实施方案》相关工作要求，我镇将全面组织开展镇中中层干部岗位竞聘。为顺利推进此项工作开展，特制订本竞聘方案。

一、指导思想

为配合推进"县管校聘"试点工作，进一步完善中层正副职干部选拔任用和聘任制，实现干部管理科学化、规范化和制度化，引导中层干部务实创新工作。

二、聘任原则

1.唯贤、德才兼备原则；

2.群众公认、注重实绩原则；

3.公开、公平、竞争、择优原则；

4.民主集中制原则。

三、实施对象

应店街镇中现在编在岗教职工及具备初中任教资格的小学教师。

四、竞聘职数及相关岗位职责

岗位	职数		主要工作职责	备注
副校长	德育副校长	1	协助校长分管德育工作	具有学校管理岗位任职经历
	教学副校长	1	协助校长分管教学工作	
主任	德育处	1	全面负责德育处工作	
	教务处	1	全面负责教务处工作	
	安管处	1	全面负责安管处工作	
	总务处	1	全面负责总务处工作	
	教科室	1	全面负责教科研工作	
副主任	德育处	1	协助做好德育处工作	
	教务处	1	协助做好教务处工作	

五、实施步骤:

1.制订实施方案

竞聘工作领导小组在广泛征求教职工意见建议的基础上制订中层干部竞聘实施方案,经中心学校党政联席会议讨论决定,并报市教育局审核同意后公布实施。

2.公示岗位及职责。

3.实施竞聘。

4.竞聘结果公示并报教育局备案。

六、竞聘程序

1.应聘人员申请:

报名应填报个人自荐意向书,可根据自己的工作能力和学校的实际要求量力而行填报岗位意向书。个人自荐意向书可填报1~2个志愿岗位。

2.资格审查。中心学校竞聘工作领导小组对应聘人员的资格、条件进行审查。

3.竞聘上岗。组织开展竞聘演讲,竞争上岗。

4.民主测评。民主测评采用100分制。其中对竞聘人印象总分20分,过去工作业绩40分,任职工作构想40分。竞聘工作领导小组和教代会代表分别打分,各占50%统计测评结果。

5.民主测评结果作为中层岗位竞聘的重要依据,提交中心学校校长办公会议集体讨论决定聘任人员及相应中层岗位。

6.结果公示。拟聘人员名单在学校内公示3天,接受全体教师监督。

7.聘任。中心学校签署聘任书予以聘用。

七、聘用条件

1.政治素质好,认真贯彻执行党的路线方针政策,坚持原则,秉公办事,组织纪律观念强,作风正派,事业心和责任感强;

2.具有应聘岗位必备的专业知识、政策理论水平和业务能力;

3.具有较强的组织领导能力和实际工作经验,能积极准确地贯彻学校精神,创造性地开展工作;

4.能严格要求自己,廉洁奉公,善于开展思想政治工作,有较好的群众基础;

5.身体健康,学历合格;

6.有较强的教学业务能力;

7.年龄在 45 周岁以下(1972 年 6 月 30 日后出生);

8.在应店街镇工作三年以上;未担任过中层干部的教师参加竞聘要求教龄在五年以上。

八、其他需要说明的情况由中心学校竞聘工作领导小组负责解释。

应店街镇中心学校

2017 年 7 月

作者小传:

朱国义,男,汉族,中共党员,大学本科学历。1976 年 9 月出生于诸暨市应店街镇的美丽小村——石柱村。自幼勤奋好学,成绩优秀,为人坦诚率直,爱好广泛。1996 年诸暨师范毕业后一直从事教育工作,坚信"事在人为",工作积极认真,教学业绩突出,多次获得诸暨市优秀教师、诸暨市优秀教育工作者、诸暨市"十佳学习型家庭"、诸暨市"事业家庭兼顾型"先进教职工、省农村中小学教师"领雁工程"优秀领雁人等荣誉称号,现为诸暨市应店街镇中心学校副校长兼镇中校长,绍兴市第四届名校长培养对象。

教育信条:好的教育就是培养好的习惯。

让每一位学生享受更优质的教育

——我在安昌中学的探索与实践

绍兴市柯桥区安昌中学校长　俞绍林

【摘要】 安昌中学位于具有数千年悠久历史的文化古镇,学校也有60年的办学历史,历任校长继承创新,勇于开拓,让这块充满神奇与魅力并存的神圣之地,孕育着一代又一代优秀学子。作者本人已在安昌中学工作20余年,在管理上非常重视处理好继承与创新的关系,一直坚持"一切为了学生"的办学思想,从精神引领的"亮剑精神",办学特色的"三张名片",工作措施的"一二三四",以及走在前列的"课改创新"等四个方面展开工作。在具体工作中,坚持"让每一位教师走得更高更远,让每一项工作更具品牌效应,让每一条措施更能抓铁有痕,让每一位学生更加全面发展"的理念与意识,注重师生的精气神提炼,注重学校的品牌建设,注重学生的个性化发展,努力把学校创建成古镇的书香校园、孩子的成长乐园。

【关键词】 精神引领;求实创新;个性发展;特色品牌;安昌中学

安昌镇是中国历史文化名镇,CCTV中国魅力名镇,中国的师爷文化之乡。作为具有数千年悠久历史的文化古镇,其浓浓的人文气息,长长的水乡文化,厚厚的习俗长卷,悠悠的古镇风韵,孕育了这块充满神奇与魅力并存的神圣之地——安昌中学。

在柯桥区教体局和安昌镇党委、政府及教育总支的正确领导下,在兄弟学校的支持和配合下,通过全校师生共同努力,近几年我们安昌中学又出现了新的气象,赢得了新的发展,取得了新的成绩,学校各方面工作又迈上一个新的台阶。学校本着"优质教育、多元模式、一流人生"的办学理念,践行"教育高质量,课改有创新,品牌具特色,评价多元化,学校现代化"的办学目标,以建校60周年为契机,开展一系列工作,主要可以概括为"精神引领,注重品牌,措施扎实,勇于创新",取得了比较优异的成绩。

一、亮剑精神：让每一位教师走得更高更远

国家的希望在教育，教育的希望在教师。造就一支思想作风过硬、业务素质精良的教师队伍是教育教学质量得以不断提高的关键所在，教师能走多远，决定着学生能走多远。

安昌中学对在新时期如何对教师进行精神引领方面进行了有效探索，他们积极做好教师的精神引领，提倡发扬"四不倒、十不让、十大意识"精神，就是一种"亮剑精神"，给教师有了方向，有了动力，具体来讲以下四个方面值得借鉴：

一是倡导"四不倒""十不让""十大意识"思想。近几任学校领导在充分了解安昌中学历史与现状后，提出要继续传承学校的"四不倒"精神，又针对当前"规范办学，优质轻负"新要求，提出了"十不让"思想和"十大意识"。学校办学思想、办学精神的提炼，在全校、全镇乃至全县引起了极大的反响，安昌镇党委、政府以《安昌简报》的形式向县主管领导及全镇传达学校精神引领，县教育网也连续两次专门对此进行了报道。因此，学校提出"四不倒""十不让""十大意识"的思想，有针对性，有导向性，有很强的振奋作用，提升了全校教师前进的动力。

二是开展"CCTV魅力名镇教育论坛"。安昌中学从2010年10月起开设"CCTV魅力名镇教育论坛"，论坛围绕"办什么样的教育、办什么样的学校、做什么样的教师、育什么样的学生"主题，由本校教师在周六集体备课和每次周前会议前进行讲座。论坛有校长论坛，宣传现代教育思想；有班主任论坛，提高班主任责任意识和管理水平；有教师论坛，提升教师教学水平；有家长论坛，构建家校联系新平台。目前论坛已进入第七届，至今已有58位教师在论坛上发言。

三是发挥《和谐榜》的和谐效应。学校从2011年5月开始，专门收集师生在学习、工作中的喜事、好事、疑事、难事，汇总后及时解答，以文件《和谐榜》的形式发全校教师，每两个月一期。学校设立《和谐榜》，目的是努力在校园内形成"你有所喜，我有所贺；你有所好，我有所学；你有所疑，我有所答；你有所难，我有所助"的和谐环境。《和谐榜》设立以来，已成为教师和学生反映各类问题的一个主渠道，在学校及教师的努力下，已解决了不少实际问题，缓解了部分教师的后顾之忧，有力地促进了校园的平

安、和谐,温馨。

四是拓宽"创先争优"内涵范围。"点燃党员带头的热情、促进教师事业的激情、鼓励学生学习的信心"是学校一直坚持开展"创先争优"活动的原因。党员方面,开展系列活动:如党员撰写格言、党员形象上墙、设党员先锋岗、党员身份公开、党员承诺书、党员"三联系"。教师方面,营造"争做名师、勇做专家"的氛围,校长亲自开展论坛,积极推进名师工程。学生方面,除每学期期末的三好生、文明生等常规评比外,还在期中开展"德育之星""学习之星""十佳阳光女生"等评比。安昌镇全镇机关干部、基层站所负责人以及 12 个村负责人等共 80 余人,在安昌中学参加了由校长主讲的安昌镇"创先争优学先进"会议,党委书记对学校工作高度评价。

二、三张名片:让每一项工作更具品牌效应

学校的魅力品牌,是全方位的品牌。学校努力打造"魅力教师""魅力学生""魅力学校""魅力教育",近年来安昌中学的魅力品牌越来越响。

(一)第一张名片——抓育人特色,打造"关心教育"的德育名片

先学会做人,再学会学习,我们认为学会做人比学会学习更重要。学校从转变育人模式入手,积极打造"关心教育"的德育名片。育人特色是优质学校的重要标志之一,学校进一步做强、做实"关心教育"的德育品牌,谋划课题研究成果的拓展和深化两篇文章。学校多层次、多角度地开展活动和研究,拓展学校德育的深度和广度,拓宽德育时空,提高德育的针对性和实效性,努力提高学校德育的知名度。学校"关心教育"德育课程是全县初中唯一的省第一批百门精品课程。

1.围绕"关心教育"创德育活动载体

重点搭好三个载体,一是做好德育导师制的载体。德育导师制实施有具体目标,措施扎实,检查落实,凸显效果,得到了局德育检查组的好评。二是设计好德育活动的载体。学校德育活动突出实践性,积极开展三八节感恩、春游鲁迅故里、兰亭烧烤、举办女生青春期教育专题讲座、在绍兴师爷馆中举行入团宣誓仪式、举行读书节暨"我爱阅读·心系天下"时政知识竞赛、突发事件紧急疏散演练等贴近社会、贴近学生、贴近生活的活动。三是加强好家校联系的载体。学校利用各种渠道,加强与家长的沟通,多打电话,多发短信,利用家长会、家委会积极与家长沟通,通过

家校联系,实现了"5＋2≥7"的效果。

2.围绕"关心教育"抓德育管理能力

学校从两个方面入手抓教师德育能力,一是营造人人是德育工作者氛围。学校不仅仅把班主任当作是德育工作者,还把班子领导、值周教师、任课教师,甚至后勤职工也当作德育工作者,每一位教育工作者都树立"爱与责任"的意识,齐心协力,形成了德育合力。二是重抓班主任能力与绩效考核。本学期继续开展了班主任例会、经验交流会、优秀案件评比等活动,邀请齐贤镇中学王玉英和本校潘慧敏、陈伟祥老师做班主任经验交流,邀请单海林对全校教师做心理健康教育辅导,提高班主任与教师的德育能力。

3.深化德育工作,孝心少年成为关心教育新亮点

学校德育工作紧抓主要矛盾,转变思想,以德育为首,"关心教育"继续深化。2014 年、2017 年开展的校园"十大孝心少年"评比,取得教育效果和宣传效果双丰收。学校在经过孝心事迹征集和推选,经师生现场投票、社会热心人士的网上开放式投票并结合师生对参选学生的综合评价,评出首届和第二届"孝心少年"。2014 年"盛兴杯"安昌中学首届孝心少年颁奖典礼在学校体育馆隆重举行,镇、局领导亲临会场颁奖。相关活动和经验在 12 月 8 日《浙江教育报》,12 月 9 日《网晚新闻中心》《柯桥日报》《南京日报网》等 10 余家各级媒体报道。

(二)第二张名片——抓规范办学,打造"优质轻负"的教学名片

教育质量差距,其实质是教师专业素质的差距,教师是学校的灵魂,只有一流的教师才能办出一流的学校,培养出一流的学生,优质轻负的切入点关键是如何提升教师专业素质。学校在确保优质的前提下,追求轻负担,主要通过课改和科研加以保证,通过班主任和备课组长加以实施。

1.规范办学,确保执行,从"制度"层面引领教师走上"轻负之路"

严格执行课程计划。学校加强了实施新课程的组织领导和设置管理,严格执行新课程计划,开齐、上足、上好各科,尤其初三也开设音、体、美、信息技术学科,坚决做到"三表"统一,不随意增加或删减课时,不提前结束某一课程的教学。学校经常组织全体教师学习新课程标准,以此来指导教师的教学工作。

严格控制学生在校时间。学校要求教师严格执行作息时间安排。为了保证学生有充分的睡眠,学生在校时间不超过 7 小时,上午 8:00 开始上课,每节课 40 分钟,坚持候课制。学生的课间、午休、自修课时间严禁教师集体辅导,初三周六也不搞大面积集体辅导,学校不定时对此进行抽查,并把结果与岗位责任制挂钩。

增加学生自主学习空间。要求教师积极引导学生开展阳光体育运动,落实学生每天锻炼一小时的安排,使学生每天都能享受一小时的体育活动,保证学生有良好的身体素质。严格控制学生的回家作业量,为了切实减轻学生的课业负担,我们要求以备课组为单位组织教师精选、精编习题和练习,通过减少作业量来增加学生的课余活动时间,加大课外拓展的力度。严禁体罚和变相体罚学生,建立民主平等、相互尊重的师生关系,营造良好的教学氛围,确保教学的顺利进行。

抓好教师的流程检查。学校加强了教学流程、教学常规管理,实施精细化过程管理,对初三开展蹲点班调研,对教师的备课、上课、批改进行检查,与任课教师进行交流,对部分学生进行座谈,发现问题及时整改,努力实现教学过程的规范化、最优化。学校重点考虑怎样检查和检查什么的问题,使教学流程检查真正为"优质轻负"这一目标服务。

制订教师专业成长计划。年初,学校要求教师根据自身情况,制订好专业成长计划,由教科室汇总审核后发全校教师,让教师相互督促,相互促进;年末,学校根据教师实际专业发展情况,对照教师的专业发展计划进行考核,纳入教师岗位考核和年终奖。教师专业成长计划的实施,有力地激发了教师的争先意识,提升了教师的专业发展。

2.指导提升,实施监管,从"课堂"层面督促教师开展"优质课堂"

营造以课堂教学论英雄的氛围。课堂是实现教育目的,提高教学质量的主阵地,我们鼓励教师进行课堂教学改革,以教师优质高效的课堂教学来实现学生的"轻负优质"。鼓励教师主动自找目标、自找压力,争做学者型的教师。学校以开展"有效教学"活动为载体,组织教师学习《开展有效教学,提高课堂效率》《有效教学的理论和实践》《如何提高课堂提问的有效性》《如何使我们的教学更高效》等系列文章,在学习和组织教师赴江苏洋思、东庐中学考察的基础上,组织全校教师开展"有效教学论坛"和"轻负优质大讨论"等活动,强化教师的有效教学行为,增强了教师"轻负优质"的意识,提高了教师的课堂教学能力。

加强对课堂教学的研究和指导。学校采取了多种形式,帮助教师提高教学设计能力、教学实施能力和教学监控能力。指导教师认真备好每一节课,努力上好每一节课,优化教学过程,不断提高课堂教学的效率。同时要求每位教师上完一堂课后都要认真反思教学过程,寻找不足之处,不断提高自己的业务水平。

学校领导深入课堂听课,每学期学校校长、业务副校长和教务主任听课都在40节以上,各学科教研组长听课25节以上。

对课堂教学过程实施管理。学校始终坚持把抓质量放在首位,强化教学的日常管理工作。认真抓好教师"五项教学过程"工作的检查,特别对关系到课堂教学质量的备课提出了更高的要求,要求备课要增强可行性、可操作性。学校要求各备课组利用每周的"教研日"进行集体备课,做到"提前一周、轮流主备、共同交流、优选教案",确保"优质课堂"教学正常实施。

举办学校首届教科节活动。举行教科节的目的是深化科研兴校、科研促教、科研强师的理念,努力让教学科研活动成为教师历练的平台。教科节活动有专家引领,邀请县内外教学名家进行经验介绍、理论引领;有聚焦课堂,进行县内名师课堂教学艺术展示、五年内青年教师赛课;有点击课题,举行教科研专题讲座,每位教师选定自己的研究领域;有交流展示,开展CCTV魅力名镇教育教学论坛,教师年度专业计划汇总交流。教科节活动立足课堂教学、重视教学研究、关注学生发展,促进了教师的自身专业化发展。

3. 搭建舞台,加强培训,从"业务"层面激励教师争做"高效之星"

切实抓好教师的业务培训。在教师队伍建设上,学校努力为教师搭建成名成家的平台,分别组建了名优教师、成长型教师和三年内新教师三个培训班,并分别制订培训计划,通过师徒结对、教学协作、跟班轮训等形式实施分类培训;充分发挥学校名优教师的示范作用,组织名优教师上好示范课、精品课;组织教师积极参加各类评比或比武活动。

精心组织校本教研活动。学校要求各备课组认真制订切实可行的活动计划,定期开展多种形式的教研活动,每次活动都做到主题集中、任务明确、措施扎实、责任落实、效果实在,努力实现教学观念的创新、教学方法的创新、教学手段的创新、教学模式的创新。

认真组织学校各类比武活动。学校组织了首届教科节，进行教学展示活动，还定期开展"师爷杯"课堂教学技能比赛，并为每个备课组中获第一名的教师颁发"师爷杯"，以表彰这些教师在提升自身素质方面所取得的成绩。

4.分层教学，严控资料，从"学生"层面要求教师指导"轻负学习"

教学分层。课堂教学是教与学的双向交流，调动双边活动的积极性是完成分层次教学的关键所在，课堂教学中要努力完成教学目标，同时又要照顾到不同层次的学生，保证不同层次的学生都能学有所得。学校规定教师在上课时，必须实施分层教学，充分调动各类学生参与教学活动的积极性。

作业分层。课后作业一刀切，往往使学困生吃不消，优等生吃不饱。为此，学校要求教师根据不同层次学生的学习能力，布置不同的课后作业，这样可进一步使优等生"吃得饱"，能奋发向上，学困生"吃得了"，能充分发展，形成一种你追我赶的学习气氛，有利于增强学生的学习自信心和学习自觉性。

严控资料。学校注重对教师作业布置、批改情况抽查，明确规定：教师布置的自印作业，必须以备课组为单位，初一、初二最多每周一张，初三每周二张，且经过教务处批准后方可印刷。平时教师布置的作业必须在教室里公示。学校对教师作业批改情况加强检查，对教师容易忽视的作业进行重点检查，如作文、科学实验册、社会填图册等的批改。

(三)第三张名片：抓综合素养，打造"体艺柔道"的特色名片

学校为进一步打响"尚德"柔道队的特色品牌，立足校园，并积极开展柔道运动普及工作，将尝试在初一年级每2周开设一节柔道课，将利用大课间时间学练柔道操，现经初一家委会商讨同意并征求每位家长意见已在做柔道服装，努力扩大柔道特色项目的内外影响力，努力扭转柔道苗子不足的现状，并积极向高一级专业训练队输送好苗子，继续保持全市柔道领先水平。

1.学校从彰显学生个性入手，打造"体艺柔道"的特色名片

学校要瞄准英才目标，培育各类英才学生，探索英才培养方式，培养一大批多样化人才,力求做精做细。全面发展学校的体育教育,积极开展大众性、竞技性的运动,做到普及与拔尖齐头并进。加强柔道训练,力争在全市乃至全省成为拉得出、打得响的精品或特色项目,通过彰显学生个性来彰显学校名声。

2.夯实基础,体育艺术活动深入人心

学校认真抓好体育艺术教育,开齐开足开好体育艺术类课程,保证学生每天一小时体育活动时间,认真扎实做好体艺"2＋1"活动。学校因体育工作出色出彩,接受国家教育督导团校园体育活动专项检查。

3.瞄准特长,体艺英才培养做精做细

学校每年在体育类竞赛获奖就多达 50 余人次。区首届戏曲小梅花评比陈蒙尔同学获金奖,区第四届"兰亭杯"中小学生现场书画大赛获书法类团体优胜奖,中华经典诵读"我爱背唐诗"比赛市团体第一名,这些成为学校体艺人才的典型代表。

4.彰显特色,柔道基地建设异军突起

学校代表区参加多次参加市青少年柔道锦标赛,成为赛事中的一匹黑马,获 6 金 2 银 2 铜的佳绩,夺得团体第三和道德风尚奖;2013 年 5 月,又代表市参加省青少年柔道锦标赛,夺 1 枚银牌和 4 个第五名。2013 年、2015 年、2016 年市青少年柔道锦标赛,学校又均获市团体金牌数第二名,受到绍兴市体育局、柯桥区教体局等领导的充分肯定。

三、一二三四:让每一条措施更能抓铁有痕

学校要发展,除了有总体规划和发展理念,还必须有扎实可行的措施,并将相关措施落实好。学校近年来,在具体的措施上来说,可简单概括为"一二三四"。

"一"指的是:

坚持一个信念:没有教不好的学生(指通过努力人人都能进步。我们的目标是:不求人人优秀,但求人人进步)。

坚持一个原则:不放弃任何一个学生。因为我们深知:没有最差,只有更差。有的学生开始有可能仅仅是成绩差,如果听之任之会慢慢发展成品行差,到最后真的会变成无药可救。

"二"指的是加强两个个别,抓牢两个"钉":

"加强两个个别"指的是加强个别谈话和加强个别辅导,这也是我们成功的两大法宝。个别谈话主要解决思想上的问题,要不要读书的问题;个别辅导主要解决知识、方法上的问题。

"抓牢两个钉"分别指的是学会打补丁和发扬雷锋的钉子精神。针对个别谈话和个别辅导中发现的问题,要及时学会打补丁,同时要发扬雷锋的钉子精神,不解决不放手,直至完全解决为止。

"三"指的是三个允许、三个不允许:

"三个允许"指的是:允许教师能力有高低,允许教师水平有差异,允许教师对校长有怨言;"三个不允许"指的是:不允许教师不认真,不允许教师对先进冷嘲热讽,不允许教师成为负能量的集聚者和传播者。

"四"指的是坚持四育人:

教书育人(要求教师既要教好书,更要育好人)。

管理育人(通过规范健全的制度和严格的管理达到育人的目的)。

环境育人(以建校 60 周年办学成果展为契机,进一步改善学校环境,提升校园文化。一是加大投入,改善教学条件。二是精心谋划,提升文化底蕴。完善了分年级设置的以学会关心、懂得感恩、放飞梦想为主题的关心教育文化走廊;更新了班级和办公室名片;完善了教室内、走廊上有个性的班级文化布置,增设学校文化长廊,完成八楼、八路、八景的命名和设计安装工作,使校园文化气息更加浓郁。通过营造良好的自然环境和校园文化,使学生在潜移默化中达到育人的目的。)

活动育人(通过开展丰富多彩、形式多样的活动,使学生在活动中体验成长,努力使学生达到由感动到心动再落实到行动的效果)。

四、课改创新:让每一位学生更加全面发展

学校延续"优质轻负"传统,近几年均被评为柯桥区规范办学示范学校,这是上级教育部门对学校近几年来坚持走"优质轻负"课堂教学之路的肯定,近几年,由浅入深,课改渐渐进入深水区。

(一)理念创导,让每一位师生心有所动

探索作业分层教学,让各类学生"吃饱喝足"。为了实现让每一位学生发展的办学目标,从 2014 年起,学校充分考虑到学生个体的差异性,提

出了具有实践操作性的方法——"分层作业"。教师在布置主要课外作业的内容和要求时,要因人而异,区别对待班级中学习上不同层次的学生,把过去同样内容、同样标准、同样模式、同样分量的作业,改为三种不同难度的作业:A、B、C 三层,使优秀生吃得饱,使学困生也有收获和进步。学校通过分层设计作业,让不同层次的学生都学有所获,体现了以人为本,以学定教,因人施教的新课程理念,提高了教学效率。一年来,我校教师积极开展作业设计的课题研究,不断提升课堂教学和作业分层布置的质量,我校教学质量也大大提高,特别优秀学生的进步明显,在数学、科学等主要学科的竞赛中均取得全区前六名的优异成绩。

探索课堂问题导学,让全体学生"开动思维"。我校"问题导学思维课堂,生本主义教学模式"的确立,是借鉴当前全国流行的教学模式,结合学校自身的特点和教学实际,吸收、借鉴、改造、创新而提出的。我校"问题导学思维课堂,生本主义教学模式"坚持以问题为核心,以探究为主线,自主探究与合作探究相结合,学生探究与老师引导相结合,充分调动各方面的积极因素参与课堂教学,教学任务在探究中完成,教学目标在探究中实现。一年来,学校提出"课堂问题导学",促进了学生乐于学习、愉快学习、学习快乐,实现其可持续发展。学校为实施好该课堂模式,除了让学校每一位名师进行课堂展示外,还通过"走出去,请进来"的形式,提高教师这方面的教学能力。

探索教师考核目标,让每一位师生"行动起来"。学校从 2014 年开始加强教师捆绑考核,以此增强教师的团队和协作意识,让每位师生行动起来,取得了明显实效。2014 年,学校教育质量再创新高:中考成绩又有新的突破,学科总体成绩位居全县前列;初二数学、初二科学竞赛均获区前六名;2014 年综合实践活动周成果评比获 3 个一等奖,4 个二等奖,1 个三等奖,获团体优胜奖;徐可同学获第三届浙江省青少年"法在心中"法制宣传主题活动创作竞赛一等奖;倪婕、孙梦晨、王沈瑶同学分获第二十九届绍兴市青少年科技创新大赛和 2014 年中小学电脑制作活动比赛市一等奖;周佳敏、沈晓栋被推荐为区美德少年;魏建荣老师获柯桥区第二届青年名师称号;朱翔华等 12 位教师在第九届全国基础教育系统论文大赛获5 个一等奖,2 个二等奖,5 个三等奖。

(二)深入改革,让教师形成高效的课堂模式

经过多年教学研讨实践和理论总结,结合新课程教学理念的要求,深入校园课堂教学改革实际情况,我校初步构建起了以"提出问题—自学教材—反馈讲解—知识'周转'"为基本程序的"问题导学思维课堂,生本主义教学模式"。

善于提问:学起于思,思起于疑,提出问题应成为教学的逻辑起点。作为教学过程起始环节的提问,要围绕教材的基本结构、重点难点而提出,引导和激发学生认真读书,钻研教材,正确思维,实现预定教学目标的导学问题,使学生通过"自奋其力"达到"自致其知",理解和掌握教材基本结构。

自学教材:学生自学钻研教材的过程,就是尝试用自己已有的知识去"同化"教材的过程,也是发现"知识障碍"的过程。在学生自学教材过程中,教师要指导学生运用生成学习的技术,如勾画重点,列小标题,写节段概括等,养成"不动笔墨不读书"的好习惯,进而达到"教为了不教"的境界。

反馈讲解:自学之后,就需要根据导学问题进行反馈,反馈的方式一般应采取讨论式,即由一个学生做主要发言,其他同学进行补充或纠正,不同的观点可以争论。这样既可增强探究气氛,拓宽思路,巩固和深化正确理解,又可培养学生口头表达能力和语言逻辑水平。

知识"周转":即让学生运用刚刚掌握的理论去独立地思考分析一些事实、现象或事件,说明一些问题,使学到的知识成为继续获取新知识的手段,在运用中得到巩固和发展。

几年来的教学探究与实践,我校体会到了"问题导学思维课堂,生本主义教学模式"的一些优点和特点,如它实现了教学重心的转移,把以教为重心转移到以学为重心;实现了在教学过程中教师的主导作用和学生的主体作用的有机结合;它是一种开放的教学模式,有利于培养学生的自学、思维能力、探索精神和创新精神。

(三)分层走班,让"鲶鱼效应"最大化

从 2015 年 9 月起,安昌中学本着"为学生搭建全面而有个性的发展平台"的思想,积极开展基础性课程的"分层走班"试验,以及拓展性课程

的"选课走班"改革,努力争取在学生发展、教学管理、师资培训等方面有质的提升。

尤为难能可贵的是,安昌中学将本次课改与学校的办学发展结合起,将本次课程改革的"分层走班"和"选课走班"作为放到学校中的"鲶鱼",来激励全校师生。他们认为:兄弟学校的池水比我们满,饵料比我们多,鱼儿比我们壮,如何让我们的鱼儿跳得更高,是摆在我们面前挑战;在全世界都不能使用"兴奋剂"的情况下,我们选择了把课程改革当作"鲶鱼",希望通过"鲶鱼效应",把池水搅动起来,让每一位学生、每一位教师都动起来。

安昌中学的分层走班在实施过程中,及时吸取经验教训,积极打造课程改革的"升级版",通过近两年的走班选课的升级完善,"鲶鱼效应"明显,取得了实实在在的效果,上学期末初二、初三学科整体成绩均取得AAA,分层走班与选课走班的经验也在全区初中教育工作会议上交流。

"提升学校品位,打造质量品牌;学校具有特色,学生具有特长"这是我们的目标。在党的十九大即将召开之际,我们全校上下将精诚合作,学习新理念,实践新课程,打造新课堂,探究新管理,构建新文化,实现跨越式的发展。不断创新,使学校的各项管理进一步科学化、精细化,做到管理育人,服务育人,文化育人,把学校创建成古镇书香校园、孩子成长乐园。

作者小传：

俞绍林，1972 年 3 月出生，1992 年 8 月参加工作，中共党员，大学本科毕业，中学数学高级教师，现任柯桥区安昌中学校长、书记。曾被评为绍兴县优秀团干部、绍兴县优质课教师、绍兴县家长满意教师、绍兴县教育事业功臣、绍兴县教坛新秀、绍兴县学科带头人、省骨干校长培养对象、绍兴市第四届名校长培养对象。撰写的论文多次获市、县一等奖，多篇论文在市、省、全国级报刊上发表。在多年的学校管理和教育教学实践中，他始终坚持"让每一位学生成人成才，让每一位教师成名成家"学校管理理念，努力践行"做教师发展的贴心人，做学生成才的引路人，做学校发展的带头人"。

教育信条：没有教不好的学生。

无用有用乃为大用。

校内无小事，事事是教育。

智己自胜，砥砺前行

——我的办学理念与实践

诸暨市草塔镇中校长　褚　飞

【摘要】 校园文化是依据学校传统进行继承和创新过程中孕育而生的办学精神和理念，对学生人生观有着课本和课程所无法取代的、潜移默化的影响，也是实现"以人为本""立德树人"教育宗旨的最佳方式。草塔镇中依据历史和人文底蕴，把"智胜文化"作为学校办学理念，引领校园建设和学生发展。以"智己自胜"为文化核心，帮助学生树立正确的人生观，养成高尚的道德品质，提升健康的审美趣味，体力与智力齐发展，勇者和智者共成长。用优秀的文化浸润校园，用良好的文化营造校园，不仅能给师生创造一个有形而庄重的心理"磁场"，在无形中统摄全体师生的灵魂，而且起到"润物细无声"的教育魅力，进而对提升办学品位起到积极的推动作用。

【关键词】 办学理念；智胜文化；学生发展；草塔镇中

草塔镇中地处诸暨历史文化名镇草塔镇，其前身系创办于 1906 年的智胜公学，是诸暨较早的三所著名公学之一。它经百年风雨，历几代沿革，培养出了杨步飞、杨石毅、赵善灿、杨思一等一大批军界、政界、教育界、实业界人士。如今的草塔镇中，占地面积 25000 多平方米，现有 30 个教学班，1100 余名学生，98 名教师。教学设施设备齐全，校园布局合理，环境优雅。我在草塔镇中 14 年，从副校长到校长，一直在思考学校的发展，如何创办出一所有自身特色的优质学校。于是，我从学校历史和人文出发，积极提升办学理念，把"智胜"作为学校办学理念和目标。

"智胜"两字源自老子《道德经》第三十三章："知人者智，自知者明。胜人者有力，自胜者强。"我们对其内涵进行科学解读，将其提炼为"智己自胜"的精神理念。这种精神理念既阐明了明事理、懂是非的为人处世态度，也宣扬了永不服输、拼搏向上的思想精神，富有鲜明的时代特征，也体现了草塔镇中的学校个性。学校秉承"智胜"传统，积极打造高质的师资队伍、培育优良的学生素质,彰显出鲜明的学校特色。

一、"智胜"文化建设之定位

校园文化对提升办学品位具有积极的推动作用。底蕴深厚、积淀精华、承载沧桑的校园文化是一所学校历久弥新的品牌,白鹿洞书院以"程朱理学""庐山国学"闻名于世,成为海内书院之首,贤达名士向往之地;英国伊顿公学以"精英摇篮""绅士文化"享誉全球,名流政客竞学于此,以校为荣。校园文化是具有强大引导功能的教育资源,在对传统进行继承和创新过程中孕育而生的精神和理念,对学生人生观有着课本和课程所无法取代的、潜移默化的影响,是学校品位和品牌的终极展现。

校园文化建设不应该大而同,而应该百花齐放,和而不同,各具特色。优秀的校园文化一定是内源自生的,而不是克隆或移植的,对于校园文化的创建有多种路径可以借鉴。有些学校是基于现实改革的学校文化品牌建设,这是建校比较短,校长又具有很强的改革和创新精神,有很强的领导力,通过对学校的办学理念、特色思考出发、构建基于现实的校园文化;有些学校是基于特色彰显的学校文化品牌建设,这些学校有明显的特色文化,并根据特色结合发展,在环境、老师、学生中逐步形成的区域特色文化,特征明显而有精神所向;有些学校是基于突破创新的学校文化品牌建设,对学校原有的文化重新定位与思考,在原有文化的基础上突破创新,形成崭新的校园文化;有些学校是基于历史传承的学校文化品牌建设,这些学校有悠久的历史而且是传统的名校或者具有地域特色,跟当地的地理环境、自然资源、历史传承有关,通过发掘并创新,形成自己学校的文化核心理念与发展。不管怎样,学校的校长总能找到符合自己学校的校园文化建设,无论是历史还是创新,特色还是现实。

我们学校就是基于历史传承的学校文化品牌建设,我们根据学校悠久的历史和地域特色进行了"特色诊断",仔细分析了学校的"五源五点",即地理资源、自然资源、社会资源、人力资源、传统资源和可行点、有利点、切入点、着力点、发展点。确定开发蕴藏悠久历史和人文内涵的特色校园文化,即"智胜文化";着力构建"智胜"理念指引下的校园文化与精神氛围,形成"智胜"文化建设的顶层设计。让"智胜"成为一个标尺,激励学生成人成才,体现学校的办学理念与目标;让"智胜"成为一种文化,体现我

161

校的办学传统,成为学校的灵魂。

我校积极打造新时代"智胜文化",意在帮助学生树立正确的人生观,养成高尚的道德品质,提升健康的审美趣味。办学校就是做文化,用优秀的文化浸润校园,用良好的文化营造校园,不仅能给师生创造一个无形而庄重的心理"磁场",在无形中统摄全体师生的灵魂,而且起到"润物细无声"的教育魅力,进而对提升办学品位起到积极的推动作用。

二、"智胜"文化建设之实践

在充分明确办学使命、愿景和价值观下,我以"智胜"理念为支撑,从"智胜校园的建设——环境观,智胜文化的传播——教师观,智胜课堂的构建——学生观"三个方面出发,精心绘制"智胜校园"的设计蓝图。

(一)智胜校园建设　文化内涵泽福校园

美国教育家杜威曾经说过:"想改变一个人,必须先改变环境。"一个学校的环境,是它的外表,更是学校内涵发展的外显。近年来,学校从楼堂文化、走廊文化、园林文化、行知文化、榜样文化等方面入手,积极构建和谐雅致的物质文化。

1. 楼堂文化清雅别致

学校对校门入口小广场进行升级改造,增设左右两侧各25米智胜文化长廊,增设校园"智胜"电子显示屏、"智胜"校训石,让人仿佛徜徉于"智胜"文化的海洋。以校园直道为界线,将东西两侧校园划分为"智园"和"胜园",并将东西两栋教学楼分别命名为"求智楼"与"求胜楼",在外墙上悬挂八字校训和崭新校徽。新建阳光阅览室,供师生课余时间充电。

2. 走廊文化书香浓郁

学校于求胜楼二至四楼设置了走廊书吧,每层各设一主题,分别为读书好、好读书、读好书。每两层楼梯转弯处设置知识空间,介绍科学小知识和传统文化知识。同时各层还布置学生作品的展示区,用于展示学生的书画摄影才艺。精心设计楼道提示语60余块,教室内共计200余块,在楼道内布置学生书法绘画等作品,让每一面墙壁说话。在文化走廊中,设计"中国传统节日""中华民族百年历程"板块,并以此为主题开展征文活动,唤起学生对传统知识文化的重视。

3.园林文化典雅古朴

巍巍"鸳庶亭"至今屹立,"智园"和"胜园"分立两侧,浓翠的绿意为学校增添了盎然的生机。每年植树节,各班也会来此增添新绿。学校现有绿化植物100余种,宜绿尽绿,色彩丰富。每年植树节,以班级为单位,积极鼓励学生在花坛中种植绿化植物,花坛的日常管理和卫生保持由指定班级学生负责。学校还开展"我为班级添新绿"活动,组织学生种植盆花,美化教室,美化走廊,努力为校园增添一丝绿色,让智胜之花永远绽放。

4.行知文化张弛有道

以"智言胜行"为目标,狠抓学生行为习惯养成教育。通过智胜班级、智胜少年评比,认真做好每周的纪律礼仪、卫生教育,每月通过考核结果确定智胜先进班级,形成良好的育人氛围,培养学生文明礼貌的习惯,传承中华民族的美德。

学校除按要求设置了标准体育场地、计算机房外,还增添了健身房、云电脑电子阅览室、微格教室、美术创作室、创意实验室等。其中云电脑电子阅览室是我校国家级课题"利用信息技术开展名著导读教学的模式与成效研究"的重要研究阵地。学校以多元化的德育阵地使师生成为智者。

5.榜样文化典型有力

学校注重发挥"榜样的力量",推动"榜样文化"宣传阵地的建设,打造"智者典范"和"胜者风范"展示区。利用开学典礼、学校大屏幕、展板等形式广泛宣传榜样的先进事迹。"智者典范"方面侧重道德模范(杨碧海,诸暨市第四届身边的道德模范—见义勇为类)、美德学生、成绩优异学生的展示,"胜者风范"方面侧重体育运动优胜者的展示。

全方位的智胜校园建设普及了智胜理念,智胜文化内涵泽福校园,为全校师生对智胜文化的思想认同营造了氛围,铺平了道路,彰显智者的校园文化、实现生态环境和育人理念的融合,尊重装饰与环境文化风格相承的品位,提升师生的审美情趣与整体品牌意识。

(二)智胜文化的传播 幸福理念泽福教师

办学的成效源于激发教师一种积极的人生态度。教师的人生态度直接影响学校发展的方向和实力。而教师的积极人生态度,需要有归属感、成就感、责任感和幸福感护航。

1.提升归属感

学校激发广大教师对各项事务的参与热情,增强大家主人翁意识。如人本、实用、阳光、灵动的智胜校园文化的设计与构思均来自本校教师,老教师和退休教师负责牵线智胜历史的传承,团队教师负责促进智胜核心理念的形成,全体教师共同打造智胜校园环境和智胜特色品牌。其间也涉及了不少活动,如"我为校园建设献计策"金点子征集活动,内容涉及管理、教科研、德育、安全后勤等方方面面;"我眼中的校园"摄影比赛,鼓励大家发现美、感受美、分享美;设计我校的校标、校旗、校徽等;开展基于智胜文化的拓展型课程设计等。

2.提升成就感

学校注重扬长教师的个性品质,努力提高教师素质。截至目前,学校已有市级教师专业工作室一个(即文凯工作室),镇级教师专业工作室八个,每个工作室都能立足自身优势,自由开展研究活动,并不定期向大家展示汇报。学校积极鼓励各学科组发挥自己的特色,开发各类特色课程,在充分论证的情况下,适时开设特色课程。从两个方面做好教师成长培训。

(1)智己,校本校际教研活动给力教研团队建设。一是继续扎实做好校本教研活动,要求每个教研组教研专题活动不少于 5 次,要求组内老师人人参与,执教者上课说课,听课者评课议课。活动后上课者形成教学实录和 500 字教学反思,听课者形成 500 字评课稿。二是积极开展校际教研活动,实施"请进来,走出去"不做"井底之蛙"的教师培养策略。邀请名师工作室研修员和骨干教师来我校上展示课;邀请兄弟学校合搞教学主题教研活动和经验交流活动。与此同时,我校也积极鼓励教师"走出去",积极主动承担全市公开课。

(2)自胜,"三子"理念指导青年教师专业成长。青年教师培养是我校三年发展规划的重点发展项目之一。我校在这点上始终坚持"三子理念"即为青年教师"引路子、搭台子、压担子",对青年教师进行有效培养。一是加强对青年教师入职三年"成长关键期"的"引、帮、带"培养,提供他们争胜的基础,二是学校放手为青年教师搭建争胜平台,在班主任、处室干事、教研组长、备课组长等重要岗位的多途径工作中不断成长,悄然成长。三是学校指导青年骨干教师建立教师个人专业化成长规划,明确个人的具体发展目标,学校每年都要对照个人目标实现情况和实现期限进行考核,体现胜人胜己实效。

3.提升责任感

学校主张凝聚团队力量。年轻教师在师徒结对的形式下实现快速专业化成长,教研组利用集体备课促进合作,通过同课异构摩擦火花,借助校际交流补齐短板,勇闯各级赛事力求锻造。不同的平台,不同的教师,不同的分工,承载的都是推动学校教育教学水平不断发展的共同责任。学校在教师专业成长的过程中引入智胜精神,在班主任队伍建设,教研组、备课组建设,青年骨干教师队伍建设中渗透"智己自胜"的智胜理念,树立合作、竞争的团队意识。在"智胜"精神的引领下,我校教师队伍正向着专业、综合、优秀的发展目标稳固前进。

4.提升幸福感

学校致力张扬教师的活力。如学校组织五四青年演唱会、团员青年踏春、趣味运动会等活动,同时根据教师年龄、爱好的差异成立了不同的教师社团,不断迸发活力的校园,洋溢着幸福的味道。

(三)智胜课堂的构建　特色课程泽福学生

特色课程的价值,最终体现在是否满足学生的成长需要。基于此,我经过多方考察研究,以学校人文历史和学科特色为核心,以学生的日常生活为基础,以学生现阶段知识水平为出发点,以学生的兴趣为突破口,开展了形式各样的智胜特色拓展课程。通过课程的实施提高学生知识水平和能力。

1.课程的设计思路

(1)课程设计指导思想。

学校课程设计指导思想体现了课程的校本性、实践性、综合性、拓展性;课程目标体现了智胜精神,突出了人文精神和科学精神的融合;课程的内容体现了智胜教育作为一条主线贯穿于学校课程中的这一特色;课程设置增强了课程的可选择性,有利于因材施教,有利于学生个性的形成,促进了语文、体艺等特色学科的建设;课程实施充分挖掘了课程的探究点和拓展点,注意了课程的有效性;课程评价采用了多元化的评价方式,突出了评价的激励功能。

(2)课程设计原则。

在学校课程的开发和实施过程中,我们遵循了以下几个原则:

基础性原则:课程设计满足国家课程的基本要求,夯实基础性课程,这是学生发展的根本。

多样化原则:构建多样化拓展课程,拓宽学生视野,提高学生学习兴趣,考虑个体差异,给予学生多重选择。

个性化原则:针对个人兴趣和优势,构建特色校本课程。如设置体育、经典阅读等特色课程,弘扬个性。

综合性原则:学科都不是单独存在的,设置课程时,体现学科之间的联系和综合,以培养学生的综合、分析、评价等高阶思维能力。

比例差原则:在总课时数基本不变的前提下,减少基础课课时数,增加校本课程课时数;根据不同年级学生的实际,确定校本课程的课程比例,七、八年级多一些,九年级少一些。

2.课程结构

智胜教育背景下的拓展课程,是在智胜教育理念指导下,国家地方课程校本化和学校课程特色化,在基础型、拓展型和探究型课程中实施,突出课程的探究性、实践性、创新性、综合性,着眼于学生学会学习,激励学生自主学习、主动探究和实践体验,使教师教学方式和学生的学习方式得以改善。智胜背景下的拓展课程具体分类如下:

(1)特色拓展课:强调体现学校的办学特色及学生发展的需要,根据学生选择课程分,学校规定该年级的学生必须参加的课程,如英语听说训练、名著经典阅读等。

(2)自主拓展课:属选择性课程,根据学生兴趣、特长和发展需要开设的,是可供学生自主选择的课程,如我爱科学、红色庄余霞等。

(3)学校社团:属选择性课程,从学生特点出发,充分发挥学生的个性特长和兴趣爱好,培养学生自主管理和合作精神,学校开设了各类智胜社团,如好玩的喷漆画、手工制作等。

(4)德育课程:校内德育主题活动、班团活动。校外德育基地活动,充分发挥草塔庄余霞红色革命教育基地作用。

(5)社会实践:八年级学生赴璜山工业职校社会实践活动一星期。

3. **课程设置**

(1)根据浙江省教育厅文件要求,保证课程的时间,切实贯彻落实本课程计划。

(2)根据学校培养目标、学科特点和学校年度工作要求,基于学生学习的实际情境,整合课程资源。

(3)原则性与灵活性相结合,课程实施中集中与分散相结合。

在开齐开足基础型课程的前提下,我校在七、八、九三个年级,分别设置了12门拓展型课程,平均周课时数七年级为7课时,八、九年级分别为6课时。拓展型课程分为三个大类:知识拓展,体艺特长和实践活动。学生根据自己的兴趣特长,开展必修和选修课程的学习。

七年级开设必修课程四门:智胜篮球,信息技术,人自然社会和诸山暨水家乡人;选修课程八门:莼塘名著读本,English for fun,数学思维方法探究,好玩的喷漆画,我爱科学,手工制作,初中生消防安全知识,智胜道德大讲堂和红色庄余霞,学生自主选修其中三门课程。

八年级开设必修课程四门:智胜篮球,社会实践,信息技术和人自然社会;选修课程八门:莼塘名著读本,English for fun,数学思维方法探究,好玩的喷漆画,我爱科学,手工制作,初中生消防安全知识和红色庄余霞,学生自主选修其中两门课程。

九年级开设必修课程四门:智胜篮球,信息技术,智胜道德大讲堂和人自然社会;选修课程八门:莼塘名著读本,English for fun,数学思维方法探究,好玩的喷漆画,社会实践,我爱科学,初中生消防安全知识和红色庄余霞,学生自主选修其中两门课程。

4. **课程内容**

(1)基础型课程。基础型课程即国家规定开设的课程,如语文、数学、英语、科学等核心课程。在智胜教育理念下的国家课程校本化,教师教学方式和学生的学习方式得以改善,反映在课堂教学中注重建立和谐师生关系和关注发展学生的思维。

(2)拓展型课程。在智胜教育理念下的校本课程特色化,以满足学生的需求、个性特长发展和学校特色的形成。我校的拓展型课程分为三大类:知识拓展,体艺特长与实践活动。其中,知识拓展如:莼塘名著读本,English for fun,数学思维方法探究。体艺特长如:智胜篮球,好玩的喷漆画。实践活动如:璜山社会实践,我爱科学,初中生消防安全知识,信息技术,综合实践,红色庄余霞,智胜道德大课堂,浙江人,诸山暨水家乡人。

(3)课程体系亮点——智胜特色课程群。"智胜特色课程群"是从整个课程体系中抽取、提炼出来的一个系列特色课程群。特色课程群紧扣学校的办学特色,拥有 14 门精品课程。它从属于整个课程体系,又体现草塔镇中课程体系的亮点。我校致力于开发特色课程,努力做到人无我有、人有我优、人优我精,真正体现校本特色。通过不断努力,我校逐步形成了五个系列的特色课程群。

智胜特色课程群分为:"智胜魂"系列、"爱国情"系列、"体艺风"系列、"科技心"系列和"睿学智"系列五个系列的课程群。每一个系列安排二到三个不同的并呈现一定梯度的主题,之下再设置相应的特色课程。

课程群名	分主题	系列课程	特质目标
智胜魂系列	诸山暨水家乡人	智人智己,胜人胜己的态度	智胜名人,智圣少年评比,乡土教育等
	红色庄余霞	庄余霞红色革命基地教育,诸暨市身边的道德模范等	
	社会实践	八年级学生赴璜山工业职校社会实践一星期	
爱国情系列	浙江人	浙江名人,爱国主义教育活动等	报效祖国的情怀
	智胜道德大课堂	主题班会,团支部活动,墙报征文评比等	
体艺风系列	智胜篮球	智胜篮球队,班级篮球比赛等	阳光和谐的风采
	综合实践	手工剪纸,版画创作等	
	好玩的喷漆画	智胜画社,野外写生活动等	
科技心系列	我爱科学	小发明,小创造,实验操作等	协作创新的精神
	信息技术	网页制作等	
睿学智系列	莼塘名著读本	名著鉴赏课,读后感征文大赛等	开拓学习的视野
	English for fun	七年级音标,八年级单词听写大赛等	

特色课程围绕"智胜特色"的内涵形成了课程群,不断拓展了特色课程外延,更增加智胜课程的内涵。全员化课程给每个学生的成长创设了一个舞台,让他们能够在特色课程中寻找到自己的特色,成为智胜的优秀学子。

三、"智胜"文化建设之成效

1.校园文化浓郁。如今的草塔镇中,宛如一所掩映于文化花丛中的学府,环境优美、干净整洁、布局统一。校园宜绿则绿,古亭矗立,鸟语花香。加之文化长廊和校训石的设立,无不彰显"智胜"校园文化的魅力。学生秩序井然、懂事明理、校园阅读氛围浓郁,"智人智己、胜人胜已"的校风、学风已弥漫校园之隅。

2.学生发展全面。智胜文化引领下,学校学生不仅学习氛围深厚,学业成绩在同类学校中名列前茅,而且发展全面。我校体艺社团、文学社团在市运会、男女生篮球比赛、电脑操作比赛、劳技比赛、征文比赛中斩获颇多。学校被命名为省体育特色学校,学校篮球社成功申请成为省篮球协会会员单位,在市田径运动会获得团体第三名,受到上级主管部门的充分肯定。

3.教师成长迅速。学校教师队伍建设活力蓬蓬,彰显智胜文化。学校现有中学高级教师 32 名,占专任教师总数的 30.4%,诸暨市级以上教坛新秀、学科带头人、名师培养对象、优质课一等级获得者 38 人,其中省级先进个人 1 人,绍兴市学科带头人 2 人,绍兴市教坛新秀 3 人,绍兴市名师 1 人,诸暨市名师工作室——"文凯工作室"1 个。教师们在市级以上各类比赛中获奖多多。

4.校园整体进步。近年来,全校师生在"智胜"精神的指引下,团结协作,共同致力于名校打造。学校被评为浙江省治安安全单位、绍兴市数字化示范建设学校、绍兴市招生考试先进集体、绍兴市文明单位、诸暨市文明校园、诸暨市德育先进单位等。

四、"智胜"文化建设之思考

1.且行且努力

有一句俗话说得好:"罗马不是一天建成的"。"智胜"文化的创建真的是一件比较难但又充满喜悦的工作。通过自己的努力,至少证明我们还是有思想、会实干的教师团队。有可能我们做得不是很好,但我们相信,有这样的开头,以后的道路和引路人会越走越宽阔。因为,我们也享受到成功的喜悦:

①校园环境精致典雅;

②学生家长社会认同;

③智胜学子规矩有序勤奋好学;

④形成行政团结合力教师筹办敬业。

边做边思考,且行且努力。对成功有渴望,对事业有激情,对生活有憧憬,不要徘徊于起跑线的快慢,能达到目的就是一种成功。

2. 理想丰满、现实骨干,须加强营养

在创建"智胜"文化过程中,我把这个创建申报了市级课题,并获得了一等奖。但是,我发现还存在一个很大的问题,对"智胜"的内涵与外延在课题中没有界定,以至于其真正落实中还有不足之处。校园文化的核心理念思考还有差距,有点金玉其外,败絮其中的味道,以至于在学校文化创建中,核心精髓提炼不够,学校特色不够鲜明,教师队伍建设任务艰巨。比如学校传统文化教育,草塔镇中是百年老校,有着优良传统和丰厚的文化积淀。优良传统和文化积淀要代代相传,就需要对每一代学生都进行传统文化教育。一是不断完善校史馆建设。二是通过多方位的、立体的宣传,让每一位镇中学生都理解和接受校徽、校训、校歌、校风、教风、学风、办学目标、办学理念、管理目标,让每一位学生都成长为具有"智人智己,胜人胜己"精神的镇中人。三是做好文化传承工作。办好校报校刊、学校网站,续编好校史,让"智胜"文化源远流长。

3. 不敢苟且,追求梦想与远方

"山不过来我就过去"。"路虽漫长,我始终踩在你脚下"。既然我们在管理自己的一亩三分田,我还不能苟且,还须追求自己的梦想和远方,虽然我们已青春不在,但我们拥有激情燃烧的岁月。越是努力,运气就越好,我的办学理念就一定会实现。让"智胜"的理念融入校园,让校园文化更具特色。

作者小传:

褚飞,男,现任诸暨市草塔镇中校长。1992 年毕业于绍兴师范专科学校,2000 年浙江省教育学院本科毕业。绍兴市名校长培养对象,诸暨市优秀校长,诸暨市教坛新秀,诸暨市社会学科骨干教师,诸暨市教科研先进个人,诸暨市优秀教师。一直从事农村初中教育工作,所管理的学校被评为浙江省示范初中、浙江省治安安全单位、绍兴市招生考试先进集体、绍兴市文明单位、诸暨市文明校园、诸暨市德育先进单位、诸暨市教育工作先进集体等。坚持教育为了一切学生的发展,追求纯真的教育情怀。

教育信条:只要始终坚持自己的教育梦想,总有实现的那一天。

以文化改变山区学校教育生态

——以柯桥区平水镇中学校园文化建设为个案

绍兴市柯桥区平水镇中学校长　陶　勇

【摘要】 校园文化是学校教育的重要组成部分,也是促进学校教育发展的内在动力和外在激活。它能提升学校的品位和品质,更能提高师生的素养和能力。平水镇中学从一所"边缘化的薄弱学校"跃升为全区一支不可忽视的生力军,靠的是以"若耶文化"的持续构建助推学校教育生态的改善和提质。

【关键词】 教育生态;校园文化;平水镇中学

一所学校好不好,不是看它有多漂亮、占地面积有多大、硬件设施有多齐、教师学生有多少,而是看它能否培养出适应时代的学生、符合民意的公民、顺应历史的国人,简而言之,就是营造怎样的适应现代学校的教育生态。

校园文化是学校教育的重要组成部分,也是促进学校教育发展的内在动力和外在激活。它能提升学校的品位和品质,更能提高师生的素养和能力。平水镇中学从一所"边缘化的薄弱学校"跃升为柯桥区一支不可忽视的生力军,靠的是以独特"若耶文化"的持续构建助推学校教育生态的改善和提质。作为一名在这里奋斗了 20 多年的教师,也作为一名基层学校领导,对于学校的发展以及学校教育生态的改变,历历在目,甚感步履艰难。这既是一种文化的追寻和扬弃,又是一种学校发展的革新和转型,包含的是核心价值的确立、基本制度的建立及教学方式的变革等诸多方面。

一、文化视角下的山区学校教育生态剖析

(一)教师职业操守的弱化

"新教育"改革发起人朱永新教授认为,教师职业有三种境界:一是把教师作为职业。这种类型的教师,把职业视为付出劳动交换薪酬养家糊口的谋生之所。既然是谋生之所,便少不了斤斤计较,患得患失。二是把

教师作为事业。这种类型的教师,把职业视为实现个人价值的舞台,他们渴望来自他人尤其是学生的肯定,工作往往会成为他们生活的核心,关系着他们的喜怒哀乐以及成就感。三是把教师作为志业。这种类型的教师,把职业视为宗教,为意义之旨归,职业与生命融为一体。对于教师职业的深刻理解和执着信念,会驱使他们通过学生的卓越发展,使自己的生命得以丰富扩充。

教师的职业操守是教育理想、道德和责任的综合。在山区学校,随着城乡差距日渐缩小,教师生活待遇和生活条件的极大改善以及工作环境的显著改变,学校管理层面的一些问题也随之凸显,其中就包括了教师的职业操守弱化的倾向性问题。

教师职业操守的弱化集中表现为工作缺乏激情,消极敷衍,丧失职业理想,安于现状,不思进取,得过且过等。如少数教师无视学校的规章制度,迟到早退;部分教师对待问题学生缺乏应有的耐心,方法简单粗暴;对学校安排的公共性任务不愿意接受;不种好自己的责任田,忙于办有偿培训班;对待学校考核及评先评优,毫不在乎、听之任之等。

这些问题客观上已成为山区学校持续发展过程中无法回避的教育信仰及信念重新塑造的问题。

(二)学生的情感和态度差异

随着社会经济的发展,我们欣喜地看到:家长对教育的期望和需求超过了以往任何时期,让孩子接受最好的教育成为他们的首要选择,但这并未改变一些"原发性"问题的存在。因为学生的情感发展水平和价值发展趋向往往由于区域性社会教育资源和家庭教育资源的极度匮乏和不均衡性而参差不齐。平水镇中学作为柯桥区规模最大的农村初中,长期以来,一直困扰着我们的是学生思想观念、生活习惯、行为规范等方面的极大偏差,学校教育的最大精力消耗和压力积压来自对问题学生、留守儿童的繁重管理和教育。

随着社会改革的纵深推进,农村也开始慢慢地富了起来。越来越多的农村青壮年劳动力涌向了开发地区,同时越来越多的农村青少年开始沦为留守儿童。这些学生由于隔代教育,缺乏与长辈沟通,更缺少父母的管教,加上受网络与电视不良信息的影响,有一部分留守儿童慢慢地变成了问题学生。

上个世纪末,在乡下农村里常有这样的一些人,他们游手好闲,却由于在外开赌场、偷窃、盗墓等做一些违法犯罪的事而先富了起来,并且过上比较宽裕的生活,这些人对于不知事的青少年无疑影响很大。更主要的是,在市场经济大潮的冲击下,有一些人员开始经受不住权力、金钱、美色的考验,以权谋私,索贿受贿,大搞权钱交易、权色交易,吃喝玩乐,奢侈腐化,严重败坏了社会风气,也给青少年带来极大的负面影响。

随着电视与网络的普及,学生过早地接触了一些社会的阴暗方面。而我们文化市场管理却常常失范,某些环节管理不严,查处不力,致使一些质量低劣、格调低下、内容庸俗,以宣扬色情、暴力为主的游戏、电影及广告充斥文化市场,这对一些缺乏辨别能力的青少年毒害很大。特别是当前蓬勃发展的网吧,更使一些青少年过早涉足一些不健康东西,负面影响极大。而我们的农村却由于路途遥远,更是天高皇帝远,监管更加不到位,禁止未成年人进网吧的条项与法律形同虚设,而且大家对此习以为常,不会去管。同时由于网吧老板常常是当地的不良势力或者与其有着很深的关系,更是无人敢管。这些都致使学生沉迷网络。而网络的暴力游戏与黄色信息对学生的毒害尤为大。

学校及教师已发现问题,但缺乏对问题学生管理的有效方法。因为无论是家长与学生都明白老师是不能体罚或变相体罚学生的,如果体罚了那就是违法,所以我们老师更不敢去体罚学生,很多家长又不会配合学校对学生的管理。我们的老师对问题学生也是束手无策、无可奈何,学生上网、赌博等,你把他抓到了又能怎样。只能口头上批评几句,你叫家长来,很多家长都在外地打工,根本不会回来,而爷爷辈拿他们也没法。他们的要求很简单,只要不出大事,随他,但是千万不要体罚小孩。所以,问题学生违纪后得不到有效的惩罚。长期下来,只能口头批评几句,久了,学生也就不把它当一回事了。这样我们就缺少对问题学生有效的管理方法。况且,当前我们的教育大多还是应试教育,还在追求升学率。所以对于我们初中学校,一方面是升学的压力,另一方面是问题学生,造成我们很多老师,没有对问题学生进行耐心细致的教育。往往是违纪了发现后,批评几句了事,没有在精神上有效地鼓励和认真地引导。因此教师的教学任务的完成、学生的良好学风培育等均由此受到严重的影响。

(三)校园文化建设的断层和撕裂

学校文化建设的一个重要表象就是校园环境的布置。没有科学、明确的定位,学校文化建设必然是盲目的,学校文化的发展方向必然是模糊的;而有了科学、明确的定位,学校文化建设就会有章可循,学校文化的发展就会方向明晰。学校文化的定位,包括多方面的内容,其中最重要的是学校文化主题的定位、学校文化品牌的定位。品牌是学校的一面旗帜,当一所学校的文化品牌被普遍认同之后,会产生强大的凝聚力量。因此,成功的学校无不把品牌尤其是文化品牌视同学校的生命。一个上乘的校园环境一定是围绕一条主线的校园文化系统化、系列化呈现。但是,在实际的操作中,往往存在随意性、小广告现象,或者随着校长的更换而不断变化。

我们平水镇中学其前身为创建于 1956 年 8 月,位于平水镇顶山头的绍兴县第三初级中学。1959 年,绍兴县第三初级中学增设高中部,易名为绍兴县平水中学。1984 年,新建平水公社初级中学,地址在平水镇西裘村。1986 年,平水镇初级中学停办并入平水中学。1997 年秋,因绍兴县越崎中学新建,原上灶中学搬入平水中学原址,与原平水中学初中部合并改办为平水镇中学。2007 年,原王化中学撤并入平水镇中学。2010 年,原平江中学(包括已并入其中的横溪中学)撤并入平水镇中学。学校历经沧桑,每一个不同时期都会有不同的历史印记,学校文化的传承与创新犹如过江之鲫,时时翻新。每一任校长都有自己的思想,既有撤并前的老校长留任,又有异地调任的新校长,他们对于学校文化的定位各有千秋,但因为任期或其他原因,不以个人意志为转移,有时,校长的思想贯彻到一半就戛然而止了!

因此学校文化的发展几乎缺失,很少有条理清楚、主题明确、特色鲜明、传承有序的校园文化。系统性和系列性的缺乏是绝大部分山区学校校园文化建设的通病和困惑,也导致了学校发展过程中和谐性的缺失。

(四)现代教育技术下教师的守旧心理

诚如社会对教师的评价,教师总有那么一点书生之气,忧酸之迂,教师自己对所从事的工作也不怎喜欢,缺少职业自豪感,甚至根本看不起教师工作,但真要让他辞职不干,还真没那么简单。特别是我们农村的教师,地域差异直接造成教师心理不平衡,普遍现象就是教师缺乏进取心和责任感,没有明确的发展目标,缺乏长远打算,得过且过。

由于身在农村,教师的固有观念和信息认知偏差,造成的态度偏差往往是主观武断,偏听偏信,同时相应对学生或同事的言论行为产生误解,在社会交往中会不由自主地受一些非主流价值观影响,产生对社会认知的偏差。这些因素导致了教师对于自己的第一感觉非常坚信,对他人所获得的第一印象比较不易改变的偏见,也就是对一些新鲜事物有一种拒之门外的感觉,因此容易因循守旧。对学生提出不合理的教育目标,拒绝学习新知识、接受新事物、尝试解决新问题。如果教师不自觉地控制和纠正自己的思想,就会影响师生关系,影响教师的心理和教育行为,从而导致不正确的工作生活方式,生活上向高标准看齐,工作上向低标准迈进。这种比较方式使一些教师在工作上得过且过,盲目乐观,不求进取,而在生活上怨天尤人,欲壑难填,牢骚满腹,"端起碗吃肉,放下碗骂娘"。

近年来,在山区学校,随着义务教育均衡化的发展,无论是课程专用教室的建设还是特色场馆的建设,无论是课程资源的建设还是现代教育设备的升级等,与城区学校的差距正在逐渐缩小。但"课堂许多时候成为唯一的教学阵地,课本许多时候成为唯一的教学资源"的现象依然见怪不怪。面对"互动课堂""智慧课堂"等现代教育技术,部分教师表现出的是"穿新鞋走老路"。我们认为,"观念层面的现代化才是实现教育现代化的关键和内核",如果不更新观念,信息技术的应用不仅不会提高教育教学效率,而且还会造成巨大的资源浪费。

(五)特色建设追求和凝练的缺位与错位

特色建设客观上就是学校的办学特色。学校办学特色的形成就是学校特色文化。北师大朱洪秋教授就特色学校的概念和内涵指出,专家、学者和校长们有很多种不同的理解和界定,主要的观点包括:特色学校是有特色的学校,是个性化的学校,是成功的学校,是示范性学校,是有品牌的学校,是有文化的学校……有人还把特色学校形象地描述为"人无我有,人有我优,人优我精,人精我特"。

我们认为,特色学校建设是一定教育思想和理念指导下的教育实践行为,必须站在实践的视角对特色学校进行界定。特色学校概念应该具有差异性和包容性,应该有利于推动学校全面而有个性地发展,而不能让特色学校建设成为少数学校的专利,更不能让多数学校望而却步。

首先,特色学校建设是学生个性化发展的需要。美国哈佛大学教授霍华德·加德纳的多元智能理论指出,人的智能是多元的,而且不同智能的发展不是均衡的。人的智能至少包括语言智能、逻辑数学智能、空间智能、肢体运动智能、音乐智能、人际智能、内省智能七种(后来又补充自然探索和生存智慧两种智能)。中学生智能的发展是自身潜能的释放和环境教育共同作用的结果,特色学校建设有利于满足某些特殊智能学生的发展需要,也有利于培养更多学生在某些智能方面的积极发展。

其次,特色学校建设是学校个性化发展的需要。义务教育初中阶段属于基础教育阶段,主要进行基础知识、基本技能的教育,考试成绩和升学状况作为评价学校办学质量的重要指标。学校办学趋同化现象非常严重,"千校一面"是人们对初中学校同质化现象的一种形象表达,"千校一面"的结果是"千人一面",学生没有个性是一种客观存在。特色学校建设可以在某些方面满足学生个性发展的需要,促进学生个性化成长。

再次,特色学校建设是教育均衡化发展的需要。在社会飞速发展的背景下,广大人民群众不仅要求孩子能够有学上,还要求孩子有好学校上,更高的要求是有符合自己孩子个性化需求的好学校上。为此,《国家中长期教育改革和发展规划纲要(2010—2020 年)》提出了基础教育均衡发展的战略部署。基础教育均衡发展不仅要求学校之间软件和硬件的均衡,更对学校的个性化发展提出了特殊需求。特色学校建设是满足学生个性化需求,促进学校之间均衡发展的有效策略,真正实现因材施教。

最后,特色学校建设是推进素质教育的需要。素质教育是全面发展的教育,全面发展要求每一位学生的德、智、体、美等方面全面发展。全面发展不是平均发展,而是平衡而有个性的发展。特色学校建设有利于教育全局的均衡发展,有利于满足不同学生的个性发展,有利于促进学生多方面的发展,因而有利于推进素质教育的发展。

而我们山区学校特色建设普遍存在的问题不仅仅是理论基础上的贫乏,更多的是物质领域的校舍、景观、绿化等缺乏应有的文化赋予和学校特色;精神领域的核心价值、校风、教风、校训等概念模糊、内涵牵强;制度领域内容不全、价值取向虚化、操作性弱且导向性差等。这些缺位与错位不是影响学校教育的片面化就是影响学校教育的不可持续化,也影响着学校办学品质的提升和办学内涵的丰富。

（六）校园文化学习性的贫乏

校园文化是在一定社会文化大背景下,学校内影响和制约师生活动和发展的各种文化因素总和,是一种无形的、巨大的教育力量,也是教育成功的重要基础,对学生的健康成长有着不可替代的作用。校园文化是一所学校精神风貌的集中反映,是学校办学特色和发展个性的体现,它对启迪学生的智慧、开阔学生的视野、优化个性人格等都具有重大而深远的影响。营造浓厚的学习氛围,从一定程度上讲是学校文化建设的核心任务。学习性是学校文化的一个最显著的因素,而学习性的缺失是当前学校文化建设中的迫切需要解决的问题。以教师向学生推荐课外读物为例分析,教师向学生推荐的书籍、报刊,学习辅导书占90%以上。从教师的层面看,在功利、浮躁的影响和干扰下,一些教师渐渐丢弃了读书和阅读,教材、教辅及快餐读物几乎成了他们主要的阅读材料。很难想象,不读书、不思考,怎会有知识的丰富、思想的深邃,怎会铸造成高尚的灵魂和学校精神。

校园文化体现一个学校的个性魅力,一个学校的办学水平,主要包含物质文化建设、活动文化建设、制度文化建设、精神文化建设四个方面。物质文化建设也就是一个学校的显性文化,是现实目的的突进和载体。它是必要的物质条件,是校园文化建设的重要组成部分和必要支撑,包含一个学校的整体布局,校园绿化、校园美化等,是显性的,硬件的。它能让校园的各个区域都会说话。给人一种幽雅、宁静的感觉,体现一个学校的文化底蕴,达到以文化人的目的。

活动文化建设是推进创新教育的突破口,是培养师生能力的载体,包含学校的各种活动,如文体活动、教学活动、健康教育活动、主题班会、综合实践活动等。校园文化不仅仅是停留在外在的形式上,更值得关注的是能包纳其内涵与实质的精神领域。校园文化中的精神文化是学校文化的核心,是学校发展的精神动力。校园精神文化的基础是校园人的心理层面,其内容是校园成员的思想观念和素养,表现形式则是精神创造活动及其产品。

制度文化建设包含学校所有的、传统的、现代意识的规章制度,组织机构建设等。学校制度文化建设须注重实效性、针对性和可操作性,须与社会大环境相吻合。不能违背现行的各项法律法规。一个学校的校园文化建设体现了学校的办学思想和办学理念,是学校办学思想和办学理念的集中体现,须用"心"去做。

精神文化建设是文化活动的核心内容,包含办学理念,是校园文化的最高层次,是学校的灵魂,是师生共同奋斗的最高目标。其共同的价值观念,是本质、个性的集中反映。它是学校的精神风貌,体现在校风、学风、教风、班风和人际关系的建设、校园环境建设上。

一个学校的文化发展史其实就是一个学校的兴衰史。学校文化沉淀于学校精神,学校精神通过学校文化呈现。在当下大力倡导校园文化建设的大环境下,如何使学校文化凸显,能使全校师生耳濡目染,时刻浸润,又能使外来人员一目了然、感同身受,这正是我们追求的目标。

二、教育生态层面下的文化改变和推进策略

(一)以核心价值夯实事业和使命担当的根基

学校文化的灵魂是学校坚守的教育价值观和学校精神。没有坚定的信念,就不会有必胜的信心;没有强烈的责任感,也不会有高昂的斗志。一所学校没有了共同的理想、信念和责任心,即使有最优美的校园环境,学校充其量也只是"水泥+钢筋"的结合体,教育的张力得不到释然,教育的功能得不到显现,根本就谈不上凝聚力、意志力和战斗力,即所谓"灵魂不在,精神丧失"。

从核心价值确立方面看,平水镇中着眼于为国家和社会培养全面发展的人的"人本"理念,较早提出了"抱着信念读书,抱着信念教书"。"抱着信念读书"——为中华复兴而读书,为传承文明而读书,为实现自身价值而读书,为感恩父母深情而读书。"抱着信念教书"——全体教师应肩负起复兴中华的历史使命,成为中华民族的脊梁。就这样,国家、学校和个人在这个信念和旗帜下被集合起来,成为全校师生工作、学习和修身的一个"方向"和"内驱"。它既关注到学生的价值追求,又彰显学校的办学理念和办学目标,也立足社会、家长对教育的标准和期望,为从根本上引导学生端正学习动机,树立学习目标,激发学习激情,构建了路标和方向,也为广大教师重塑教育信仰、实现由"职业"向"事业和使命"的教育理想升华夯实了根基。近年来,学校立足社会主义核心价值观,进一步确立"包容、规范、人本,敬业、实干、优质,明理、好学、卓越"的核心价值理念。

我们重视校园环境的浸润作用,使其处处渗透着学校的办学理念和平中人的价值追求。学校在优美的环境文化建设中,既注重设施、景观的外在形态,更注重形态中所蕴含的文化内涵和成长品质。从学校精神的凝练方面看,近年来,学校在"大干、苦干、实干、会干"学校精神的基础上,结合学校的办学现状和办学目标,进一步凝练成"朝乾夕惕"的学校精神。走进平水镇中学,你会发现一幢幢教学楼赋予了特殊的精神暗示——越崎楼、励志楼、致远楼;你会发现一个个石头景观赋予了特殊的精神宣誓——"责任""早""博""健""真""善""美"……作为一种潜移默化的精神力量,它促进着全体教师树立起"认认真真教好一门科,兢兢业业领好一个班,发挥特长带好一个组"的工作态度。放眼楼道、连廊,你会发现一幅幅书法、绘画等艺术佳作赫然在列,它们并非出自名家大师,而是来自我们的学生。优美的环境文化滋润着学生的全面成长,学生的全面成长也助推着学校环境文化建设的步伐,我想,这些楼宇文化、景观文化、走廊文化、墙壁文化等就是"以生为本"的有力显示。它唤醒、激发全校师生崇高的情感和强烈的进取心,它也深深烙印在从学校走出的每个学子的成长轨迹及其心中。

(二)以先进管理文化凝聚事业和使命担当的力量

"没有规矩,不成方圆",制度当然也是一种文化,它具有规范性、连续性和导向性。学校的各项管理制度,既是广大师生的行为准则,又是校园文化的重要内容和表现形式。如何保证学校的持续发展?如何凸显教师的教学成效和学校的办学水平?它需要设计并构建融制度、质量、成绩、荣誉为一体的评价机制,也即制度文化。规范的制度、科学的管理手段和管理方式综合了学校的管理文化。它不仅能规范人的言行,更能激发人的潜能,使教师在从事教育教学过程中"得以不断突破自己的能力上限,创造真心向往的结果,培养全新、前瞻而开阔思考的方式,全力实现共同的抱负……"

客观地说,作为山区学校,单凭少数人的能力发展,基本上是不可能完成教育任务的。如何让一群普通的人做出不平凡的业绩,作为山区学校,我们就要依托团队,就是要用"三个臭皮匠"的组织方式,提升学校整体的教育质量和办学水平。如果我们能设计一种制度让每个人的优点充分发挥,让每个人的缺点得以克服,那么我们就能更有效率地胜任更有难度的事情。为此,平水镇中学创新实施了"核心组"这一管理模式。

"核心组"管理模式,即以学校、班主任、教师"三向"选择为组建方式,学校在整体确定并推出各年段、各学科教师的条件下,由两个平行班的班主任从优自主选择属于自己班的任课教师,以两个班为单位组建一个核心组,并确定其中一位班主任为核心组长,全面主持和安排本核心组的工作,包括班级管理的安排,学科检测的安排,学校重大政策、决策的解读及执行等,而学校对班级及教师的考核即以核心组为单位进行团队捆绑式考核。

实践证明,"核心组"这一管理模式的建设和推进,为每个教师教育主观能动性的发挥创造了一个良好的机制和舞台,使得学校具体工作重心下移,学校的角色站在了一个宏观的调控层面,把更多的个性张扬和主体性发挥给了每一个班组,为各个班组的有序、有效、多元地开展学校的各项工作提供了一个足够的空间和氛围,全面确立了教师在教育、教学和管理中的主体性地位。

(三)以特色德育文化孕育事业和使命担当的品质

十年树木,百年树人。树人要以立德为基础,立德促进人的全面发展和长远发展。着眼于社会主义核心价值观的教育导向和价值取向,2016年,学校依托"平水——中国山水诗的发源地、浙东唐诗之路的驿站"这一独特资源,建设若耶诗文化主题公园,开设《平水物质文化与非物质文化》《平水若耶诗路的探究》等地方精品课程,创新提出并构建"诗性德育"特色德育文化,2017年学校申报的课题"基于'浙东唐诗之路'的校本诗性德育课程建设策略研究"被列为浙江省教研重点课题。

"诗性德育"的基本内涵是:心怀诗一般辽远的志向,热爱祖国、报效祖国的爱国心,心怀社会、兼济天下的责任感,守身明志、不欺暗室的自律性;胸存诗一般丰富的情感,自尊自爱,自立自强,开拓进取,坚毅勇敢,谦虚友好;身具诗一般飒爽的行动,勤劳,好学,热情,文明,诚信,守时。学校为此坚持核心价值与"诗性德育"的统一,有效推行三级德育导师帮护、优秀榜样和名人警句激励、综合实践探究、诗苑情感点读四项基本策略,四项策略相互联动、互为协调,让学生在感知、感悟中提升成长的信心和动力。

走进平水镇中学,我们总会在皮划赛艇特色展示区前驻足,它记录了一个品牌的成长,也成为学校诗性德育的重要抓手。平水镇中学作为国家高水平体育后备人才基地、省阳光体育后备人才基地,涌现出像徐东香、范雪飞、孙新昌等世界级优秀运动员,还为国家、省、市皮划赛艇队输送了许多优秀的运动员。每学期,学校都会邀请这些优秀运动员回到母校,用自己的成长经历激励学生增强信心、牢固信念。"在人生的赛场上,为国家、为学校、为自己争光成为这些运动员对全校学生的有力感召"。

同时,学校坚持在综合实践活动中渗透诗性德育,让学生在精心设计的活动中助推学生成长:每年两次全校学生的"修学游"、每年以民族精神、诚信守信、勤俭节约等为主题的教育月活动;每学期两次的"心理健康,我和专家面对面";每月一次的趣味运动会等活动。这些活动,不仅多元地提升了学生的综合素质,更为健全学生人格、培育学生良好品质、充分出彩自我提供了平台、搭建了舞台。

当然,良好的德育实施保证,需要一支良好的德育工作者队伍。学校从"人人都是德育导师"的要求出发,有计划开展教师培训工程,通过包括读书日活动、师徒结对、主题研讨、若耶讲坛等在内的诸多载体和途径,造就了一支具有特质的优秀德育导师队伍。

(四)以浓厚阅读文化滋养事业和使命担当的智慧

关于"阅读",我们会有千百种的名言和名义。如"阅读令人睿智豁达、优雅美丽""阅读不可以改变人生的长度,但可以改变人生的厚度"等。从教师的层面讲,正如苏霍姆林斯基所说:"教师获得教育素养的主要途径就是读书、读书、再读书。"从学生的层面讲,阅读是认知、教育、审美的统一。

很多人说过"要让学生喜欢读书,首先自己要喜欢读书"。不错,教师读书,从读书的内容到读书这个行为本身都是有益的。从教学的层面看,我们很难想象一个不喜欢读书的老师怎样拓展课堂的知识,怎样用生动活泼的内容启发学生的心智、拓展学生的视野。平水镇中学一直坚持"校长赠书,老师阅读"的独特传统,每年的寒假、暑假、教师节,学校老师总会收到一本校长推荐、赠送的好书,《师德培育与生成》《做一个有故事的老师》《教学勇气》《寻找做老师的感觉》《教师第一课》……这些书籍为全校教师汲取教育理论的阅读、提升人文修养的阅读、扩大知识视野的阅读创造了条件、拓展了途径,它内化着广大教师重塑教育的信仰、理解教育的价值,它引领着广大教师以更深广的视野、更全面的视角认识职业之美、事业之伟,自觉远离平庸与浮躁。当然,教师如果只是阅读,而不能结合自己的实际加入思考或者实践,那么阅读并不能对教师专业能力的提升起到积极的影响。因此,读书笔记或者读书心得成为每一位老师必须上交的作业。

"新教育"改革发起人朱永新说过:"一个人的精神发育史实质上就是一个人的阅读史。"阅读对人成长的影响是巨大的,"腹有诗书气自华",一本好书往往能改变人的一生。要让学生好读书,读好书,真正成为一个精神开阔、独立、强大的人,平水镇中学坚持读书节不间断、图书室不闲置。每年的 4 月,平水镇中学总会结合世界读书日而启动校园读书节,至今已连续举办了七届。"读美文经典,创书香校园",每届校园读书节主题鲜明、内容丰富,国旗下讲话、主题黑板报、主题班会、国学经典诵读赛、诗词大会……它不但营造了积极向上、清新高雅、健康文明的校园文化氛围,也激发着学生读书的兴趣和探求中华文化经典的梦想。同时,学校以班级流动图书角为依托,让书籍以一种便捷、高效的途径和形式走进教室、走近学生。

总之,人是教育的中心,也是教育的目的;人是教育的出发点,也是教育的归宿;人是教育的基础,也是教育的根本。面对当前山区学校普遍存在的教育生态,我们必须从文化的视角来思考学校既有的制度、价值认识、师生行为方式等,积极建设和追寻以促进人的发展为核心的校园文化,让每一位老师和学生成为最好的自己,让学校在校园文化的内在动力和外在激活中升级有为。

作者小传:

陶勇,男,1973年4月出生,1995年8月参加教育工作,中共党员,大学本科毕业,中学数学高级教师,现任柯桥区平水镇中学校长、书记。曾被评为浙江省优秀数学竞赛辅导员,绍兴县青年岗位能手,绍兴县优质课教师,绍兴市第四届名校长培养对象。在多年的学校管理实践中,他以"凝心聚力谋发展,朝乾夕惕办教育"作为学校管理努力的方向,以实现学校是地方经济发展的金名片为目标。对自己的要求是:讲良心、有爱心、要上心、树公心。始终不忘初心,潜心任教,用自己满腔的热血、崇高的人格、自强争先的精神,带领学校师生,披荆斩棘,冲击教育最前沿,追求卓越,展现了一个现代灵魂工程师的风采!

教育信条:成功在再坚持一下的努力之中。

以学校文化统领学校发展

绍兴市越城区富盛镇中学副校长　谢兴泰

【摘要】　位于绍兴会稽山麓东南的富盛镇中学，建校 50 多年来，学校追求"从容淡薄的教育心境、求真务实的教育作风、真诚内省的教育品质"，形成了以"艰苦奋斗的开拓精神、自强不息的进取精神、身体力行的实干精神、相濡以沫的团队精神"为主旨的学校精神，以"富文盛质，自强不息"为校训，铸成了"潜心教学、虚心乐学、情趣高雅、文明和谐"的校风和"生活自理、行为自律、学习自主、人格自尊、思想自由"的"五自"学风，以"书法立志、翰墨树人"作为学校的特色教育目标，秉承以人为本的管理理念，形成了文化发展战略统领学校发展的框架，通过文化理念的架构与渗透，致力于构建育人新模式。

【关键词】　文化立校；文化育人；文化创新；富盛镇中学

　　绿水青山渊潜龙，盛世兴教创伟业。越城区富盛镇中学位于绍兴东南的会稽山麓，毗邻省重点文物保护单位——宋六陵，这里有江南"大寨"——红色上旺，现代农家休闲——由由家园，空气清新，景色宜人。学校创办于 1958 年，地点在原富盛镇金家岭村，1962 年搬迁至富盛镇方潜桥村，经过几代富中教育人的建设和发展，校园现占地四十三亩，建筑面积 7922 平方米，其中绿化面积 3675 平方米，教学楼两幢、综合楼一幢，师生宿舍楼三幢，风雨操场一个，能容纳 400 名学生就餐的膳厅一个。学校目前共有教学班 9 个，学生 320 名，专任教师 33 名，教职员工 40 名。

　　建校 50 多年来，学校追求"从容淡薄的教育心境、求真务实的教育作风、真诚内省的教育品质"，形成了以"艰苦奋斗的开拓精神、自强不息的进取精神、身体力行的实干精神、相濡以沫的团队精神"为主旨的学校精神，以"富文盛质，自强不息"为校训，铸成了"潜心教学、虚心乐学、情趣高雅、文明和谐"的校风和"生活自理、行为自律、学习自主、人格自尊、思想自由"的"五自"学风，以"书法立志、翰墨树人"作为学校的特色教育目标，秉承以人为本的管理理念，形成了文化发展战略统领学校发展的框架，通过文化理念的架构与渗透,致力于构建育人新模式,努力做到让每一个学生"每天进步一点点"。学校体现人文关怀,尊重个体差异,创新教育方法,创造性地开展"阳光教育"、"细节德育"、"留白课堂"、"315"生本课堂,为学校发展注入了新的动力,为教师成长搭建有效平台,为学生成功提供更多的时空。

一、文化时代,呼唤学校的责任与使命

学校文化总是产生于一种深刻的历史文化背景中,历史如同一面硕大的镜子,照亮了过去,昭示着现在,指引着未来。我们构建现代学校文化必须尊重历史,植根于历史,传承和发扬优秀的传统文化。优秀的传统文化——滋养师生心灵。中华民族的传统文化精神集中表现于两个主题:"天行健,君子以自强不息;地势坤,君子以厚德载物。""自强不息"和"厚德载物"一个是奋斗,一个是兼容。厚重的中国历史文化,先进的教育思想,敢为人先的创新精神,熏陶了一代又一代中国人,滋养了千千万万师生的心灵,这些极其宝贵的精神财富,是我们传承、发展、创造现代学校文化的依托之本和动力之源。一所学校,不管历史的长短,一路走过的历程都是一笔财富,都是一种不可再生的教育资源。先进的办学理念——引领学校发展。一个学校的教育理念就是校长的教育哲学思想。德国哲学家叔本华说:"理念是意志直接的客观体。"一个成熟的教育理念,往往贯穿办学的始终,经得住历史检验,是历任校长治校育人的总方向总路线。先进的办学理念是一面旗帜,是一种力量,是一种气质,是一种个性,是一种氛围,是一种最宝贵的教育发展资源。务实的学校制度——激励师生成长。制度是学校文化建设初级阶段的产物,制度向学校精神跃进,这是一个艰难的爬坡过程,是一所学校从初创到成熟,从粗放到精致,从弱校跻身强校乃至名校的不断升华过程。学校作为教育事业的细胞和实体,是为社会文化的传承与更新而存在的,呵护社会文化生命的延续与成长是教育事业的立命之基与力量源泉,这就决定了学校必须担负起人类社会文化传承与更新的重任。有学校的地方就有文化,学校是把社会主流文化、先进文化辐射出去、传承下去的文化堡垒,一所学校托起一方教育,承载一方文明,学校是地方文化、生活文化的生命线。我们有幸,时逢盛世,党的十八大报告要求"让一切文化创造源泉充分涌流,让全民族文

化创造持续迸发"。建设文化强国必然要"创造出中华文化新的**辉煌**",这也是"中国梦"的重要追求。从经济的"发愤图强"到文化的"创新图强",文化强国必然成为时代强音,文化的发展不仅要有强劲的动力,更要有沉稳的定力。文化的"大发展大繁荣"进一步呼唤学校的责任与使命,要求学校从战略的高度认识学校文化,充分发挥学校的导向功能、凝聚功能、规范功能,同时学校文化也是落实《国家中长期教育改革和发展规范纲要(2010—2020 年)》的重要力量,学校要跟上社会的变革和学生的进步,建立和完善适应学校自我发展的文化纲领,并通过先进的理念文化、完善的制度文化、优秀的教师文化、规范的课堂文化、美丽的校园文化等建设,促进学校内涵发展,推进学校师生的文化自觉,从而带动家庭、社区的文化提升。

可以说,学校面临的文化责任与使命是独特、艰难而又不可回避的,时代在呼唤一代新人的同时,也在呼唤敢于实践、敢于思考、用头脑和行动一起创建教育新常态的时代弄潮儿,创建学校文化的历史使命,无疑落在了当前新型的教育工作者身上。

二、文化立校,铸就学校发展之魂

学校文化反映学校的精神内涵,是学校教育的灵魂。从文化学的角度来看,学校文化是一个全新的概念,有着非常深广丰富的内涵,可视为学校一切文化现象的总和,学校文化无处不在,无所不包,可具体分解为三个层面:

(一)物质形态的学校文化

包括校园的自然环境和各类设施,如操场跑道、树木花草、旗杆旗帜、校标校徽等。学校物质文化具有直观形象的特点,但却内隐了设计者、建设者和使用者的价值观、审美观。布局合理、富有个性的校园建设,一方面可起到美化环境、装饰校容的作用,另一方面又能起到陶冶情操、净化心灵的作用。而这种心灵的塑造,完全不同于知识技能的培养,它只能靠文化环境的营造形成心灵的感应、精神的升华、观念的更新,从而实现学生时代性格的塑造。一所文化气息浓厚的校园,总是让人感受到一种浩然之气、书卷之气、山川灵气,这就是学校物质文化对人的教育和熏染的无穷魅力。

（二）制度形态的学校文化

一所学校,如果仅有优越的环境条件是不够的,还必须有严格的规章制度来约束和规范师生员工的行为。学校制度文化包括培养目标、制度纪律、校训校规等校园一切制度形态的东西,这种具有强制性的制度文化环境,一经学校成员的高度认同,不仅能促进良好品行和价值观念的形成,更能凝结为一种无须强制就能在代代学生中自然传承的精神文化传统。一所学校必须有明确的培养目标和办学方针,有严格完整的规章制度和组织纪律,才能培养和锻炼师生严谨求实的治学精神和实事求是的工作态度,才有可能培养出高质量的人才。制度文化建设是学校生存发展的必经历程。

（三）精神形态的学校文化

它是学校文化的核心内容,更是学校文化建设所要达成的最高目标,包括办学思想、价值观念、态度作风、行为方式、礼仪习俗、人际关系等所有精神形态的东西。学校精神文化影响校内成员价值取向、人格塑造、思维方式、精神风貌、道德情感等,同时,它对外彰显学校的精神风貌、个性特色和社会魅力。牛津、剑桥、哈佛、北大、清华等名校魅力之所以经久不衰,就在于它们能始终坚持和弘扬自己优秀文化传统,经过历史的积淀、选择、凝聚,最终形成一种更高境界的精神文化——学校精神,并由此透射其独特的感染力、凝聚力和震撼力,陶冶和启示着一代又一代的学子。

在上述三个层面的文化形态当中,物质形态的文化是学校文化的外壳,制度形态的文化是学校文化的支柱,精神形态的文化是学校文化的核心。我们提出文化立校就是要求学校通过物质文化、制度文化、精神文化的建设来促进学校的发展,进而办出特色,办出品位,办出品牌。文化立校也就是用文化来管理学校。

富盛镇中学作为一所有几十年传承的学校,历史悠久,但富盛镇中学人清醒地认识到:学校建设的最终目的是学校发展,是为了使学校成功履行文化育人的重任,而学校文化是一所学校核心竞争力的聚会点,是其赖以教育学生、引导学生、发展学生的基本资源,是学校潜力培育、实力铸就与内力飙升的物质支撑点,是一所学校的"超稳定结构",是学校持续保持其优势的关键,一所没有文化的学校是空有其名的,它顶多是一块地、一群人、几幢楼而已。因此,两年来,富盛镇中学十分重视挖掘学校文化底蕴和提炼、深化、明确学校发展的文化内涵,学校领导集体结合富盛镇中学的发展历程,系统地总结,高度地概况出了学校发展的文化内涵,取得了富盛镇中学发展史上的重大突破,完成了价值追求上的无缝衔接,实现了学校管理模式和发展模式上的从容转身。这个过程就是一个给富盛镇中学铸魂的过程,在文化理念的挖掘、提炼、升华、引领下形成了富盛中学魂。国家有国魂,军队有军魂,每个人也都得有魂,而且这个魂也是要融入血脉当中去的。学校上下达成一致,仅成为富盛镇中学人还不够,更要有富盛镇中学魂,而魂的核心就是"生活自理,学习自主,人格自尊,思想自由"的办学追求,"富文盛质,自强不息"的校训,就是"指向孩子一生的幸福"的宗旨,"潜心教学,虚心乐学,情趣高雅,文明和谐"的诗意追求……富盛镇中学魂的确立也就确立了富盛镇中学的力量,也就指明了学校未来几年、十几年的奋斗目标,也就找到了学校今后的发展路径。这一系列文化理念的创新,为学校注入了特色鲜明的时代符号和不竭的精神动力。它必然将使学校教师队伍抢占学校文化建设的制高点,形成富盛镇中学强大的核心竞争力及学校核心价值观。富盛镇中学这所半个世纪以上的老校也应该进入学校精神文化理念建设顶层设计阶段了,为了民主、平等、自由、公平,需要更具体地规范学校的工作秩序。建章立制是文化的保障、文明的体现,文化可存异,文明必求同,固本塑形齐聚力,铸魂强基而凝心,从而力争建立起"植根于内心的修养,无须提醒的自觉,以约束为前提的自由,为别人着想的善良"的大境界。只有文化才是学校持续发展的不竭动力,它必将关注富盛中学师生的生命成长,成就教师出彩人生,承载学生成功起航,伴随家长幸福一生。

三、文化育人,缔造学校管理新常态

文化育人,不是一种有形知识的灌输,而是向人们的思想理念注入人性中诸如社会主义核心价值观等,基于此内化为一种健康向上的意识,潜移默化地形成人的灵魂和精神。文化育人的终极目标是铸就人性的美德,让人们在核心价值观的选择中有所为与有所不为,养成知荣辱的价值取向。教育中让人感动、感念并终身记忆的,总是一个个触发心灵记忆的细节。当学生走出校门,这些东西就会深刻地留在他们的记忆中,形成良

好的价值认同、工作能力和行为习惯,影响着他们的进步和发展。文化育人就是把母校的文化精神烙在学子心上,让他们获得受益终身的精神营养。人才培养的最高境界就是要营造一种文化,一种所处不在、润物细无声的良好文化氛围。正是有这样一种深刻的认识,富盛镇中学从保持、继承、发挥乡村文化的自身传统出发,结合办学理念与校训,开展了"书法立志,翰墨树人"的学校主题文化建设,以打造一种自然、和谐、共生、兼容并包的文化。过去的几年,富中人积极思考、大胆探索,合力奏响田园牧歌,有力地促进了师生诗意地成长。

(一)构建合理完善的制度文化

制度,是指要求大家共同遵守的办事规则或行为准则。文化,是人们在社会生活中遵循的一定的规则、规范和秩序,形成的共同认识、理念和思想。制度不等同于文化,它是文化的一种载体。只有当制度被人们所认同,并转化成为一种心理需求时,才能凝固成为一种文化。此时,才能对师生的行为,对学校教育教学活动产生深层次的影响。所以,重视和加强学校制度文化建设是文化立校、文化治校不可或缺的关键一环。一个好校长就是一所好学校,而一个好校长关键在于要有一套好制度。只有构建合理、完善的制度文化,才能确保学校可持续地健康发展,才能达到文化育人的目的。

几年来,富盛镇中学致力于制度文化的探索,取得了一些成效,也有了诸多收获。

一是制度比较全面和完善,没有大块的"显性缺失",也没有虽存在但形同虚设的"隐形缺失"。我们建立和完善了以岗位目标责任制为主体的制度体系,从而保证了重点工作的突出和常规工作的规范。这些制度,是学校集体意志的体现。当然,制度的完善与否,又是相对的。在完善制度体系建设的过程中,我们也看到了制度的动态性,努力根据新形势、新问题进行及时的调整。

二是制度的生成具有科学性与实用性。这源于制度本身的合理性与合法性。富盛镇中学的所有制度不以惩治为出发点,主要体现规劝、劝诫的作用,做到规范人和教育人的同时,充分尊重人、理解人、帮助人、激励人。在制度生成的过程中,也秉持开放的态度,鼓励师生们积极参与,当教师参与了学校制度文化建设,就会从自身的情况来思考符合自身利益的制度,每一个教师都这么想,那么在制度文化形成的过程中,各种思维的碰撞,各种思维火花的产生,各条制度的形成,就会潜移默化地让师生们学会换位思考,懂得包容与妥协,从而找到最大公约数。这样,有师生共同参与制定的制度,更具合法性,更能得到他们的认同和接受。

三是注意制度执行的策略。制度一旦生成,刚性的执行力度确有必要,这是推进制度文化建设的必由之路,但要一视同仁、公平公正、对事不对人。同时,惩戒要严而有度、严而有爱,充分体现人文关怀。几年来,富盛镇中学对于违纪的教职工,都能及时进行思想沟通,给予精神安慰,同时也给予当事人以申辩、申诉的机会,使当事人对学校的规章制度心悦诚服。总之,制度的贯彻和执行做到了严而不死,活而不乱,学校制度不再是僵化的条文,而是成为激励教师参与管理的措施。

(二)重塑优秀卓越的教师文化

如何营造良好的文化育人氛围,如何让孩子们在优质的文化氛围中健康成长,教师的作用是显而易见的,简而言之,学校的文化建设依靠教师的文化底蕴。而教师的成长离不开其成长的土壤——教师文化,教师文化是教师群体在学校环境里,在教育教学活动中形成与发展起来的价值观念和行为方式。教师文化内隐在教育者的内心,对受教育者起着潜移默化的影响;教师文化又外显于校风、教风,渗透到学校教育教学之中,直接影响教育教学的进程。

传统的教师文化是一种比较强势的、惰性的、竞争的文化。"强势"来源于行政文化的影响,教育行政对教师的管理方式往往是政策性的,教师不得不认同,教师的教育思想往往收到钳制。在这种行政文化的影响下,教师在教育教学中会或多或少会以爱的名义,强制学生做一些他们不愿意做的事情,同时,在这种教师文化中,教师不敢承认自己教学的失败,因为一旦承认,往往会遭到同事的嘲笑或领导的不信任。"惰性"则主要表现为对企图改造自身的外在力量的排斥。由于教师流动性差,人员相对稳定的工作特点,教师文化得以形成和传承。这种文化具有极大的影响力,新进入学校的教师很快会被其同化——这就很能解释为什么差不多素质的教师,到了不同教师文化的学校很快拉开了差距。更重要的是传统教师文化的惰性,会使教师难以接受新的教育理念和方法。在推进课程改革的过程中,我们不仅可以看到教师在新课程、新方法接受过程中所产生的剧痛,也可以看到教师对新课程、新方法的抗拒,传统教师文化的"惰性"正是造成这些现象的原因。"竞争"来源于对教师的考评体系,因为绝大部分学校采用对教师个体评价的模式,而非团队考核,所以尽管学校要求教师团队合作,但是客观上难以形成合作关系,造成了教师缺乏合作精神和团队意识。

对传统教师文化的种种弊端,我们有清醒的认识,所以我们决定以特色创建为契机,围绕"书法立志、翰墨树人"的德育文化主题,重塑我们的教师文化。

1.加强师德建设,培训民主和谐的教师文化

"富文盛质,自强不息"的学校主题文化,它是一种和谐共生的文化,所以我们的教师文化首先应该是民主和谐的。过去的两年,富盛镇中学积极发挥党支部的政治核心、思想核心作用,坚持和加强师德师风建设,大力弘扬教育教学中的文明用语,严禁使用有损教师形象、损害学生自尊心的言语。同时,坚持民主,形成平等、合作、和谐的人际关系,形成相互尊重、彼此依赖、团结协作的校园文化氛围,从而创造了新型的教师文化,使置身其中的每一个人都能心情舒畅地来学校工作与学习,心甘情愿地把该做的事情做好,心平气和地处理工作中的问题,心存高远地规划自己的专业发展,心怀善意地去看待他人的言行。

2.实施多元评价,打造勤奋进取的教师文化

"潜心教学",意味着我们的思维和情感都必须带有野性,而野性是原始性或者本源性的生命活力的表现,是与自然保持和谐的天然联系的表现,这要求我们的教师文化必须是"勤奋进取的",而绝不能是"惰性的、颓废的"。过去的两年,富盛镇中学大力推动评价改革,改革评价的主体、目标、内容、形式、过程,建立完善的绩效考核机制,使评价程序和评价过程做到公平公正。如在学科质量考核上,我们改变了评价模式,由原先的教师个体评价改为团队考核与个体评价相结合,如为了促进新教师的成长,我们设置了"智慧奖""博学奖""亲和奖",如为了让每一位教师都能看到自己的进步,体会到成长的快乐,我们添加了教师间和师生间互评的方式,设置了"孝敬父母奖""教子有方奖""心目中的好老师""最美班主任"等奖项。总之,学校对实际情况不同的每一位教师,明确阶梯式发展性评

价模式,积极肯定每一位教师的进步,以进一步提高教师的工作热情。

3.开展校本教研,构建合作共享的教师文化

"文明和谐",体现的是一种阳光竞争、善意合作的理念,过去的两年,富盛镇中学积极践行这一理念,学校根据教学实际,大力开展多种形式的校本教研活动,将合作研究作为教师教学生活的主要内容,努力改进教师的教学方式与学生的学习方式。如备课组活动,学校从备课要求、组织形式、评价标准、检查方式、激励机制等对教师集体备课行为加以规范,实现了资源共享、智慧共享、信息共享,有利于教师整体素质的提高。通过合作共享,让教师们形成个性的教学风格,促进教师由教书匠向研究者转变,从而构建合作共享的教师文化。

(三)营塑自由阳光的课堂文化

课堂文化是教师和学生等多种教育要素在课堂教学过程中形成的课堂风气、规范、心理环境、价值观念、思维方式和行为方式的综合体。它以价值和思维为核心,涵摄于课堂诸要素之中,是课堂成员秉持的价值取向和行为动机的统一体。它是课堂教学的"土壤"与"灵魂"。所以每一所学校,要实现立德树人的终极目标,必须要重视课堂文化建设。富盛镇中学在学校文化顶层设计时,就把学校课堂文化定位为"自由阳光"的课堂文化,并以"留白课堂"为载体,进行了不懈的探索与实践。

"留白课堂"倡导把更多的时空交还给学生,学生在课堂尽情发挥。在课堂上,学生上前台、教师退幕后,留一段时间让学生自己去支配,留一隅空间让学生自己去填充,留一串问题让学生自己去思考,留一个机遇让学生自己去把握。通过增加学生自主活动机会,教师教得轻松,学生学得愉快,师生关系融洽,在课堂展示精彩的同时,为师生带来许多意外收获。这对学校文化建设产生了积极作用:有助于养成阳光、坦荡、合作的个性品质,"留白课堂"还让学生懂得了做人、做事要留有余地的道理,明白了工作、生活、学习中永远有自由创造的天地。

目前,已有越来越多的老师加入到"留白课堂"实践研究的行列,在文化育人的同时,也提炼了课堂教学的智慧。

(四)打造美丽自然的环境文化

古人云,"近朱者赤,近墨者黑。"有位哲人也曾说过:"对学生真正有

价值的东西,是他周围的环境。"学校的校容校貌,表现出一个学校整体精神的价值取向,是具有强大引导功能的教育资源。学校环境文化作为一种环境教育力量,对学生的健康成长有着巨大的影响。因此,建设美丽自然的学校环境文化,是学校发展的必然。

学校是培养人的地方,是培养具有社会性的人的地方,从这里走出去的学生以后都将投入社会的怀抱,他们对这个社会应该是起一种积极向上的引导作用,需要具备专业技能,更需要一颗一心为民之心。白色穿插勾勒在墙体上,意味着纯洁、纯真。学校是传播知识的地方,是培养真善美的人的地方,是弘扬人性美的地方,人性是纯洁的,青少年是纯真的年代,所以,纯洁的白色,随时提醒全校师生,剔除人性杂质,回归净美的人生,做一个健康阳光的人。浅米黄色有泥土的颜色,寄寓着全体师生都要立足田园,不断提升自我,完善自我,在这片土地上茁壮成长,学校将为之提供成长的"土壤"与"养分"。人性纯洁之美与青少年活泼向上的天性相互辉映,这就是学校生命力之所在,就是学校文化建设的核心之所在。

学校的建筑,给人的是一种直观的视觉冲击,可以震撼,却难以持久。在"艰苦奋斗的开拓精神、自强不息的进取精神、身体力行的实干精神、相濡以沫的团队精神"的学校精神文化框架下,学校着力构建整洁、高雅、自然、绿色的校园环境。经过几年的努力,目前已经建成学生生态园——由孩子们自己培育和养护的花草植物小园,孩子们为自己的花草挂牌、命名,定期为其施肥、管理,田园——其植物由孩子们自种自护,师生书画室——全部是由师生创作的体现"书法立人、翰墨树人"的书画作品,整个学校洋溢着活泼、和谐、人文化的现代学校气息。

今天,学校的建筑,已经凝固为一种文化表征,深深地映入每个富中人的心底。曾有一位学生在日记中深情地写道:在生我养我的这片土地上,有一所我喜欢的学校,那里的一草一木、一砖一瓦,都是灵动而富有生命的……

四、文化创新,引领学校特色之路

在当今瞬息万变的信息化、多元化时代,世界上唯一不变的就是"变"。学校文化的营造也必须不断应变创新,才能与时俱进,才能充满生机和活力。文化创新一是要突出一个重点——培育学校精神。学校精神是学校文化的内核,是一所学校的灵魂,是一个学校区别于其他学校的最本质的东西。学校精神的形成不是一朝一夕的事,需要长期的积累和培育,它是一个从外到内、从量变到质变的过程。一要注重构建先进的文化体系。要从宏观和微观层面上整体规划设计和着力实施。二要实行学校文化的引导强化。必须通过制度规范约束,引导师生行为符合学校文化的要求,经过反复的强化,使全体成员明确学校崇尚的教育理念与育人要求,进而形成良好的文化行为习惯。三要尊重生命共育和谐精神。理想的学校应该是师生的精神家园,要让教师有价值追求,让学生体会到生命的价值,要充分发扬民主作风,建立领导与被领导间、师生间、家校间、学校与社会间的长效沟通机制,共育学校和谐精神。二是要突破一个难点——创建学校特色文化。文化在于开发和创新。文化资源及其载体随处可见,关键问题是校长要有强烈的文化意识,心里想着文化,眼睛盯着文化,善于创设和充分利用多元文化载体。学校特色建设问题,其实质就是学校文化建设问题。

富盛镇中学依托绍兴得天独厚的地域文化优势,学校确立以创建书法特色文化为突破口,以此来推动学校的教育教学工作,引领学生全面素质的提高。经过近几年来的探索与实践,学生的书写能力得到了增强,学生的审美情趣与良好的学习和生活习惯得到了培养,学校教书育人的良好氛围日趋形成。2010年被命名为县级书法特色学校,2012年成为浙江省书法特色学校。

(一)倡导书法文化,传递正能量

学校是一个教育教学诸方面诸因素的综合体,只有具有明晰办学理念的学校,工作才有方向效率。我校的办学理念是"常规加特色",也就是在做好学校教育教学常规工作的同时,要在某一方面创出有利于学生发展的新思路。由此我们确立了我校书法特色学校的创建理念为"书法立志、翰墨树人",倡导"端端正正写字""堂堂正正做人",在书法学习的过程中磨炼人,教育人。通过"书法立志、翰墨树人"构建校本文化;通过"书法立志、翰墨树人"铸造办学灵魂;通过"书法立志、翰墨树人"坚韧学习意志。在此思想指导下的办学目标是:深化书法教育的内涵,拓展书法教育的外延,努力实现"建设有个性的校园文化,塑造有特点的教师队伍,培育有特长的学生,创办有特色的学校"的奋斗目标,彰显学校办学特色,创建书法特色学校。

从创建学校品牌,培养高素质人才的目标出发,学校制订了《富盛镇中学书法特色教育实施方案》,保证特色教育工作的顺利实施,并在每年的《绍兴县富盛镇中学年度工作计划》列出专题,对特色教育工作提出"七要求":一是时间保证;二是教材保证;三是教研保证;四是检测保证;五是活动保证;六是质量保证;七是教学保证。学校还专门制订了《富盛镇中学书法教育特色学校创建规划》,对师生的教学活动做了详尽的规定,设定了各阶段要求;教导处、总务处等部门也结合各自的工作职责,围绕"书法特色教育"工作充分准备、积极配合,并收到较好的实际效果。

(二)营造"书香"环境,点燃理想热情

学校是教书育人场所,也要充分发挥环境育人的作用。围绕"学校书法教育特色"工作,学校将在环境布局上动足脑筋。书法是中华民族特有的文化艺术,已具有四五千年的光辉历史。人们谈到书法,总会说书法"博大精深,源远流长"。作为一个现代中学生,有必要了解中国书法的历史,进而增强本民族文化的认同感、自豪感。学校已经赶制大批的书法卷轴、镜框,以及与书法教育有关的文字与图片资料。届时当各式各样的书法镜框、图片悬挂上墙时,学校将又多一道亮丽的风景。

学校精心布置环境,将努力使每一层楼、每一面墙都在述说与书法教育有关的人文历史,让学生在富有书法艺术的氛围中受到感染、得到熏陶。每一段书法家刻苦练习、励志成才的故事,必将激励我们的学生努力进取奋发拼搏。这也是环境育人的必备条件。

与此同时,学校也狠抓师资队伍建设,真正使教师成为学生"学书"道路上的引路人与指导者。组织教师参加有关书法教育的讲座,积极鼓励教师到校外学习观摩,参加兰亭书法节以及省、市、县书法家协会的各项书法活动,并利用学习机会与校外优秀的书法教师、书法家相互交流,向他们学习书法教育的成功经验。学校组织教师开展了"岗位练兵"活动,教师们利用课余时间认真练字,既提高了他们自身的书写能力,也充实了教师们的课余生活。学校还将通过开展阶段性的书法竞赛,激发教师要练字、练好字的热情。

(三)激活课堂教学,成长点亮幸福

学校特色教育,工作的主阵地在课堂。为了使学生真正能写好字,逐步提高他们的书写能力,学校对学生写字能力的训练分块进行。

1.抓好书法课

"书法"作为一门课程,排到了学校教学工作的重要位置上。围绕"创建",结合学校校本教研的进展,我校要求教师每学期制订详尽的、完整的书法课教学计划;认真备好书法课教案;注重对书法课教学的分析与研究。

2.抓好写字小练习

学生中午进行的是15分钟的写字小练习。伴随着悠扬的乐曲,学生个个端端正正、认认真真地练字,旁边还有教师在行间检查指导。每天15分钟的练习,巩固学生在书法课中的练习的内容,并使学生向书写有质量有速度的方向发展。在学生进行"写字小练习"的同时,学校领导也会进行全校性的巡视,发现问题及时处理。

3.抓好书法特长班

特长教学已经成为我校的一个特色,其中书法特长班是开设得最为规范、最有成果的班级之一。书法班重点培养学生的兴趣、特长,学习内容、训练质量高于一般要求。定期活动,严格训练。

4.重视精品社团建设

学生书法社团建设是实施素质教育的重要途径,是培养学生综合素质的重要载体,也是展示校园文化特色的重要窗口。为进一步发挥东麓艺社书法社团活动在学校教育中的积极作用,切实引导我校广大学生在书法社团活动中发挥潜能、培养能力、提高素质,推进我校特色学校建设。在建设书法特色的同时,学校积极加强县级精品社团——东麓艺社书法社团建设,积极整合校内外课程资源,努力实现学生书法社团活动校本课程化,使书法社团活动成为学校课程设置的重要组成部分。坚持学生自主选择、自我完善与教师有效指导相结合的原则,进一步培养学生的实践能力,激发学生的创新精神,提升学生的综合素质,为每一位学生的终身发展奠定基础。社团建设繁荣我校的文化生活,提升我校的办学品位,丰富我校的文化内涵,展示我校的办学特色,力争我校书法社团出精品作品、培精品学生,创精品社团。

5.举办书法展览

每学期定期要组织全校的书法展览,举办大型师生书法展,供社会各界人士、师生、家长参观,以便相互学习,交流,激励进步。

当然,提高学生书写能力、培养学生良好的书写习惯,不单单是通过上述几个途径进行。书法教育是我校对学生素质教育培养的一个平台,它应该与其他学科教学、学校其他活动有机地结合起来。我校以创建书法教育特色学校为龙头,要求每个教师都要树立起"教师个个都是书法老师,学生提笔即是练字之时"的强烈意识。课堂上,每个教师的板书均要工整、美观、规范,给学生以良好的示范。学生作业,无论是课内还是课外,无论是语文、数学还是其他学科,只要有书写均要做到"工工整整、一丝不苟",从而达到"端端正正写字,堂堂正正做人"的教学目的。

几年来学校的特色文化工作得到了各级领导、专家的肯定。2006年至今,我校一百多名同学在县、市、省、全国级书法比赛中获奖。2008年至今,在浙江省中学生艺术等级(B级)测试中有近70名同学通过书法B级测试。在2013年绍兴县"兰亭杯"书画现场比赛中3名学生参赛,两人获一等奖,一人获三等奖,并获团体优胜第一名。在2013年浙江省学生艺术特长测试(B级)中,我校15名学生通过书法特长测试,荣获浙江省书法特长生称号,且通过率近50%。在2012年浙江省中小学生艺术节上我校韩銎赟同学荣获中学书法组一等奖。

弘扬传统艺术,建设特色学校,引领师生创新发展,让古典书艺在青少年中重现长风振里、微雨湿花之美。书圣故里,翰墨飘香,兰亭遗韵,弥古常新。愿我们的力量在承担和创造中壮大,繁荣盛世,新人辈出,书法之乡,名至实归!

"千淘万漉虽辛苦,吹尽狂沙始到金。"在"富文盛质,自强不息"文化建设的过程中,我们有一个深刻的体会:一个学校如果具有清晰的办学理念和办学主张,并蕴含着深深的文化印记,不但不会偏离办学方向,而且还能带着教育的梦想起飞。我们正朝着这样一个方向努力着:让师生们在田园牧歌声中,襟怀质朴,秉性自然;在富盛的青山绿水中暚耀其华、诗意成长!

作者小传:

谢兴泰,男,浙江绍兴人,1988 年毕业于绍兴师范专科学校物理专业。近 30 年来一直在越城区农村学校任教,对农村教育现状有比较深刻的认识。曾任越城区马山中学副校长,主持工作。如果说"活着是种修行,人生就是一场旅行"。我想:在人生这个深奥的课题里,我们修的不仅仅是个人的品德,更多是对人生的看法,对生命存在意义的思考。如何树立正确的人生观、世界观、价值观,在修行中重新认识自我,完善自我,充实自我,这是我们一生研究的课题。所以我更想说:教书育人,是高层次的修行!

教育信条:教书育人,是高层次的修行。

第三部分 / 学习交流与体会（一） /

（绍兴文理学院教师教育学院小教专业 164 班）

改变以老师为中心的思维方式

——读《基于作业本的小班化自主高效课堂的实践与探索》

绍兴文理学院教师教育学院　蔡凌云

这篇文章有很多能引起我共鸣的地方，一共分为四篇：思想篇、技术篇、研讨篇、实践篇。

先谈思想篇。我觉得作者写得颇为深刻，说得简明扼要一些便是演讲人发言内容的精彩程度，决定了台下人看手机的频率。如果仅仅只是苍白无力的官方的陈词滥调，那么台下的观众会觉得索然无趣以致不愿倾听，从而除了刷手机可能没有什么更好的选择；如果演讲激情澎湃，富有创新，台下观众会被精彩的内容所吸引，思绪会不自觉地追随演讲人，就不会去想着玩手机了。演讲如此，那么课堂上也是如此，老师上课的内容与方式在很大程度上决定了学生掌握知识的精细程度。上课，并不代表讲课，并不是老师在讲台上一味地讲，学生在台下一味地听。虽然想要改变这个思想很难，但我们确实需要做出努力去慢慢改进。

再谈技术篇。如果一堂课都由老师讲下来，其实效果是并不理想的，大的方面简单分为两点：第一点，倘若一堂课全由老师讲下来老师的嗓子会受不了，同时课前备课也会很吃力。第二点，学生会产生厌学的情绪或是置身事外的情绪。先来谈谈厌学的情绪，会产生这部分情绪的学生往往是成绩较为优秀的学生，老师的讲解让他们丧失了独立自主思考问题的时间，有一些难以消化的知识一直得不到解决，他们因此会产生厌学情绪，觉得有很多东西沉积在心里闷得慌，这一点我深有体会。而置身事外的情绪就更好理解了，一堂课下来，老师只管自己讲，都不提问，学生就会产生老师上课是老师的事情，不关自己的事情，可以选择听也可以选择不听，由此把自己当作局外人。因此，改变传统的上课方式尤为重要，尤其是将讲课改为上课，将一部分时间留给学生自己，将更多的精力花在如何将课本上的习题讲精，并延伸出一些不同的题型等待学生自己解答。当然，让学生自主学习，并不意味着放任不管，而是采取流程化，如语文教学中的文言文教学，我们设计的学习流程是朗读背诵→翻译→记注释→做作业本→互改订正→自测。学生遇到文言文就基本按这个流程学习。根据语文的作文教学，我们又可设计出新的学习流程。其中老师是起到监督和引导作用的，如此一来，上课就不会这么累了，学生的学习效率反而会提高。

最后谈研讨篇和实践篇。这是最重要的一环，主体思想就是课堂以学生为中心，而不是以老师为中心。老师在课堂上都会无一例外地提及"难点"两字，但事实上何为难点，是学生在学习过程中遇到的凭借个人力量解决不了的问题，而不是老师凭借自己的经验所总结出来的那些知识点。有时候学生会在一些简单但是细碎的问题上停滞不前，对一些本质上有难度的问题却能一下子看透。因此，因材施教，发挥学生的自主学习能力很重要，在教学过程中以学生为中心也是必需的。

附录：

教师在管理学生的过程中，不能完全依靠自己去管理，而是要善于运用人才，发掘班里有组织能力、管理能力的学生，让他们去参与班级的管理。教师的教学不能脱离实际，要用学生也能利用的工具来组织教学，脱离现实的教学是不成功的。教师不能做推着学生走的人，而是应该做和学生一起前进的人。

——傅秋菲

老师讲课幽默风趣，学生自然不会玩手机了。教师领导的思想观念很重要，现在已经不是老师管得越严格，班级成绩就越好的时代了，更重要的是老师自己的管理方法、观念，如何能够顺应学生的心，让听的人愿意听、愿意做，并且能做得好，这才是重中之重。

——李佳霖

关于"由优秀学生辅导普通学生，教师辅导优秀学生"这一举措，从表面上看的确解决了教师辅导繁忙，学生急需辅导的现状，但那些差生以及普通学生一般不愿意寻求教师的帮助。很多教师所认为的优秀学生在对知识的理解上，并不是十分透彻，甚至一知半解，这样对那些学生进行辅导，可能就会造成误导。

——王卢忠

学生能力的高低大部分是由学生自身决定的，但是老师在学生能力的提升方面起到了很重要的作用，教师应该设计适合学生的课堂。小班化和课堂小组讨论是近年来一直在倡导的，上课应该以学生为中心，让学生参与到课堂，成为课堂的主人。

——袁丽佳

文章中明确指出了教师与领导的思想需要转变。我认为这是推行课改时需要着重注意的一点。现今是网络时代，与过去不同，网络在学习生活中不再仅是使学生沉迷游戏的诱惑，更是学生了解世界、知道更多知识的平台。将网络运用得当，它将成为学习的利器。就我所知，某所高校为每一位学生配备了平板电脑，让学生上课时间能获取额外知识，而这所学校在高考中取得了不错的成绩，这就是一种思想的转变，不再视网络如洪水猛兽。

——胡希同

"慎独"耀人心,"细化"行校园

——读《为未来而教,为未来而学》

绍兴文理学院教师教育学院 马嘉蔚

品味姚国明老师的《为未来而教,为未来而学》这篇文章,我看到的是一位校长在不断实践后,总结出能够促进学校发展的教育管理理念。这些精华的提炼,并不是一蹴而就的,可能是日日夜夜的研究,在经过一次次变化方案与改进后,才找到的促进发展的道路。

整篇文章阅读下来,我觉得并不是简单地看了一遍就过去了,而是一个学习的过程,其中的一些点,即便很小,也是值得学习的教育角度。我能够很清楚地理解到姚校长的办学理念,就像人要有目标一样,有一个明确的办学理念体系,学校才能朝着正确的方向不断发展。

姚校长围绕"首在立人,多元发展"的办学理念,延伸出"学生培养目标""学校发展目标""校训""教风"和"学风"等方面的内容。我从这第一部分看出姚校长最注重的是"德",要求学生首先要学会做人。这一点在教育领域是公认的,学生不仅仅只是在学业上取得成绩,更应在品行、能力、身心上得到更多的发展。

在这以"德"为基础的办学理念里,最令我印象深刻的一点就是姚国明校长提到的校训"慎独"。或许会有很多人不知道这个词,我第一次见到"慎独"是在高中语文试卷的课外古文阅读《大学》的选段里,当时只是觉得很新奇,简单地理解为"谨慎地独处"。我在大学里第一次见到"慎独"是在"中华文化与经典诵读"这门选修课上,"所谓诚其意者,毋自欺也。如恶恶臭,如好好色,此之谓自谦。故君子必慎其独也。小人闲居为不善,无所不至。见君子而后厌然,掩其不善,而著其善。人之视己,如见其肺肝然,则何益矣。此谓诚于中,形于外。故君子必慎其独也。"意思大概就是:意念要诚实,不要自己欺骗自己,在人前人后都要保持谨慎不苟的态度。由此我对其加深了印象,就像情有独钟一样,我觉得这就是君子必备的品质,诚实不自欺,谨慎不虚伪。这次又在姚校长的这篇论文中看到了"慎独",就像见到老朋友一样,非常亲切,有令我眼前一亮的感觉。

　　我认为把"慎独"融入办学理念中是十分可以借鉴的，不一定是校训，有时候在班级在课堂里，都能成为宣扬传统礼仪道德的途径。古人的道德思想观念是十分完备的，我们虽不能亲眼看到他们的为人，但从文字中依然能够体会到君子风度翩翩的模样。很多时候学校喜欢用现代词语比如"诚信""团结""友善"等，我觉得合适地引用古文也是很有必要的，可以是一个字、一个词，也可以是一句话拿来作为标语。这样不仅可以让学生更多地了解中华文化，主动探索其中的道理，而且也可以起到规范学生行为的教育作用。

　　因此，姚国明校长提到的校训是第一个吸引我的地方。第二个亮点就是姚校长提出的一系列学校管理制度。

　　精细化的管理能让整体更有序地进行。一个大目标逐级分散，具体落实到个人的目标；全员考核从团队的考核，又精确到个人的考核；实施"一级对一级负责"的分层管理。这样能引起每个教职工的注意，身上会有压力，行动会有动力，每个人因明确自己要到达的高度而准确地计划自己的工作，最后还能得到客观公正的考核。这种目标细化、考核细化、管理细化的模式，不遗漏任何个人，使人人都是确确实实的学校一分子。

　　除了以上"细化"的管理方式，姚校长还提炼出了"以学生自主管理为核心"的模式。这一点和我读高中时候的管理模式差不多，我想结合我自己的亲身经历来谈一谈。

　　班委会不用说，不管是哪个学习阶段，每个班都会设立班长、副班长等职位，学生任职，主要是管理班级事务。对于学生会、值周班，一般高中都会设立，现在的初级中学也处于实施的过程中。低段年级比如高一，每周都会产生一个值周班，这个班级的学生就负责所有班级的检查工作，比如做早操、眼保健操的情况，检查班级卫生等，针对不到位的地方酌情扣分，并上报。学生会是根据学生兴趣自愿报名的部门，学生通过面试后加入部门。高中时三大检查部门分别是纪检部、卫检部和文明部，纪检部负责校服校徽穿戴情况、夜自修纪律及自行车停放情况等；卫检部每周检查一次教室包干区卫生情况；文明部检查学生发型是否规范、是否佩戴首饰等。德育处根据值周班和学生会上报的加扣分情况评选周规范班级，给予一定的奖励。

　　学生，就比如说我，会觉得这种检查的方式很新奇，人人都会有检查的机会,成为监督的小主人,身上担着责任,会想着一定要把工作认真做好。所以,树中在执行干部值班、政教处检查和后勤人员巡查的前提下,充分发挥了学生会、班委会和值周班的主体作用。这样不仅能够调动学生参与学校管理的积极性,对学校管理更加细致入微,而且还能锻炼学生的管理能力、组织能力等。

姚国明校长将两种新颖的思想注入初级中学内,为学生的发展提供了坚固的垫脚石,这些我当时在高中体会的经历,在树中已存在,可见姚校长带领着树中先进一步,包括姚校长还谈到的队伍建设、课堂教学、德育培养等方面,我觉得有很大的借鉴意义。姚校长不愧是受人欢迎的校长,他的思想为教职工、学生以及家长所肯定,他是学校的优秀管理者,在学校管理领域、教育领域都有自己的一番天地。很幸运,我能从姚校长清晰的阐述里有所启发,受益良多。

附录:

办学理念这八个字里,我最喜欢"首在立人"这四个字。不论什么事,先学会立人。其核心是学生,基点是"每个",落脚点是"发展"。"每个学生都是独特的,每个学生都同等重要",如果我们可以用欣赏的眼光看待每一个学生,用鼓励的微笑让每个孩子感受到温暖,那作为一名教师,我们得到的将不只是孩子开心的笑脸和信任,更有一份属于我们自己的信念和精神支撑。

——蔡依芸

教师需要提升自己的专业素养。随着时代的进步,越来越多新兴的教学理念被提出,教师需要加以判断并且应用。在教学过程中,学生是主体,打破了以往以教师为主体、学生被动学习的教学方法。除此之外,教学过程中注重培养学生的品德。教学的目的不光是为了培养学习优秀的学生,更是为了教会学生做人。

——龚宸

阅读完整篇文章后,我印象最深的一点是"加强备课的研究和管理"。很多人将备课理解为熟悉教材,但其实它是一件十分需要精力和心力去做的事。老师的教和学生的学要有完美的配合,如果教师能在备案的时候,将重点难点圈出,对课本内容有详有略地进行讲解,想必能事半功倍。

只有先备好每一节课，才能够教出成绩优异的学生，并且也能提高学习效率。

——高韵

首在立人，其核心是学生，即每个学生都是独特的，每个学生都同等重要，每个学生都有成功需求，每个学生都有发展的可能。把学生放在首位，首先考虑他们的需求愿望。学校不单单只关注学生的考试成绩，而是致力于学生的多方面发展。我认为，考核成绩除了考试成绩外，还要综合品行、特长、能力、体育等，即德智体美要一并抓，一视同仁。

——袁依丹

以学生为本，教师在以学生为中心的学习中的作用非常重要。加之构建"自主管理，规范养成"的德育模式，使不同层次不同个性学生得到发展，做到了以学生为核心，以学生为本。

——王梦丽

"白纸"看"黑字"

——读《谈回归本真的学校教育之思考和实践》

绍兴文理学院教师教育学院 杨碧琳

作为一个仍在校的大二师范生,面对"教育"二字,若以受教育者的身份,我接触了"教育"几近 20 年;但以未来从教者的身份,我则是一张白纸,只在一本本厚如砖头的理论书中偶尔拾得"教育"这片大海附近沙滩上细碎的"小贝壳",但远处浩瀚的真理的海洋,我却从未涉足。

有幸品读了这位从教 20 余年的资深老前辈对于"回归本真的学校教育的思考和实践",那个在我的大脑中影影绰绰的概念逐渐清晰了起来。在该文中作者提到学校教育的根本任务是促进学生的全面发展、立德树人,因此倡导学校教育要回归这一本真。他从多年的宝贵从教经历提炼出了"如何让学校教育回归本真"的建设性的五大点。

居于"第一把交椅"的是回归"以人为本"的教育原则。"以人为本"在众多的领域都有着举足轻重的地位,它不仅是我国科学发展观的核心内容,也是心理学的"第三势力"人本主义的重要思想,同样这一思想也适用于教育领域。如今的教育是越来越变味,学校一味地追求优秀成绩及升学率,不惜牺牲学生与老师的身心健康,抑制学生的个性发展与创新精神,就此恶劣教育现象,作者提出要"以学生为本,以老师为本","让学校成为师生健康成长的摇篮,让学校成为师生个性发展的舞台"这一办学理念,这是对整个充斥着不良风气的教育大环境的对抗啊!

其又提出要坚定"文化润校"为发展根本。文化建设犹如天上的北斗星,是师生共同的信仰和正确方向的导航,是凝神聚气的重要工程。作者用自己在三所不同的学校出任校长的经历告诉我们:学校的文化建设不仅需要最基础的物质文化建设,还需要的重要组成部分是学校制度建设,还有最为核心的精神文化建设,缺一不可。

第三点是咬定"质量立校"为发展核心。我们都知道,一所学校的教育质量决定着这所学校的寿命,是评判学校好坏的重要标准。而教育质量应体现在学生核心素养的提升上,并非一个简单的升学率就能决定的,因此,问题又回归到了最初"以人为本"的教育原则,要"以生为本",促进学生的全面发展,才是教育质量得以保证之关键所在。

第四、五点分别是要笃定"科研活校"为发展动力和确定"特色亮校"为发展品牌。在最后三点中,都有作者非常成功且精彩的实践,虽然并非所有人都能成为管理一个犹如小型社会般的学校的一校之长,但这些珍贵经验依然让我们这些都会有教师这重身份的人受益匪浅,完全可以嫁接到如何管理好一个班级上。

所以说,好的经验与建议是具有普适性的。不管我们是一个普通的人民教师,抑或是一校之长,甚至教育领域里的"上位者",都应该去看看这篇文章,所谓实践出真知,一位从教者用他 20 余年的从教经历凝练出的真知,我们理当细细品读。

附录:

教育的首要任务在于育人:一所成功的学校,就是要把学生培养成道德高尚、行为规范、人格健全、举止文明、情趣高雅、能够被社会接受和认可的人。学校以及从教者应当把培养真正的人放在第一位,静下心来,放慢脚步,给予学生自由的空气,选择的权利,用爱心、真心、善心潜移默化,顺应天性地培育学生,从而激发和引导他们的自我教育和发展,真正让教育成为人的生命和心灵发育生长的过程。

——陈佳丽

"回归本真"包括了教学目的的回归,教学职能的回归,教学理念的回归。说到底教学的最终目的是让学生全面发展,更好地融入社会。基于这一目的,学校的职能就不能只局限于培养学生的社会能力,还要发展其自身素养,让学生学会认知、学会做事、学会共同生活和学会生存。

——何锦莎

教师要创新教学方案,将先进的教学理念和经验内化为其本身的思想,对学生加以教育和指导。同时教师也要积极引导学生提高学习的自主性和有效性,培养其形成良好的学习习惯,促进学生的全面发展。新颖的教学模式能够提高学生的学习积极性,从而提高学习效率。

——应瑜萍

用活理念,点石成金

——读《谈回归本真的学校教育之思考和实践》

绍兴文理学院教师教育学院 毛扬扬

作者历任各校校长以来,一直秉承着"以人为本""文化润校""质量立校""科研活校""特色亮校"等理念。我想,正是因为作者牢记并活用这些理念,才能使这些学校有所成就。

在文章中,作者提到了他三次担任校长的经历。第一次,作者来到了"破"学校。第二次,作者来到了"差"学校。第三次,作者来到了"新"学校。

在"破"学校里,作者做的第一件事就是修缮学校,增添学校的文化底蕴,把老师和学生放在第一位,改善老师和学生办公和学习的条件,增强老师的信任感,凝聚师生的向心力。

在"差"学校里,作者主动与老师交流谈心,找出矛盾的根本,拟定管理制度,实行民主管理,"依法治校",让每一个教师都心服口服。

在"新"学校里,在没有名师集中的情况下,作者果断采取方法,不等不拖,主动搭建课改平台寻求发展,自己培养名师,自己赢取荣誉。

一观察,二发现,三整治,再加点"理念和方法"做作料,教育这盘菜肴,作者做得十分精美。虽然有的"菜"不完美,但是作者依然能够将"糟粕"变成"精华"。

教育是一个难以量化的职业。一个政策的推行,并不是立竿见影的。它不像医学,吃了药就可以观察到效果,也不像金融,投资了就能靠数字分析。它只能靠感觉。教育者只能去感受自己所处的校风、班风和学风的变化。教师科研成果多了,上课有激情了,学生整体素质提高了,升学率提升了,等等。因此,单单看一个人的成绩是不够的,一个或几个学生的成绩的提高并不能说明什么,只有当所有学生都有所进步的时候,才可谓教育的成功。

共享同一片蓝天

——读《融合，让流动花朵沐浴在爱的阳光里》

绍兴文理学院教师教育学院　陈　敏

教育是一个永久的话题，是与每个家庭息息相关的，它给孩子、家长带来的价值是无法预估的。时代在变化，社会在进步，生在这个世界上的每一个人，都有权利和机会汲取有用的知识去武装自己，用知识改变自己的气质和未来。

一所普通学校，它的受众体可能包括本地生或者是新居民子女。何谓新居民子女？新居民子女就是指由外地流入，从事投资、经营、务工和其他职业而没有常住户口的外地人员的子女。这些新居民子女没有固定的学习场所，父母工作地点一旦改变，距离原有的租住家庭比较远，他们就要跟着父母搬到另一个地方，上另一所学校。

也正是因为这样，换学校，换老师，换朋友的速度过于频繁，使他们对于学习这件事情似乎并不重视，认为这是生命中可有可无的一件事。家长只顾打工赚钱，对他们学习上的事情一知半解，并没有在日常生活中给他们灌输一些积极向上的思想，而在学校，老师对他们的关注也只能是在学校的那几个小时，不可能时时刻刻都盯着他们，只能尽可能地改正他们的一些陋习。

除此之外，罗校长提到，本地生在户籍上的优越感让有些新居民子女产生浓浓的自卑，各种比赛、晋级、学习的不如意，他们出现了或多或少懦弱或者是自闭的外在表现，比如放纵和学习懈怠，不合群，和新班级之间树立起一座难以跨越的大山。

罗校长提出从学校、家庭、社会三个方面来让新居民子女在新环境里感受到爱的温暖，我认为是改变这一状态、让这些流动的花朵快速融入进新学校、新班级极好的方法。

在学校，老师要去主动帮助他们，了解每一位新居民子女不同的社会家庭背景，了解他学习上的不足，按照他的性格循循善诱地去教导他们，在新居民子女初入学校时，老师家长都给予他们热情的欢迎，让他们能感受到爱的美好,对学校产生期待。

在家里,父母是孩子最大的榜样,孩子有很大部分的习惯都是从父母身上习得的,同时,他们渴望家长给予他们的关心和爱,所以,父母在照顾孩子的同时,不能忘了以身作则,树立一个良好的形象。一件很小的事都可能在孩子心中放大好几倍,对他的心理产生影响,比如,不要在孩子写作业的时候看电视就是对他们学习最大的尊重,他可能从此就认为父母对他有期待,心里下定决心要好好学习。

社会是个大家庭,社会中的方方面面都在影响着学校。所以,政府要大力支持新居民子女入校园,并帮助他们顺利入校园,可以鼓励学校多开展类似春令营、夏令营之类的活动,让本地生和新居民子女一起玩耍,增进他们之间的友谊。

我觉得,教育对于一个人,一个家庭,一个社会来说,能改变的真是太多了,若是将一个人的力量比作一滴水的能量,那么整个大海所蕴含的力量呢,那是不可估量的,滴水石穿,一滴一滴的水能将石头都穿了孔,怎么能说其中的一滴水弱小呢? 我们不能忽视其中任何一滴水,因为也许就是刚好这么一滴,才成就了这个成语,才成就了有更强大力量的大海。

我们不能忽视学校里的每一朵小花,不管是本地花,还是外来花,同样给予精心护养,让他们共享同一片蓝天,假以时日,他们所能绽放出的光彩是你无法想象的,社会就是有了这些娇艳的花,才让世界变得更美好了。

附录:

新居民子女是一个复杂的群体,我们不可能通过单方面的努力解决这一问题,一定是需要多方面的共同努力。我想很多新居民子女的家长并不是不想教育好自己的子女,而是不知道应该怎么教育好自己的子女。所以,学校可以先联合家长,灌输他们一些必要的正确的思想观念,一起来教育孩子。

——蒋晶凌

困难打不过努力,学校、家庭、社会三者搭配合作,新居民子女就不会迷失崇高的归属感,在异乡学习的进步会成为他们口中引以为傲的资本;他们就不会丢弃积极的生活观,因同学的真心对待会改变他们内心卑微封闭的落寞;他们就不会忧虑陌生的栖息地,不一般的环境正是造就他们不一样的自己的试金石。

——阮徐洁

随着新居民子女上学问题社会关注度的持续增加,学校家庭社会都在共同探索与实践切实有效的解决方案。我相信,在未来,学校新居民子女能够在一定程度上忘却异地求学的孤独与烦恼,以主人翁的身份投入学校的文明建设,融入学校生活。

——余佩

罗校长提出的建议中很新的一个小点是给新居民子女的家长每年授课两次,我觉得这个提议非常好,因为在家长教育孩子这一环节做成功了,做到位了,才不会出现"5+2=0"的情况,新居民子女才能更好地融入班级,成为更好的自己!

——周晨程

一步一脚印,为德育建设不懈努力

——读《打造·挖掘·构筑·凸现》

绍兴文理学院教师教育学院　蒋静蓉

"打造、挖掘、构筑、凸现"极有力明了地概括了新昌县城关中学德育模式,学校为德育建设的不懈努力值得我们好好学习。

新昌县城关中学打造的德育环境就像我们生活的世界,挖掘的德育资源就好像山水、花草、树木,构筑的德育活动就好像不断变化的气候,鲜明的德育特色就好像独特的我们,因为有了风景、气候和我们,这个世界才如此美妙。新昌县城关中学的德育模式也是如此,在如此优质的德育模式之下,他们为孩子们提供了更好发展的方向。

在打造德育环境方面,做亮橱窗文化,展示了学校的办学理念与成果的同时扩大了学校的影响力,如此一来,学校得以吸收更多更优秀的学子;做活楼道文化,将师生好的作品挂于楼道,展现师生智慧的同时建设了更美丽的校园;做细角落文化,让学生们在课余时间获得了更多的知识……

在挖掘德育资源方面,正是有学校领导小组的宏观调控和"五条线"齐头并进,协调合作,才形成学校德育管理的多渠道、多层次、全方位的德育网络格局,这些都离不开学校领导与老师的共同努力。"向善求真"的校训和"文明、勤奋、健康、活泼"的校风、"勤教爱生"的教风、"好学上进"的学风,引领着每一个学生走向更美好的明天。家校联手形成教育合力,为学生创造了更好的成长环境,这些都与学校的辛勤付出有着密不可分的关系。学校乡土资源的挖掘,激发了莘莘学子刻苦学习、奋发图强的动力,这对于学生的现如今乃至将来的发展都将产生巨大的影响。

在构筑德育活动方面,学校积极鼓励学生自主开展各种活动,就是突出学生的德育主体地位,促进了学生整体素质的发展,在活动中锻炼了学生的能力,培养了学生的兴趣,提升了学生的学习热情。对于后进生的教育,更是对学生的负责,为学生今后的人生负责,让他们可以在疏导之后向更良好的行为方向发展。

在凸显鲜明的德育特色方面，学校始终以学生学会生存、学会生活、学会竞争、学会创造、学会合作作为德育工作弘扬的主旋律，让学生在"七个系列教育"活动中学会自主，在班级管理中让学生学会合作，通过增强心理辅导的实效性，营造积极的校园氛围，通过鼓励读书，缓解亲子关系，营造良好的家庭氛围，家长和学生都将受益良多。

就如俞副校长所说"德育工作是一项长期又复杂的工作"，新昌县城关中学在德育建设工作中所做的工作值得赞扬，当然也值得其他学校借鉴与学习，而我们必须要知道的是这些都离不开学校领导及老师共同努力，一个个活动的举办，是他们日日夜夜的心血，作为未来的教育工作者，我们都应该为之而不懈努力。

附录：

学校的良好发展，离不开良好的德育环境、优质的德育资源、多样的德育活动和鲜明的德育特色。德育环境与学生的生活密不可分，德育环境的建设对于学校的发展起着至关重要的作用，学生和教师在充满文化氛围的校园能够更高效率地学习和生活。

——陈巧

看完俞伟超副校长的文章，首先，我比较有感受的是他们学校的环境文化，我感觉城关中学的环境文化布置得很细。好的环境是能够很大程度上影响周围的人，好的校园环境也能让学生得到熏陶，保持积极乐观的校风。其次，我觉得城关中学的社区德育很有特色。在社区德育中，他们能亲身体会到在社会中道德的具体体现，从而使他们在平时生活中就能约束自己，做一个有道德的人。最后，我的专业决定了我在未来很大的可能会成为一名老师，这篇文章详细地介绍了一个中学的文化组成，让我能更加了解一所学校的文化氛围，很有借鉴意义。

——芮琳雁

在俞老师的文章中，让我印象最深刻的是他"以人为本，德育为先"的教育战略。只有一个拥有正确良好道德观的人，才能对社会有贡献。俞校长的教育理念通过外部环境、内部治理、创新实践这些方面加强了对孩子们"德"的教化，使孩子们将崇"德"深入脑海。的确，善德是一个人的根本，只有拥有良好的品德才能让人在社会上不走弯路，才能使整个人类社会和谐相处,使大方向向前发展。

——余逸蓝

德育作为教学中十分重要的一环,不管在学生的生活还是学习上都会有很大的影响。德育并不是一个简单的可以一概而论的过程,俞校长所做的一系列教育的尝试,都是十分踏实又创新的想法。

——周奕男

脚踏实地，仰望星空

——读《在平实的坚守中绽放精彩》

绍兴文理学院教师教育学院　蒋潇婷

这篇文章是新昌县儒岙中学校长俞宁军详细描述的该校办学和管理的经验，我读了之后非常有认同感，也学习到了很多。

文章从文化、管理、教师建设、德育和特色体育五个方面展开，让我看到了一个农村中学基础坚实的管理和不断的创新与尝试。在基础的教学工作方面，学校坚持由行政干部带头，率先垂范，从基础的小事做起。这样看似简单的方式，却是一种不平凡的坚守，是一种最强大的力量。正是有这种坚持，有这样优秀的领导团队，一个优秀的学校才得以发展。学校对教师的管理与培训也坚持了"以人为本"的理念，学校与老师约定"如果老师遇到急事，且在没有教学任务的情况下，可以向学校领导请半天假，且这半天假不计在病事假范围内"。这既是对学生的负责，又是对教师们的体贴，为教师繁重的工作增添了一丝人性的温暖。学校对青年教师的培育也是无微不至，老教师带动新教师，每月一次公开课等制度都鞭策着青年教师的快速成长。这种严格的制度，是对教学工作的负责，也是对学校整体教学能力的付出。在德育工作方面，学校也付出了很多的努力。通过建立学校德育工作网、国旗下讲话、班会课、校园广播台等多个平台宣传德育工作。这种丰富的全方位的教育方式值得我们借鉴与学习。

如果说前面的描述都是儒岙中学在"平实中的坚守"，那么在体育方面的创新就是儒岙中学"精彩的绽放"了。学校开展特色足球运动，在全校范围内推广足球运动。这让足球这项运动的接受度大大增加，让学生们在学习过程从中体会运动的快乐。足球比起简单的体育运动，更具有技巧性，它需要团结协作、努力练习，也对老师有一定的要求。想要做好足球运动在全校的推广其实并不容易，学校真正落实在每个班组建足球队，坚持常年的训练，并开展校内联赛。用这样的方式让每个同学了解足球运动，对足球产生兴趣，并参与到运动中去。学校还在这样的基础上推广足球文化，编排了足球操等丰富多样的足球文化。这项活动从宣传推广到经费落实再到最后的顺利实施,是一种创新,更是一个校园体育运动推广的成功案例。

习总书记在十九大的讲话中也提出,我国的创新能力还存在不足。儒岙中学能在坚持做好基础工作的情况下努力推广和发展校园特色,这是非常不容易的。我们的教育不应该是死板的,而应该在探索和实践中不断地完善和发展。正是有像儒岙中学这样的探索和成功,我们的教育才有可能不断地发展。"脚踏实地,仰望星空。"我们每位教育工作者都应该怀着这样的信念,在做好基础教学工作的同时,去探索,去创新,去创造一个更好的未来。

附录:

在俞校长的概述过程中,他曾多次提出"农村学校""农村教育"的概念。与时代呼应,农村教育也是当代教育中的一个重点对象。在十九大报告中,习近平总书记指出,必须把教育事业放在优先位置,并强调要推进教育公平,推动城乡义务教育一体化发展,高度重视农村义务教育。在俞校长的行政领导下,儒岙中学的教育是值得肯定与赞叹的。

——程樱

学生不仅仅是祖国的花朵,更是我们每一位教师的孩子,我们要对孩子们一视同仁,毕竟教育孩子们是我们的职责。同时"律己足以服人,量宽足以得人,身先足以率人"不仅仅是儒中教师的行为规范,更是我们所有教师的行为准则。每一位教师都坚守在自己的岗位中,默默无闻,无私奉献,他们将每一位学生当作自己的孩子,像爱自己一般热爱每一位学生,倾尽一生把自己的知识教授给学生,这是他们的职责,同时也是他们身为教师的使命,当然,生活也将馈赠给他们桃李芬芳满天下。

——桑林秀

通过文章,我们不难看出儒岙中学是一所正在茁壮成长的学校。该校历史悠久,一代代师生共同凝练出该校奋发向上、锲而不舍的良好精神风貌。学校工作人员严于自律,学校的管理制度严格且充满人性化。学校还在努力寻求发展,积极改善办学条件,营造育人环境,使传统文化和现代教育气息和谐融洽。

——俞双毅

　　儒岙中学不论是对教师还是学生,都很注重德育。教师要有师德,这是为人师表的基础。学生要不断加强和改进自身思想道德建设,培养学生的优秀品质,尤其是意志力。学习是个漫长而又痛苦的过程,即使是成绩很好的学生也不一定会说学习是很快乐的,那么那些学业有成的人身上一定有很强的毅力,这股力量一直激励着他们继续前行。

——朱佳瑶

以微筑学

——读《初中小班化模式下的班级管理研究》

绍兴文理学院教师教育学院　方洁华

　　"小班化教学"是我在初高中时期经常听到的一个专有名词,但我却一直不了解这究竟是一种怎样的教学模式,只是觉得这种模式更适用于学生的培养。然而这种模式始终没有真正被实行,我想其必然有一定的局限性,表现在我国现阶段社会各方面达不到一定的要求,如教师资源方面没有培养专门的教师或者说教师的观念还没法完全转变、资金方面没有相应的投入、家长方面工作没有做到位等。今天我在这篇文章中看到了永和中学小班化教学的成功,不禁对这种教学模式重拾了信心——在不远的将来,这种模式有可能会遍及各省市初高中甚至小学。

　　这是一种教育教学新模式的探索,是一种新的教学大改革。我认为小班化教学更加注重学生个体对知识的掌握,给了每个同学锻炼的机会,极大地提高了学生的主体地位,更有利于学生的成长成材。其中,合作学习小组是面向全体的,还结合了学生的个人素质以及家庭因素,以个性是否互补为考察标尺。这对班主任的要求更加高,不仅要关注学生的学习成绩,还要关注学生的思想动态,尽可能面面俱到。26条课堂教学规程对学生在课堂的参与度、课堂的达标度、延展度、生成度、精彩度和和谐度都有一定的要求,把一个课堂进行精确量化,让每个学生在每一节课中都能有所收获,极大地避免课堂质量不高现象的出现。开启的微格德育模式则是将校园文化做了改善,融入了人文的思想关怀。德育工作与校园文化相融合,学生通过参加各色校园文化能够深入经典文化,展现他们的多才多艺。

　　我经历了学业繁忙、校园活动不多的高中生活,有些许渴望能够体验一次这种小班化教学制度。实行这种制度意味着教师和学校需要更多地将精力用在学生的身上,更需要大量资金的投入,但我想如果真的让学生体会到了学习的乐趣,那么这种模式就是必要的。班主任就必定不能安于现状,而要转变一种思想观念,不能让那种老一辈的、陈旧的、束缚学生的观念继续下去。学校高层管理也不能抱残守缺,一种新的体制改革就必定意味着牺牲一部分人的利益,但是放开眼光来看,改革后的成果无疑是好的,带给学生的利益是无穷的。

附录：

在我国全面二孩开放的背景下,低龄儿童将逐渐增多,义务教育阶段儿童的教育需要将与有限的教育资源相矛盾,很多学校的班级由大班教学向超大班教学发展,甚至改造实验室为普通教室来容纳学生,要使小班化管理模式普及难上加难。因此,建设更多的学校、培养更多优质教师也将成为教育更加优质发展、小班化管理在未来普及的一个条件。

——金谧雅

小班化的教学模式,一大好处是能让老师对班级里的每一个学生做更深入的理解,加强师生间的互动;其次,学生学习效率增加。课堂上被提问到的概率大大增加,这就推动着学生自己主动地去学习,积极参与课程;再次,学校安排的诸多活动都有利于学生兴趣的发展和课外的丰富。

——王晨

在我的家乡,也有类似的小班化模式。一个班级,学生数量只有二十来个,学生之间的关系更加紧密,与老师的互动更放得开,学生也更开放。运动会该班是最团结的一个,团体比赛(比如跳长绳)这个班成绩最好,几乎每个学生都有上运动场的机会。小班化比传统意义的大班来说,能将学生与学生、学生与教师的关系更紧密。加强深化"以人为本"的理念是小班化突出的闪光点。后期随着模式的不断完善,其弊端会逐渐消弭。未来的大体方向一定是朝着小班化进发的。

——袁佳琪

相比旧的教育模式,小班化教育使每一个学生都有机会展示自己,使课堂成为双向的交流,有效地抑制了"填鸭式教育"的不良现象。各式各样的实践活动大大激发了学生的合作精神、创新能力,这是以往的课堂绝对做不到的。小班化教育还未完全成熟,仍存在许多困难。推广小班化教育,无疑首先要从观念开始改变,教育者的正确观念决定了课堂的质量,其次是实际的手段方法,要创造出适合中国学生的"中国化小班化教育"。

——陈祯璐

优良的办学理念成就品质校园

——读《致力四大追求，打造品质校园》

绍兴文理学院教师教育学院　倪凡舒

一流的学校无外乎都有一流的校园文化支撑。我们评定一所学校的优劣时，教学质量固然重要，但也同时关注这所学校的历史是否悠久，文化是否深厚。因为我们相信，在历史与文化的积淀下，学校经过不断思索探究出来的办学理念往往更加正确，能够指导学校良好地发展成为优秀的校园。正因如此，办学理念并不是简单的学校管理理念，单单学校的目标，见解或者理论远远不够。办学理念更是一种哲学理念，是经过改良打磨更为适合学校与符合社会的内在思想。张琴老师担任副校长后对她所在的学校要打造的品质校园有这样的理解与概括：致力于学校优质教育、教师精神家园、学生健康人格和自身价值的追求。

教学质量是一所学校的生命线，是对学校教育水平和效果的评价，体现在培养对象的身上，也是对于学校职能成就最直接的评定。张琴老师首先从嵊州爱德外国语学校的自身客观实际分析，结合地理、社会、环境与对象给予学校正确的定位与职责，提出以提高教学质量，打造优质教育来回馈各方面对学校的热切期盼。同时指出推进精细管理、新课程改革、校园文化建设、风纪风貌建设的具体措施，使如何追求优质教育得到落实，形成完备的行动方针。

学校既是学生的成长平台，也是教师的精神家园。张琴老师在此对"爱德"做出解释：因为爱，因为德，所以爱德。教师在教学过程中充满爱，践行德，实现自身价值追求，耕耘学校这个精神家园，过充实而有乐趣的工作生活。学校积极倡导高效快乐课堂，管理工作公正、公平、公开，增强教职工集体归属感并创造愉快、舒适的工作环境，力图创造轻松、民主和令人满足的工作氛围。解放教师，从而提高优化学校的教学质量与教学环境，教师作为校园中不可分割的一环，同样应得到重视和关怀。

根据党的立德树人理念，教育事业不仅要传授知识、培养能力，还要引导学生树立正确的世界观、人生观、价值观、荣辱观。改善硬环境、风纪风貌,不断展开德育活动,举办特长展示活动、文娱体育活动和特色社团活动并有所成就。嵊州爱德外国语学校做到了,其他学校也能做到,积极开展相关德育活动,加强德育建设,这是我们良好的示范,值得效仿。

张琴老师作为副校长不光从学校角度出发思考,还对自我进行反思提升。因为校长不仅需要学识素养以及学科领域的精湛造诣,而且更需要进步的思想、革新的精神、潜移默化的人格力量。校长使人悦服,而不在于慑服。坚持深厚的爱、待人以诚、规范完美的工作原则,执着于工作、感恩组织和领导、不断体现人生价值并做到廉政、清正。领导者通过自身为学生树立标杆,以身作则,并给学校带来改善,给学生带来发展,共同使得校园蒸蒸日上。

这四个方面作为张琴老师对学校的办学理念,不仅是学校的实践指南,还是学校的成长基石。张琴老师强调校长的管理理念虽各有不同却有一定的规律可循,校长理念需在一定的历史背景下发展,校长也必须加强自身的理论修养,学会反思、借鉴、消化和吸收先进的管理理念,从而确保办学思想的正确性。正如她的教育信条所言:"路漫漫其修远兮,吾将上下而求索。"办学理念的形成改善是这样,校园建设的发展是这样,个人的实现提升也是这样,在时间中不断磨砺调整,缓慢探索出走向真理的道路。我们都该为此所勉,即使是作为学生也应对学校理念有所感悟思考:我们应该根据自身的客观条件,探求改良办学理念,促进教师和学生的共同发展,成就品质校园。

附录:

灵魂和精髓是考量一所学校文化优秀与否的重要因素,是一个学校实现可持续发展的不竭动力。张琴老师就打造品质校园,提出了四个方面的追求:一,优质教育的建设主要靠学校的管理和教师自身的素质;二,单独提出"师德",教书育人是耕耘精神家园、分享精神成果的过程;三,在对学生的教化和引导上,更关注学生是否人格健全;四,校长需追求自我价值,凝聚自身的人格力量和道义力量。

——蔡怡璇

校长需形成一套成熟、独立且适宜的办学理念,牢牢跟住时代的脚步,并符合当前时代特色。一个好的教学理念主要由学生体现,但这并不是一蹴而就的,得通过不断的学习观察实践,慢慢成型。在这个过程中,教师必须以身作则,给学生营造良好的道德风气。而作为学校的管理者,校长必须要有自己的思想和见解,有敢于创新革新的精神,而不是安于现状。敢于突破自我,才能形成更佳的教学理念,打造出品质校园!

——顾佳雯

张琴老师有属于自己的一套办学理念,并以此为指导提出了四大追求。第一,致力于学校优质教育的追求。一所学校重中之重的工作便是不断提高教育教学质量。第二,对教师精神家园的追求。有着优秀教师的学校肯定事半功倍。第三,致力于学生健康人格的追求。学校要注重学生的人格健全,将学生培养成全面发展的祖国栋梁。第四,校长对自身价值的追求。领袖应当使人悦服,而不在于使人慑服。

——马荧超

一个优质校园的建设是由多方面的因素构成的。其一要提高教育的质量。一方面需要优秀的教师作为基础,另一方面要以充足的教学设备为依靠。其二要建设好教师的精神家园。教师的精神家园是否"富有",关系到他们在教学过程中的成效。其三要做好学生的德育工作。在教育学生的过程中,先成人,后成才。学生就像一棵树,先要树长好,才有修剪枝丫的空间。有德有才的学生是社会的栋梁,但是有才无德的学生是社会的危害。

——吴丽珊

/ 第四部分 / 学习交流与体会（二）/

（绍兴文理学院教师教育学院小教专业 163 班）

实现教育公平,成就旖旎春光

——读《教育公平视野下提高农村学校整体办学质量的实践与探索》

绍兴文理学院教师教育学院　陈诗诗

一般而言,农村中小学的教学质量普遍都要低于城市,这让教育的不公平的问题完全暴露在人们面前。而又是什么制约了农村教育水平的提高? 我们又要如何做才能针对性地解决这些问题? 这是提高农村学校办学质量的关键。这篇文章便很好地总结出了制约农村教育水平提高的因素,并提出了行之有效的对策,着眼于教育公平,做到教育质量均衡发展,并达到一个更高的层次。

文章看似只是围绕如何提高农村学校整体办学质量,但是字里行间都是针对现存的问题而提出的。作者从一校制管理、校园文化建设、师资队伍建设、小班化教育实验等方面入手,规范办学行为,坚持立体化育人,着力提升办学内涵,推进教育教学改革,提高学校整体的办学质量,逐步实现了校际间的均衡发展。这些措施都是针对现在农村学校出现管理体制不完善、忽视校园文化建设、师资力量不足、教师质量不高、家长配合不足、教育资源一边倒等现实问题提出的对策。其提出的对策又细化到每一点具体的方法,各个学校能够更具体地实施,以改变其现状。

对此我还有自己的一些想法,一方面,我觉得要以人为本,更多地关注农村教师这个特殊群体。政府应提高农村教师的关注度,加大评优评职、工资优升等倾斜度,以此激发教师的事业心。我们的老师在温馨、和谐又不失竞争的环境中工作,是提高教育教学质量的首要前提。另一方面,应该创新学校管理理念,科学规划发展方向,加大物资、经费拨付的倾斜度,改善办学条件,激发办学积极性。注重学校自身教育管理制度的建立和完善,做到学校办学方向明确、思路清晰、运行有序、激励有方。此外,我认为最重要的一点是资源的充分利用,资源稀缺是根本无法达到教育公平的,只有在资源富足的情况下,教育公平才有可能实现。

以上只是我个人粗浅的几点认识,我希望能有朝一日做到教育公平,让城市和农村的教育办学质量都到达一个新的层次,迎来一个绽放希望的春天。

附录:

在朱校长的观点中,有很明显的全局意识,这种全局意识把控着他提出的教育措施改革。其中最具有吸引力的是他提出了建设校园文化中的课程文化和制度文化,这可以说是把虚无缥缈的文化建设落到了实处。制度文化就像是盘坐在蜘蛛网中心的蜘蛛,牢牢把控着蜘蛛网的动向,课程文化就像是错综盘结的蜘蛛丝,丝丝绕绕,让学生的精神世界在潜移默化中受到熏陶,而这种熏陶的力量是持久的,让人终身受益的。

——胡筱瑜

我最欣赏的是朱校长对校园文化的建设,建设好校园文化,走进一所学校就能充分体会到这所学校与其他学校的不同之处,校园的环境、教室的设备布置、校内广播的声音都能给人一种独有的文化气息,能够孕育一代代有着不同品质的学生,文化的潜移默化的熏陶是一般课程很难做到的。

——张家乐

幼小、小初的衔接这一块可能是比较麻烦的,要成立这样的机制,衔接工作做得好的话对孩子的成长自然是有好处的。现在很多家长都很喜欢把孩子放到培训机构进行提前教育,这么看来,当然是由学校来组织这样的衔接更恰当。培训机构注重学业方面的衔接,而学校则是更加全面的衔接,不论是作息还是学习内容,都是学校更权威更靠谱。

——梁诗华

环境的确能给环境中的生物体极大的影响,着力建设校园环境是必不可少的。环境给人外在感受,但其渗透出来的文化也潜移默化地影响着师生,并且"精神文化建设是校园文化建设的核心"是不可否认的。

——黄婷婷

养成多多参加教师技能的研讨活动的习惯,提高个人专业技能,为以后的教学打下夯实的基础,并且始终提醒自己保持教学的热情。

——邵仕涛

在校内外教育资源整合方面,要加强与家长的沟通,结合社会力量,挖掘社区资源。在开展小班化教育实验方面,注意加强小组合作,任务导学,提高效率,关注每一个学生,综合评价。只有这样,才能实现资源共享,优化育人环境,提高业务素养,关注每个学生,形成教育合力。

——王盈丁

一校功成万校学

——读《纳八方学子，育现代公民》

绍兴文理学院教师教育学院　邵　薇

　　很荣幸能够读到徐志康校长写的《纳八方学子，育现代公民》一文。这篇文章给了我很多启示，也让我看到了我读书生涯里未曾见到的教育模式与理念。我想，既然人是一棵有思想的芦苇，那必当学而思之，思而用之。是以，我将根据我所读到的精妙之处写写自己的感悟。

　　首先，我认为东湖中学办学理念中"现代教育不应仅仅关注分数和升学率，而需要回到关注人的发展上来"这一句话让我很是认同。现在学校追求升学率和分数已经是一种非常普遍的现象了。当然，这也是"大势所趋"，因为中考与高考是分数在决定着我们的命运，高校招生并不会因为我们有某方面的特长而录取我们。既然已经有学校开始发出这样的呼喊来，我相信在不久的将来，上至国家，下至老师家长学生都会纷纷呼应，用自己的行动去改变固有的办学理念。我相信教育者是这样一群人：他们勤勤恳恳，不辞辛劳，他们总是站在学生的角度看问题，他们必然奔波在为学生谋福利、谋发展的泥泞中。我也相信受教育者是这样一群人：他们认认真真，理解他人，他们追求卓越，志存高远，他们必定有着自己的思想，积极争取自己所真正需要的。我还相信有这样一群人：他们积极听取意见，及时调整政策，他们是教育的领路人与风向标。我相信，只要这样一些人共同努力，新鲜血液必将壮大泱泱中国。

　　其次，我认识到东湖中学采取"九年一贯制"体制，这一体制便于中小学教学的有效衔接。另外，他们还在教学工作总结活动中安排小学、中学老师同时参加，使老师们了解彼此的工作内容和工作特点；互相走进对方的班级，指出优秀与不足之处；统一作息、共办体艺节等使得小中衔接更加密切顺利，更有利于教师和学生工作与学习的进行。此外，我认为他们"将老师的教学反思随笔装订成册、印发共享"这一活动值得所有学校借鉴。一个学校的老师不是一棵树上的苹果，他们的思想可以交流，他们可以互相补短板，将自己优秀的教学经验、管理经验拿出来分享，这样就会在一定程度上提高学校与学生的整体水平,这不正是我们所期望的吗?

再次,东湖中学就道德问题提出的"营造道德氛围""固定道德讲堂""形成道德汇编""建立道德宣讲队伍""开展道德教育活动"这五大模式令人称赞。只有先学会做人,才能学做事。没文化不可怕,只怕利用所学的文化来报复这个曾经教养自己的社会。所以,我们现在对学生的道德教育要从小抓起,文化能发展人,但是道德却能立人。没有站立,何谈前进?此外,东湖中学开展的少年宫兴趣活动也是积极响应他们学校的办学理念的体现,学校在积极地关注着学生,在谋学生的发展,在为社会输送一批又一批有能力的人才。

最后,"提笔就是练字时"的目标令我印象深刻。常言道,字如其人。作为一个经历了中高考训练的人,我深刻认识到了写一手好字的重要性。而且,练字必须从小抓起,一旦字成了一种风格,便很难再改变。为各年级分设字体及达标验收标准也是考虑到了学生的阶段性和突破性,非常具有借鉴意义。学生、教师对于书法兴趣的提升不也是一大成功吗?更何况还有实质性的进步呢。

好的教育离不开好的教学理念和教学方法,"纳八方学子、育现代公民"不应该只是东湖中学的理念,更应该是千千万万所学校所共同坚持的理念。我相信,教育决定着中国的未来,好的教育应为人所知、为人所思、为人所用。

附录:

字写得好与不好,不仅仅是体现一份作业的质量问题,而且还会影响批改者的心情。对此东湖中学对练字采取了一系列的行之有效的规划和措施,让练字成为学生学习的兴趣和习惯。最后还惊人地发现,学生练字带动了老师对练字教学的激情。

——陈舒婷

道德方面:有场所、有氛围、有课本、有队伍、有活动、有课题、有研究、有实践,校内校外同时抓牢,寻找身边的君子,有了这些好的条件,何愁道德教育搞不好呢!

——黄瑶

教师是学校制度的实施者,是知识的传授者,教师的一言一行都会给孩子们带来影响。曾经有人和我说过,在一个人一生受教育的过程中,对他影响最深的就是小学教师。小学时期正是一个孩子最好奇、最调皮、最爱模仿的年纪,这个年纪所学的东西、所见的事情、所懂的道理,给孩子的影响最大最深。所以作为一名未来的小学教师,更要开始修养身心,增强综合素质,提高专业水平,给未来的学生带去良好的影响。

——刘迦颖

一个学校要有好的发展除了要有良好的文化底蕴和学校特色,更需要做到教育模式的创新和兼容。东湖中学在推进各项活动的过程中,能够做到中小学各年级班主任的定期工作交流,大大促进优秀先进的教学思想与方法的共享。同时,学校还与校外多方单位合作,打造出了具有越城特色的多样化社团,使得学生的综合素质得到普遍提高,培养出了许多优秀的体艺人才。正因如此,东湖中学会有更美好的发展前景。

——吴栋琴

东湖中学注重对学生书法的培养,使学生既练字,又立德。这一点也是特别值得我们提倡的。有句话说"见字如见人",其实我觉得一个人的气质真的能从他写的字体现出来。以前教我书法的老师曾说:"练字练字,其实练的是一种气质,是一种修养。"我很认同这一点,一个人练字的时候,需要静下心来,聚精会神地去做这件事,人是心无旁骛的。人能静下来了,遇事也就能变得冷静、从容、坦然。

——赵琬婷

教育人事制度改革要俯下身子倾听老师们的心声

——读《千锤百炼始成钢,精雕细琢终成器》

绍兴文理学院教师教育学院　楼　婧

百年大计,教育为本。论一个国家的发展潜力,必定要看这个国家教育事业的发展前景。因此,在我国的发展历史中,教育改革一直在作为重点推进,其中,教育人事制度的改革更是重点和难点,教师是其主要的发展、调动对象。事实上,如何调动教师的积极性,让教育事业更好地发展一直都是各学校行政管理层所困扰的问题,也常常成为社会热点问题而广受关注。

教师是对学生影响最大、最直接的人,在课堂上,教师的言传身教会在孩子心底留下很深的印象,某一个小的举动也会被无限地放大和模仿。而在朱国义校长的这篇文章中,就非常犀利地指出了当今在初中教师队伍中出现一系列的行风问题,也针对性地提出许多具体方案、有效措施去改善不足的地方,受益颇多。

但我认为,在教育人事制度改革的同时,除了推出各种方案与考核办法,更需要俯下身子倾听老师们的心声。选择了教师,就选择了平凡。泰戈尔说:"花的事业是甜蜜的,果的事业是珍贵的,让我干叶的事业吧,因为叶总是谦逊地垂着她的绿荫。"事实上,想要在平凡的岗位中一直坚守,不忘初心,是很困难的一件事。如果在调动教师岗位时,能更多地考虑到教师的切身利益,从教师的角度出发,或是多听听教师给出的意见,倾听他们内心最真实的想法,我想有些难题一定能有大的突破。

因而,我恳切地建议,教育人事制度改革要俯下身子倾听老师们的心声。

附录:

通过问题分析,我开始对未来就业形势与就业规划有了一定的思考,对于教师的专业提升有了一定的了解,教师不仅应该关注教学质量上的提高,更应该注重学生德智体美劳全面发展,尤其是德育方面,学会做人是成才最关键的一步。此篇论文点点落实到细节,让我醍醐灌顶,不自觉地学会很多任教知识,以及与他人相处的方式,让我对今后的任教生涯有了一定的认识与规划。

——陈毓宁

我们要学会无私奉献,教师本就是一个无私奉献的职业;我们需要好好地为学生考虑,而不是为自己的利益考虑;我们以学生的学习为主,在课上好好教导他们,而不是教一半留一半,要求学生上补习班,这样根本不符合教师的职业道德。

——姜超峰

办学规模锐减,优质生流失的问题在许多学校都普遍存在。但是朱国义校长借助"县管校聘"、教职工考核办法等激活了学校,让诸暨市应店街镇中心学校焕发出了新的光彩。旧的学校管理办法或许已经不适合当前时代的发展,这时就需要我们大家一起去努力做出改进,好的制度可以让我们的学校更上一层楼。

——王莹

考虑到教师个人的意愿与面子问题,学校积极开展思想工作,大力普及政策方案,使每一位教职工领悟政策内容。积极促进教师自助自愿选择调配意愿,既能很好地缓解中小学师资结构配比失衡,又在学校教职工之间形成良性竞争意识与氛围,对学校教学成果起到提升作用。

——徐嘉培

学校借助"县管校聘"试点工作契机,开展了一系列探索性的改革。深入浅出分析了产生问题的原因,并制订了具体的方案来明确考核方法,将任务落实到明处,不再是泛泛而谈,值得学习。

——郑凌心

优质教育的得与施

——读《让每一位学生享受更优质的教育》

绍兴文理学院教师教育学院　罗丽航

　　一字一句读了安昌中学俞绍林校长的《让每一位学生享受更优质的教育》这篇文章,虽然仍有一些概念与专业名词不甚理解,但这并不妨碍我从中汲取知识与经验。经过阅读与理解,我认为文章通篇围绕两个问题进行论述:更优质的教育从何而来? 如何让每一位学生享受更优质的教育? 答案则是:学校、教师、学生、家长皆是不可或缺的因素。

　　安昌镇是一个十分具有魅力的文化古镇,曾被评为"师爷文化之乡",安昌镇中学,是一个已有 60 年办学历史的学校。正因为拥有这样的文化底蕴,所以安昌镇中学有自信也有能力成为书香校园、学习乐园。借着建校 60 周年这一契机,以及十九大即将召开的良好氛围,学校开展了一系列工作,只为促进校园良好自然环境与文化环境的建设,让每一位学生在潜移默化中得到熏陶与教育。

　　安昌中学注重打造自己的魅力品牌,以吸引更多优秀的师生。学校所侧重打造的主要是德育品牌、"优质轻负"品牌以及"体艺柔道"品牌。即在课程教育方面,要求注重德育、优质轻负,并且体育类、艺术类课程不能少于规定的课时,同时逐渐发展柔道这一特色教育。非文化类课程的开设与进行,为学校增添了不少亮色,也为优质教育添了砖加了瓦。

　　除此之外,学校实行的作业分层、分层走班、选课走班等方案,充分考虑到了不同学习层次学生的学习需要与学习兴趣,以及学校对教师布置作业情况的监督、对教师批改作业情况的抽查,也都顾及了学生的能力与需求。

　　教师是教育的灵魂与关键,教师的素质直接关系到教育的质量。因此,安昌中学十分注重教师的素质提升与精神引领。学校倡导"四不倒""十不让""十大意识"思想,充分锻炼了教师的思想与精神;学校开设"CCTV 魅力名镇教育论坛",以增强教师的责任意识,提高教师的管理水平与教学水平;学校设立《和谐榜》,使之成为教师和学生反映与解决各类实际问题的主要渠道,解决了部分教师的后顾之忧;学校坚持开展"创先争优"活动,以鼓励教师教学的激情;学校要求每一位教师,甚至是后勤工作人员,都要树立"爱与责任"的意识,成为合格进而优秀的德育工作者……诸如此类,学校通过这些方式,取得教师的质量提升,从根本上实现"更优质的教育"的获得。从安昌中学举办的这些活动中,我们多多少少能够触摸到它的办学理念,引发思考该从哪些方面要求教师、锻炼教师、鼓励教师。

撇开学校与教师方面,优质教育的得与施自然少不了学生和家长的配合。安昌中学的教学方案充分激发了学生的学习兴趣,照顾了学生的学习需要,同时学校开设的论坛活动也使得教师与家长之间有了充分的交流。如此一来,双管齐下,齐头并进,效果显著。

总而言之,安昌镇中学的教学理念与实践值得肯定和学习,并且从俞绍林校长的文章中,我们能够管中窥豹,了解学习到该校更多有价值的东西。

附录:

作为未来的园丁,我深刻地意识到我应当懂得并且树立"一切为了学生""爱与责任"的意识。平时要关心学生德育的发展,多沟通多联系,处理好学生、老师和家长三者间的关系;在注重对学生的教育时也要严格要求自己,提高自己的道德修养,充实自己的专业知识;增加学生的自主学习空间,让学生学会独立思考,自觉学习;对上课流程进行管理,思考应如何上课以抓住学生的眼球,促使学生认真听课,爱上学习;布置作业应该进行分层,根据学生对知识的掌握程度进行布置,使优等生"吃得饱"、学困生"吃得了"。

——韩婷

"三张名片:让每一项工作更具品牌效应。"俞绍林校长所说的三张名片分别是德育名片、教学名片以及特色名片。很巧的是,前几日我看到了一篇文章强调我国教育失败的原因之一就是缺乏了德育,而俞绍林校长则刚好强调了这一点,并指明做人比学习更重要。在教学上他从多方面深入贯彻"轻负学习"的思想,为师生们营造了一个不压抑、不痛苦的工作与学习环境。一个学校优秀的标志之一是要有其独一无二的特色,安昌中学就在艺术和体育方面独具特色，校长致力于将特色做大做强，近年来也取得了丰硕的成果。

——金程圆

俞校长的这篇报告让我受益匪浅，其中最让我感兴趣的是《和谐榜》——专门收集师生在学习、工作中的喜事、好事、疑事、难事，汇总后对疑事、难事进行解答。《和谐榜》的开展有利于校园和谐环境的建设，并且能成为教师和学生反映各类问题的一个主渠道，帮助师生解决问题，同时我认为这种方式可以为我们以后帮助、激励学生提供借鉴。除此之外，安昌中学严格控制学生的回家作业量，并加大课外拓展的力度，这也值得欣赏。因为我素以为学生做题不在于数量，而在于质量，做再多的题没时间分析，终究也是白搭。

——王静文

我们现在的教育，是挑选适合教育的学生。教师很少注意到受教育者的差异；对学生的评价只有理性的对错，没有感性的激励，特别是对于学生的"错误"回答，缺少引导与尊重，致使学生在忍受中接受教育，在挫败中痛苦学习；围绕中考、高考指挥棒，教师经常忘却学生潜能的发展，只是固执地让学生在其布下的学习网内挣扎。所以，我们要关注受教育者的差异，对学生的差异不应埋怨，而应研究并开展适合学生的教育；教育要尊重学生的情感，建立和谐的师生情感；教育的真谛在于实现人的社会化和人的个性化的和谐发展。

——许凯丽

文章条理清晰、重点突出，其中的小标题概括了该部分的主要内容，标题后的段落解释了标题，对标题进行了详细的扩充，便于读者理解。文章内容突出了安昌中学的教学特色、教学理念、教学方法：对学生的要求不能低，对老师、对校长的要求必须更加严格。安昌镇中学教学成果显著，秉持着因材施教、以德育人的教学指导思想，在实践中充分展示了学校的教学特色。

——郑玉琳

智胜中的教育

——读《智己自胜，砥砺前行》

绍兴文理学院教师教育学院　潘雅楠

看了诸暨市草塔镇中褚飞校长写的《智己自胜，砥砺前行》，"智胜"这两个字让我印象深刻。而"智胜"就是褚飞校长的办学理念和目标。

"智胜"两字源自老子《道德经》第三十三章："知人者智，自知者明。胜人者有力，自胜者强。"即了解别人是智慧，了解自己是圣明；战胜别人是有力量，战胜自己才是强大。这个世界上最强大的敌人不是别人，而是自己。要想战胜这个对手，就要充分了解自己。很多时候我们的失败并不是因为对手强大或者事情困难，我们完全有能力取得胜利，但是因为太想赢而失败了。这就是没有战胜自己。褚飞校长提出"智胜"这个办学理念就是为了让诸暨市草塔镇中的学生能够战胜自己，因为凡是能够说服自己，超越自己，征服自己的人，就具备了足够的力量来征服学习和生活中的一切困难、挫折和不幸。

"智胜文化"不但可以帮助学生树立正确的人生观，还能养成高尚的道德品质。褚飞校长将"智胜"文化的建设分为四步，分别是定位、实践、成效和思考。他把"智胜文化"定为校园文化；关于如何实践"智胜文化"，褚飞校长从环境、老师和学生三个方面出发。首先，为了智胜校园的建设，校园内的每个地方都应该有"智胜文化"的影子。俗话说"一方水土养一方人"，建设"智胜"文化也是这个道理。其次，"智胜文化"的传播还少不了教师，教师在这其中起了决定性作用，因为教师是传授学生知识和道理的，教师的人生态度会影响到学生的发展。因此，教师要提升自己的归属感、成就感、责任感以及幸福感。最后，开展的各种智胜特色拓展课程能够提高学生的知识水平和能力。这种特色课程不但可以培养学生的个性特长和兴趣爱好，还给每个学生的成长创设了一个舞台，让他们能够在特色课程中寻找到自己的特长，成为一个智胜的优秀学子。通过各种实践，"智胜"文化的建设颇有成效。校园整体都进步了，浓郁的校园文化、发展全面的学生、成长迅速的教师无不在说明"智胜"文化建设的实践很成功。当然,世上本就没有"最好",再好的办学理念实施起来也存在一定的困难。校园环境建设不但需要大量的资金,还需要每一位教师和学生的共同保护。

虽然褚飞校长的办学理念是"智己自胜,砥砺前行",但是我认为这一切都应该基于"一切为了学生"之上,学校的一切教育教学活动都必须十分尊重学生和充分调动学生的积极性,才能收到成效。

附录:

学校的传统我们不能忘记,必须要继承下来,但是我们要根据时代的不同而有所创新,不能一成不变地继承学校传统,有些古老的传统很有可能已经不适用了。

——朱婷婷

校园文化,是人文精神的高度凝练,是学校历史的积淀,它既是学校办学理念、治校精神的反映,更是广大师生共同遵守的基本行为准则与道德规范。充满诗意和美感的校园环境使学生耳濡目染,逐步树立正确的人生观,养成高尚的道德品质,提升健康的审美趣味。

——何黎

褚飞校长对于办学前景、现景、将来的想法都描绘得非常清楚,其核心概括为"智胜",虽然非常简洁,但却非常有力。

——姚云杰

我们作为未来的小学教师,如何建设班级文化、学生文化可以由此得出一些启示,是否可以根据班级特色、学生特色,激发每个学生的特长兴趣,形成独特的班级文化。教师的道路是漫长的,有时候这可能是一件枯燥反复的工作,但更是一个神圣的工作。

——王琪琪

做一个热爱职业的教师

——读《以文化改变山区学校的教育生态》

绍兴文理学院教师教育学院　王舒琦

读完了陶勇校长的这一篇《以文化改变山区学校的教育生态》，文中有一些内容让我感同身受。作者提到了当前教育中存在的一些问题，其实我认为很多的问题都离不开作者提到的第一个问题：教师职业操守的弱化。作为一名师范生，我更愿意从自身的角度出发，从自身的角度来反省问题。

如果有人问我为什么会选择师范专业，我会很肯定地说因为我喜欢这一门专业。我生在一个教师世家，我的父母都是老师，从小受他们的影响，我打心底里喜欢这一个专业，虽然我不知道在今后工作的日子里，会遇到什么样的问题，但我相信我定会不忘初心，做好我的本职工作。可是现在有许多人当上教师是另有原因的，或许是家里人认为教师是一个稳定的职业，或许是因为高考的成绩不能让他们选择自己喜欢的专业……总而言之，现在大多数教师都不太满意自己的职业，他们对于孩子根本就没有一颗爱护的心。对自己的职业没有特别大的兴趣，这就导致教师在教育学生时就没有特别的热情，一个人要是做事没有激情，那么这件事情对他来说便平淡无味，甚至是痛苦的。我认为教师这个职业不仅仅是要管好自己，更要管好学生，他们的责任比其他的职业都要重大，他们的一言一行都影响着学生，他们的行为将关系到另一个人的人生。因此，作为一名教师，一定要怀有责任感，用自己专业的教学技巧将各方面的文化传授给学生，更要有素养，对待学生一视同仁，要保证学生的身心不受到伤害，使学生能快乐地学习，健康地成长。

关于作者提到的现代教育技术下教师的守旧心理。原因或许也能归结到教师职业操守的弱化，一个人若不喜欢自己的职业，逃避都还来不及，又怎么会去深究其中的乐趣？如今科技快速发展，这一点也体现在了教育设施方面，从原来全程运用黑板的教学到如今整堂课离不开课件，从原来安安分分在教室中学习到如今的远程教学……这都是教育设施的更新。其实科技为教育带来了不少便利，可是有许多教师不愿去接触这些新事物，教学就出现了"穿新鞋走老路"的现象。即使学校提供了这些设备，教师有这样抵触的心理，学生自然不能通过新的教学方式学习到知识了。面对这些新技术的不断出现，学习起来确实辛苦，但为了学生，教师要积极去面对，而不是完全抵触，更不错的方法就是和学生一起探讨，这样既促进师生之间的情感，双方又能在不同的方面获益，也能提高学习效果。

另外还有一个小点是关于全面发展的。我记得从小学开始，就一直听说要让学生全面发展，即要求学生在德、智、体、美等方面全面发展。一个真正为学生着想的教师，一定会懂得文章中的这么一句话：全面发展不是平均发展，而是平衡而有个性的发展。这句话很实在地写出了对全面发展的理解，教师要让学生在各个方面涉足，但由于学生的个性、能力不同，便会在不同的方面有不同的成就，好的教师就要发现学生身上各自的闪光点，帮助他们发光，展现自己，并能够保证学生在其他方面也能跟上大部队。其实每一位学生都是一块金子，教师就是负责那个挖金矿的人。

作为一名在校的师范生，还不能从整体来看问题，只能从局部来看问题，文章中阐述的也都是自身一些比较稚嫩的想法，既然当初如愿地选择了小教专业，我便怀有一份当教师的热情，我也希望每一位选择师范专业的同学心中都有和我一样的想法。

其实一个学校的建设、教育的发展，不仅仅是老师们的责任，还需要学生、家长，还有许多社会人士的支持，在所有人的共同努力下，相信在今后的时代里，教育事业会越变越好！

附录：

学校对师生的影响有很大一部分来自课堂，这是一种直接的、即时的影响，但是学校对师生的影响不能仅限于课堂，还应该融入他们的校园课余生活中。潜移默化地对师生产生积极影响，良好的校园生态是必不可少的一项，而良好的校园生态又离不开优良的校园文化建设，有了优秀而独具特色的校园文化，才能形成较理想的校园生态。

——郎晔琛

问题学生的多方面问题是长期以来受社会风气影响的，他们已没有了正确的是非观。一个人学坏很容易,而学乖很难。只能依靠口头批评教育,又怎能真正改变现状呢?这样看来,根本问题是社会问题,是青少年儿童缺少优秀榜样的问题。在贫穷的山区,更应该对不法分子进行管制,更应该规范文化市场。

——潘海琪

世界上没有两片相同的树叶,学生也是一样,学生之间的"参差不齐"是由多重因素导致的,在教育学生上,作为教师,也许无法面面俱到,为学生挡去一切不良因子的侵扰,但是却可以利用学生在学校的这段时间,对其进行教导,纠正他们的不良行为,尽自己所能,给学生创造一个更美好的内心精神世界。

——平贤洁

校园文化建设是校园建设中不可缺少的一个环节,没有了文化建设,那么校园也就失去了它的精神价值。陶校长在文章中提到关于平水镇中学的一些措施,我觉得是很多学校应该借鉴的。不光是在平水可以实行,也可以推行到全国,让更多的学校意识到校园文化建设的重要性。

——张超锋

陶校长认为全体教师应肩负起复兴中华的历史使命,成为中华民族的脊梁。要培养好每一位学生,引导他们走正确的道路,让每一位学生成为对社会有贡献的人,祖国的未来靠的是他们。

——何思佳

学校文化缔造新教育

——《以学校文化统领学校发展》

绍兴文理学院教师教育学院　王雪纯

在阅读完《以学校文化统领学校发展》后，我感受到了谢校长清晰的思路条理，层次分明，层层递进，从中我可以体会到谢校长对于如何促进学校发展、培养学生与教师、弘扬学校文化的一片苦心。

中华文化具有悠久的历史，博大精深，学校文化就是产生于这样深刻的历史文化背景中，时代赋予学校文化特殊的历史使命。学校文化是一所学校的灵魂所在，一所学校必须要有魂才能屹立在时代的潮流中，不随波逐流。学校文化体现在各个方面，也包含于各个方面，它是学校发展的魂。用学校文化教书育人，在无形中向人们的理念中注入了正确的思想，从而转化为一个人内在的高尚品质。学校文化极其重要，它对于学校的制度、教师、课堂及环境都有着极高的要求，而这些恰好也是一所学校文化特点的象征。当今世界，时代瞬息万变，人潮川流不息，变化如此迅速，所以学校文化不是永恒不变的。假如把学校文化比作一汪泉水，那么这泉水必须得是"活水"，因为只有"活水"才具有生命力，因为它是可以流动的，旧的流走了，新的流来了，就如南宋朱熹《观书有感》中写的"问渠那得清如许，为有源头活水来"一样。因此学校文化也要不断更新与创新，而不是墨守成规，才能引领学校走向特色之路，才能为学校注入新的生命力，这就要求学校善于突破，善于文化开发和创新。每个学校都有自己的优势或特色，所以谢校长最后讲到了大力倡导书法文化，发展优势，围绕"书法特色教育"工作，建成一个"书香"学校。谢校长不忘初心，一直坚守"教书育人，是最高层次的修行"的教育信条，并把这样的理念一直扎根于他的思想之中。因此，我相信富盛中会在谢校长的引领下发展得越来越好。

作为一名师范生，将来我也将步入学校，步入课堂，深入学生之间。谢校长的办学理念及教育信仰都值得我们学习和借鉴，我们要树立正确的人生观、世界观、价值观，不断完善自我，不断提高自己的修行，为中国的教育发展和文化进步贡献出自己的一分力量。

附录：

文章从文化时代的责任、文化立校、文化育人、文化创新等四个方面阐述了文化在教育和教育管理上的重要性以及如何发挥文化在教育和教育管理上的作用。学校是文化传承、发展和创新非常重要的一环。在文化立校上，我们确实要构建合理完善的制度文化，重塑优秀卓越的教师文化，营塑自由阳光的课堂文化，打造美丽自然的环境文化。

——胡方燕

文化是一种可以很抽象也可以很具象的事物，是一个人立身的基础。我们常常说："这个人是个文化人！"其实这个时候，文化就不仅仅是狭义上的文化，更指这个人的修养。而我觉得，学校育人的最根本的目标就是培养有道德、有修养的社会人，因为一个只知学习而不具文化修养的人，只是一个冷冰冰的躯体。

——李贝尔

现代学校的责任与使命，离不开文化的引领。物质形态的学校文化、制度形态的学校文化、精神形态的学校文化是学校发展的灵魂。

——平伊卿

各种各样的文化，制度文化、教师文化、课堂文化、环境文化，每个文化都日臻完善，老师、学生、管理人员等，每一个阶层都有属于自己的文化，这才能带领富盛镇中学屡获佳绩。

——张佳丽

一所学校想要办好，其中富含的文化底蕴起着至关重要的作用。优秀的文化培育了一批又一批优秀的祖国的栋梁。有了前人的经验和传承，我们要想学校有繁荣景象，必须加强文化建设。

——江雨